두고두고 연습하고, 급할 때 찾아 쓰는

상황별 대화와 생활 영어

A window seat, please.

You've got the wrong number.

I have to use the bathroom.

May I have a cup of strong coffee?

I'll be going back to

Twin room with a bath, please.

Let's toast!

I don't have enough towels.

구자호 지음

아는 만큼 영어가 들리고,
들리는 만큼 유창하게 말한다!

대부분의 일상 생활 속 상황을 담았다!

MP3·학습자료
다운로드

S 시원스쿨닷컴

상황별 대화식 생활영어

초판 1쇄 발행 2024년 4월 30일

지은이 구자호
펴낸곳 (주)에스제이더블유인터내셔널
펴낸이 양홍걸 이시원

홈페이지 www.siwonschool.com
주소 서울시 영등포구 영신로 166 시원스쿨
교재 구입 문의 02)2014-8151
고객센터 02)6409-0878

ISBN 979-11-6150-838-2 13740
Number 1-611313-25259900-08

아는 만큼 영어가 들리고,
들리는 만큼 유창하게 말할 수 있습니다!

2010년부터 현재까지 생활영어 강의를 하면서 수강생들에게 가장 많이 듣는 고민은 영어 문장을 달달 외우고 있어도 외국인이 하는 간단한 말조차 알아듣지 못하고, 대답을 하기는 더욱 어려워 답답하다는 것입니다.

한국 사람들이 단어나 문장을 많이 외우고, 영어를 학습한 기간이 길어도 영어로 말하기를 어려워하는 이유를 '발음'에서 찾았습니다. 영어는 단어와 단어를 이어서 말해야 하고, 이때 축약, 생략, 동화와 같은 발음의 변화가 생깁니다. 이 책에서는 '연음'을 가장 중요하게 다루며 원리부터 자세히 설명하여 왕초보 학습자도 초보 티를 내지 않고 유창하게 말할 수 있는 노하우를 한 권에 담았습니다.

이 책을 학습할 때 먼저 학습할 본문과 발음 설명을 꼼꼼히 읽고 MP3 파일을 들으며 자신이 낼 수 있는 가장 빠른 속도로 말합니다. 처음에는 어색하더라도 [/]표시가 있는 곳에서는 잠깐 쉬고, 굵은 글씨는 강하게, 연한 글씨는 약하게 리듬을 타듯 소리 내어 연습해 보세요. 네이티브의 말이 귀에 쏙쏙 들리고, 부드럽고 빠르게 말할 수 있습니다.

영어가 급하다면 자주 쓰는 표현부터 골라 표시를 해 두고 필요한 상황에서 바로바로 말할 수 있도록 외우는 것을 추천합니다. 1~2달 이상 학습할 여유가 있다면 하루에 한 챕터 또는 한 유닛씩 대화를 꼼꼼히 학습하세요. 대화문이 어느 정도 입에 붙었다면 추가표현까지 익히고, 내가 평소 자주 쓰는 표현을 골라 나만의 표현사전으로 정리해 보거나, 나만의 대화문을 만들어 보세요.

아이가 말을 배우듯이 한 마디 한 마디 욕심내지 않고 연습한다면 어느 날 갑자기 영어가 입에서 술술 나오게 될 것입니다.

구자호

일상의 거의 모든 상황을 담았다.

일상 생활에서 나눌 수 있는 대화를 각 장소나 상황별로 묶어 제시합니다. 실제 상황을 그대로 옮긴 듯한 대화로 연습하며 해외 여행, 출장/파견, 유학을 준비할 수 있습니다.

미국 영어 발음의 원리부터 파악한다.

미국 영어 발음을 세밀하게 분석하여 그 원리를 설명합니다. 원리를 이해하고 연습하면 네이티브의 발음이 들리고, 네이티브 발음에 가깝게 말할 수 있습니다.

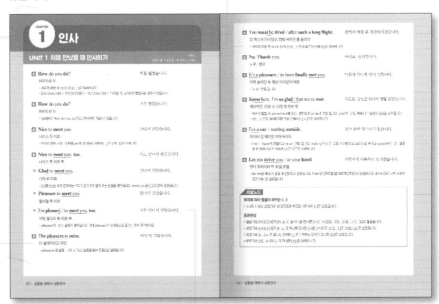

네이티브의 발음을 그대로 옮겼다.

영어 문장과 우리말 뜻, 우리말 발음 표기를 함께 보여 줍니다. 우리말 발음 표기만 잘 읽어도 미국 네이티브의 발음을 가질 수 있습니다!

두고두고 연습하고, 급할 때 바로 찾아 쓴다.

추가표현까지 담았습니다. 필요한 표현이 있을 때 바로 외워서 쓰고, 평소에 틈틈이 연습해 보세요.

이 책의 표기법 일러두기

· 본문의 발음 설명에서 '자음'과 '모음'은 발음기호 상의 '자음'과 '모음'을 의미합니다.

· 앞 자음과 뒤 모음을 붙여 발음하는 것을 연음(liaison)이라고 합니다.

  ▶ 본문에서 밑줄로 표시된 부분은 이어서 발음합니다.

· 한 문장 안에서 상황에 따라 중요한 역할을 하는 단어는 강하게 발음하고 그 외는 약하게 발음합니다.

  ▶ 본문의 굵게 표시된 단어는 강하게 발음하세요.

· 의문사, 명사, 동사, 형용사, 부사, 지시대명사 등은 강하게 발음하고 관사, 전치사, 조동사, 접속사, be 동사, 인칭대명사, 관계대명사, 등은 약하게 발음합니다.

· 쉼표가 있으면 반드시 띄어 읽습니다. 주어를 이루는 부문(주부)과 동사와 그 이하를 이루는 부분(술부) 사이, 절과 절 사이, 부사구 앞에서 띄어 읽습니다. 단, 주어가 하나만 있는 경우 띄어 읽지 않습니다.

  ▶ 본문의 [/] 기호가 있는 부분은 띄어 읽으세요.

MP3 파일 다운로드 방법

시원스쿨 홈페이지(siwonschool.com) 회원 가입을 합니다. ▶ 로그인 후 [학습지원센터] ▶ [공부 자료실] ▶ [MP3 자료실] 검색창에 '상황별 대화식 생활영어'를 검색하면 MP3 파일을 다운로드 할 수 있습니다.

PART 02
일상 대화 나누기

PART 03
일상 대화 나누기

PART 04
여행하기

1 영어 발음 익히기

[g]	[n]	[d]	[r, l]	[m]
ㄱ	ㄴ	ㄷ	ㄹ	ㅁ
[b, v]	[s]	[ŋ]	[z, ʒ]	[dʒ]
ㅂ	ㅅ	ㅇ	ㅈ	쥐
[g]	[k]	[t]	[f, p]	[h]
ㅊ, 취	ㅋ	ㅌ	ㅍ	ㅎ
[θ]	[ð]			
ㅅ, ㅆ	ㄷ, ㄸ			

· [r]은 [우] 또는 [어]를 발음할 때의 입 모양을 만들고 혀가 입천장에 닿지 않도록 목구멍 쪽으로 혀 끝을 부드럽게 말아 올려 소리 냅니다.
· [l]은 [을]과 같이 발음합니다. 이때 혀끝이 반드시 입천장에 닿아야 합니다.
· [v]와 [f]는 위 앞니가 아랫입술에 닿으면서 내는 소리입니다.
· [θ]와 [ð]는 끝이 위 앞니에 닿으면서 내는 소리입니다.

[a, ɑ]	[ʌ]	[ə]	[i]
아	아/어	어	이
[o]	[ɔ]	[e]	[ɛ]
오/아	에	에	에
[æ]	[u]	반모음 [w]	반모음 [j]
애	우	우	이

· 반모음 [w]와 [j]는 짧게 발음되는 모음입니다.

2 영어 회화를 위한 최소한의 문법 익히기

❶ 명사

사람이나 동 식물 등 사물의 이름 또는 추상적인 개념을 나타내는 말입니다.

· **셀 수 있는 명사** – 보통명사 : 하나씩 구분할 수 있는 명사(cap 모자)

　　　　　　　　 – 집합명사 : 하나의 집합체를 이루는 명사(class 학급)

· **셀 수 없는 명사** – 고유명사 : 세상에 하나밖에 없는 명사(Korea 한국, Seoul 서울)

　　　　　　　　 – 물질명사 : 일정한 모양과 크기가 없는 명사(water 물, air 공기)

　　　　　　　　 – 추상명사 : 추상적인 개념을 표현하는 명사(love 사랑, war 전쟁)

> 👍 **명사의 규칙적인 복수형 만들기**
>
> · 보통 명사들은 단어 끝에 -s를 붙입니다.
> · 어미가 s, sh, ch, x, o로 끝나는 단어는 -es를 붙입니다.
> · 어미가 자음 + y 로 끝나는 단어는 y를 i로 고치고 -es를 붙입니다.
> · 어미가 자음 + o 로 끝나는 경우에는 -es만 붙입니다.
> · 어미가 f, fe로 끝나는 단어는 f, fe를 v로 고친 뒤 -es를 붙입니다.

① 관사

· **부정관사**: a, an

– 셀 수 있는 명사인 단수 명사 앞에 붙입니다.

– 발음이 자음으로 시작하는 단어 앞에는 a를, 발음이 모음으로 시작하는 단어 앞에는 an을 사용
　합니다.

· **정관사**: the

– 고유명사 앞에 the를 붙입니다.

– 처음에 언급된 명사가 다시 반복 될 때 그 명사 앞에 the를 붙입니다.

– 형용사의 최상급, 서수 앞에 the를 붙입니다.

– 전후 관계로 미루어 누구나 알 수 있는 특정의 사물 앞에 the를 붙입니다.

– 종족대표, 기계, 발명품, 악기명을 나타낼 때 the를 붙입니다.

– 시간, 수량의 단위 앞에 the를 붙입니다.

❷ 대명사

사람이나 사물의 이름을 대신하는 말, 인칭대명사(I, you, he, she), 지시대명사 (this, that), 의문대명사(what, who), 부정대명사(one, some), 관계대명사 (that, who) 등이 있습니다.

인칭대명사의 격변화

		주격(~은,는)	소유격(~의)	목적격(~을,를)	소유대명사	재귀대명사
1인칭	단수	I	my	me	mine	myself
	복수	we	our	us	ours	ourselves
2인칭	단수	you	your	you	yours	yourself
	복수	you	your	you	yours	yourselves
3인칭	단수	he she it	his her its	him her it	his hers -	himself herself itself
	복수	they	their	them	theirs	themselves

① 관계대명사

두 문장에서 공통되는 부분을 묶어서 하나의 문장으로 연결해 주는 것을 말합니다.– 시간, 수량의 단위 앞에 the를 붙입니다.

> → She is a girl who cooks well.   그녀는 요리를 잘하는 소녀이다.

여기서 who는 뒷 문장의 she를 대신하고 있으므로 관계대명사라 하며, 관계대명사 who앞에 있는 a girl을 선행사라 합니다. 선행사가 사람일 경우 who, 선행사가 동물이나 사물일 경우 which, 선행사가 사람, 동물, 사물 모두의 경우 that 을 사용합니다.

② 동명사

동사로서 명사의 역할을 하는 것을 말합니다. 동명사의 형태는 동사의 원형 + ing 이지만, 예외가 있습니다.

- 대부분 동사의 원형에 -ing를 붙입니다.
- 1음절 단어로서 어미가 단모음+단자음 일 때 끝 자음을 하나 더 쓰고 -ing를 붙입니다.
- 단모음 + 단자음 으로 끝나는 2음절 단어로 둘째 음절에 accent가 오면 끝 자음을 하나 더 쓰고 -ing를 붙입니다.
- 어미가 ie로 끝나는 단어는 ie를 y로 고치고 -ing를 붙입니다.
  * be, see, dye 등은 예외로 그대로 -ing를 붙입니다.

③ 현재분사

동명사는 동사의 성질을 가지면서 명사의 역할을 하는데 비해, 분사는 동사의 성 질을 가지면서 형용사의 역할을 합니다. 현재분사는 동사의 원형+ing이며, 과거분사는 동사의 원형+ed 또는 불규칙 동사의 과거분사형이 있습니다.

3 동사

동사는 be동사와 일반동사가 있습니다.

① be동사

직접 동작은 하지 않지만 어떤 상태를 나타내 주는 동사입니다. '~이 있다, ~이다' 라고 해석합니다. be동사는 주어에 따라 달리 사용합니다.

인칭	단수		복수	
	주어	동사	주어	동사
1인칭	I	am	we	
	you	are	you	
2인칭	he		they	are
	she	is		
3인칭	it			

② 문장의 형식

1형식 : 주어 + 동사

2형식 : 주어 + 동사 + 보어

3형식 : 주어 + 동사 + 목적어

4형식 : 주어 + 동사 + 간접목적어 + 직접목적어

5형식 : 주어 + 동사 + 목적어 + 목적보어

③ 일반동사

사람, 사물이 움직이는 행위를 나타낼 때 사용하는 동사입니다.

④ 조동사

동사 앞에서 그 동사를 도와주는 동사로, can, could, will, shall, would, may 등이 있습니다.

· 조동사는 동사 앞에 써야 합니다.

· 조동사 뒤에 오는 동사는 동사원형을 써야 합니다. be동사의 원형은 be입니다.

· 의문문을 만들 때는 조동사를 문장 맨 앞에 두어야 합니다.

· 부정문을 만들 때는 조동사 뒤에 not을 붙이면 됩니다.

⑤ 동사의 시제

시제란 그 동작이나 행위가 일어난 때를 말합니다.

· **현재형** : 지금 현재 일어나는 동작, 상태, 습관, 불변의 진리, 사실, 속담, 왕래, 발착 등의 동사는
  현재형을 사용합니다.

  – be동사의 현재형 : am, are, is

  – 일반동사의 현재형 : 동사의 원래 형태(동사원형)

  – 주어가 3인칭 단수 일 때 동사의 끝에 -s, -es, -ies를 붙입니다.

· **과거형** : 과거의 동작, 상태, 습관을 나타내는 동사

  – be동사의 과거형 : am, is의 과거형은 was, are의 과거형은 were

  – 일반동사의 과거형 : 규칙적으로 변하는 규칙동사와 불규칙적으로 변하는 불규칙동사가 있습니다.

· **미래형** : 동사에는 미래형이 없다. 그래서 조동사를 사용하여 미래형을 만듭니다. 미래를 표시하
  는 조동사는「will」과 will의 역할을 하는「be going to」가 있습니다.

  – 긍정문 : 주어 + will + 동사원형 + ~.

  – 부정문 : 주어 + will not + 동사원형 + ~.

  – 의문문 : Will + 주어 + 동사원형 + ~?

  – 긍정문 : 주어 + be(am, are, is) going to + 동사원형 + ~.

  – 부정문 : 주어 + be(am, are, is) not going to + 동사원형 + ~.

  – 의문문 : be(am, are, is) + 주어 + going to + 동사원형 + ~?

미래시제

		1인칭	2인칭	3인칭
	단순미래	I shall(I will)/ Shall I(Will I)?	you will/ Shall you (Will you)?	he(she) will/ Will he(she)?
의지 미래	화자의 의지	I will	you shall	he (she) shall
			you will	he (she) will
	상대방의 의지	Shall I?	Will you?	Shall he (she)?

· **현재진행형** : 현재 진행 중인 사실을 진행형이라고 하며 'be동사+동사+ing'의 형태로 씁니다.

– 현재 진행형 : am (are, is) + ~ing

– 과거 진행형 : was(were) + ~ing

– 미래 진행형 : will(shall) + be + ~ing

– 현재완료 진행형 : have(has) + been + ~ing

– 과거완료 진행형 : had + been + ~ing

– 미래완료 진행형 : will(shall) + have + been + ~ing

> 👍 **현재 진행형 만들기**
>
> · 대부분의 동사는 어미에 -ing를 붙입니다.
> · 어미가 e로 끝나는 동사는 e를 빼고 -ing를 붙입니다.
> · 1음절의 단어가「하나의 모음+하나의 자음」으로 끝나면 끝 자음을 하나 더 쓰고 -ing를 붙입니다.

· **현재완료, 과거완료, 미래완료**

현재완료는 과거의 어느 시점에서 현재까지의 완료, 결과, 경험, 계속 등을 나타내고, 과거 완료는 더 오래된 과거(대과거)로부터 과거의 어느 시점까지를 말하며, 미래완료는 현재로부터 미래의 어느 시점까지를 나타냅니다.

> – 현재완료 : have(has)+p.p(과거분사 : be동사는 been, 일반동사는 과거분사)
> – 과거완료 : had+p.p
> – 미래완료 : will(shall)+have+p.p

4 형용사

명사의 성질이나 상태를 나타내는데 사용합니다. (beautiful, kind, good)

5 부사

형용사와 마찬가지로 명사 이외의 다른 모든 요소를 도와주는 품사입니다. beautifully, kindly와 같이 보통 형용사에 -ly를 붙이면 부사가 됩니다. fast, early, late, hard, long 등의 말은 형용사와 부사의 모양이 같으므로 구분하여 사용해야 합니다.

① 비교급

둘 이상의 것들의 성질, 정도, 수량을 비교하기 위하여 형용사, 부사 등의 형태가 변하는 것을 비교급이라 하며 원급, 비교급, 최상급 3단계가 있습니다.

> **👍 비교급, 최상급을 만드는 방법**
>
> · 1음절, 2음절 단어에는 형용사나 부사의 끝에 -er, -est를 붙입니다.
> · 어미가 e로 끝나면 -r, -st만 붙입니다.
> · 어미가「자음+y」로 끝나면 y를 i로 고치고 -er, -est를 붙이고, 어미가「모음+y」인 경우에는 -er, -est만 붙입니다.
> · 1음절 단어가「하나의 모음+하나의 자음」으로 끝나면 끝 자음을 하나 더 쓰고 -er, -est를 붙입니다.
> · 어미가 -ful, -able, -less, -ous, -ive 등으로 끝나는 2음절 단어와 3음절 이상의 단어는 more, most를 사용하여 비교급과 최상급을 만듭니다. *불규칙 변화는 나올 때마다 외워 두어야 합니다.

6 전치사

명사나 대명사 앞에 와서 도와주는 역할을 하는 품사입니다.
예 in, on, at, over, under, up, down, with, by, for, into, out of 등

7 접속사

접속사는 단어와 단어 또는 문장과 문장을 연결시켜주는 역할을 합니다.
예 and, but, or, so, that, while, when, before, until, because, if 등

8 감탄사

놀람, 감탄 등 말하는 사람의 감정을 나타낼 때 사용하는 품사입니다.

예 oops, oh, bravo, hurrah 등

· **수동태**

주어가 능동적으로 행위를 하는 것을 능동태, 주어가 다른 것에 의하여 어떤 동작을 받거나 당하는 표현을 수동태라고 합니다.

> I love her. 나는 그녀를 사랑한다. [능동태]
> → She is loved by me. 그녀는 나에 의해서 사랑을 받는다. [수동태]

👍 수동태 만들기

· 능동태에서 목적어가 수동태의 주어가 됩니다.
· 동사는 be동사+과거분사(p.p)를 쓴다. be동사는 주어의 수와 시제(현재, 과거 등)에 맞게 꼴을 바꿉니다.
· 능동태에서 주어는 by+명사 또는 대명사로 바뀝니다.

· **가정법**

실제 사실과 반대되는 것을 가정하거나 상상이나 조건 등을 나타내는 표현을 가정 법이라고 합니다. 앞의 문장을 조건절(종속절)이나고 하고, 뒤의 문장을 주절(귀결절)이라고 합니다.

− 가정법 현재: $\dfrac{\text{if + 주어 + 원형동사(현재시제),}}{\text{조건절(종속절)}}$ 주어 + $\begin{cases} \text{will, shall} \\ \text{can,} \\ \text{may} \end{cases}$ + 동사원형 (주절(귀결절))

− 가정법 미래: $\dfrac{\text{If + 주어 + } \{\text{should}\} \text{ + 원형동사,}}{\text{would}}$ 주어 + $\begin{cases} \text{would(will)} \\ \text{should(shall)} \end{cases}$ + 원형동사

− 가정법 과거: $\dfrac{\text{If + 주어 + were(인칭에 관계 없음),}}{\text{동사의 과거형}}$ 주어 + $\begin{cases} \text{would} \\ \text{should} \\ \text{could} \end{cases}$ + 원형동사

− 가정법 과거완료: $\dfrac{\text{If + 주어 + had + 과거분사,}}{\text{조건절(종속절)}}$ 주어 + $\begin{cases} \text{should, sould} \\ \text{could, might} \end{cases}$ + have + 과거분사

PART 1
인사하기

언어를 배울 때 첫 시간에 배우는 가장 기본적인 것은 인사입니다. 그만큼 일상 생활에서 자주 사용하고, 간단한 인사말이라도 평소 연습해 두었다가 외국 친구에게나 비즈니스 파트너를 만났을 때, 해외 여행지에서 말하면 좋은 인상을 남길 수 있습니다.

Part 1에서는 인사부터 감사와 사과하는 표현, 축하와 부탁, 충고하는 표현까지 상황별로 대화문 속에 담았습니다. 실제 상황이라고 생각하고 인사를 나누는 상황에서 자주 사용할 표현을 익혀 두세요.

UNIT 1 처음 만났을 때 인사하기

🎧 1
등장인물: A 김지호 / B 제임스 브라운

A **How** do you **do**?   처음 뵙겠습니다.

하우두유 두

- 빠르게 말할 때 do의 [d]는 [r]로 발음됩니다.
- [do/does/did + 주어]와 [의문사 + do/does/did + 주어]는 한 덩어리로 발음되는 경우가 많습니다.

B **How** do you **do**?   처음 뵙겠습니다.

하우두유 두

- 상대방이 'How do you do?'라고 인사하면 똑같이 대답합니다.

A **Nice** to **meet** you.   만나서 반갑습니다.

나이스 투 미츄

- 단어와 단어 사이 [t] 뒤에 you의 첫 발음인 반모음 [j]가 오면 [ʧ]로 바뀝니다.

B **Nice** to **meet** you, **too**.   저도 만나서 반갑습니다.

나이스 투 미츄 투

» **Glad** to **meet** you.   만나서 반갑습니다.

글래 투 미츄

- [d]와 [t]는 혀가 움직이는 위치가 같으므로 앞에 오는 발음을 생략합니다. meet you는 [밋유]로도 발음합니다.

» **Pleasure** to **meet** you.   만나서 반갑습니다.

플레절 투 미츄

» I'm **pleased** / to **meet** you, **too**.   저도 만나서 반갑습니다.

아임 플리즈 투 미츄 투

- pleased의 [d]는 발음이 생략됩니다. 이때 pleased가 현재형으로 들리는 것에 주의하세요.

A The **pleasure** is **mine**.   제가 더 반갑습니다.

더 플레저뤼즈 마인

- pleasure 끝 발음 [r]에 is[이즈] 발음을 붙여 연음으로 발음합니다.

A My **name's** **Ji Ho Kim**.   제 이름은 김지호입니다.

마이 네임즈 지호 김

- name's는 name is의 준말입니다.

B I'm **James Brown**.   저는 제임스 브라운입니다.

아임 제임스 브라운

- I'm은 빠르게 말할 때 [아임]을 [암]으로 발음합니다.

A **Welcome** to **Korea**.   한국에 오신 것을 환영합니다.

웰컴 투 코어뤼어

- Korea의 정확한 발음은 [kəri:ə]로 [i]에 강세(강한 발음:액센트)가 있다.
- the Republic of Korea 대한민국

A I **came** here / to **welcome** you.   당신을 마중하러 나왔습니다.

아이 캐임히얼 투 웰컴 유

- [h]는 빠르게 말할 때 생략되며 앞 단어와 연음 됩니다.

B **Thank** you **very** much.   대단히 감사합니다.

쌩큐 베뤼마취

A I've **heard** a **lot** / about **you**.   말씀 많이 들었습니다.

아이브 헐 얼라러바우츄

- 모음 사이 [t]는 [r]로 발음되며 [a]와 연음 됩니다. I've는 빠르게 말할 때 [압]으로 발음합니다. heard의 rd는 모음 사이에 있으므로 미국 영어에서는 d를 생략하고 a와 연음 됩니다.

B I **hope** / **everything** was **good**.   좋은 말만 들으셨기를 바랍니다.

아이홉 에브뤼씬 워즈 굿

- 빠르게 말할 때 – ing의 [ㅇ] 발음은 생략되고 [인]으로 발음됩니다.

A **How** was your **flight**?   비행기 여행은 어떠셨습니까?

하우 워쥬얼 플라잇

- was you는 연음 됩니다. 의문사로 묻는 의문문은 말꼬리를 부드럽게 내립니다.

B It was a **very pleasant trip**.   편안한 여행이었습니다.

잇워저 베뤼 플레즌 츄립

- was a 연음 되고, t t와 같이 같은 발음이 반복 될 때 앞에 오는 발음을 생략합니다.

A You **must** be **tired** / after **such** a **long flight**.   장거리 여행 후 피곤하시겠습니다.

유 머슷비 타이얼드 앱털 써취얼 롱 플라잇

- 빠르게 말할 때 must be의 [t]는 [b]와 동화되기 위해 [p]로 발음됩니다.

B **No. Thank** you.   아니요. 감사합니다.

노우. 쌩큐

A It's a **pleasure** / to have **finally met** you.   마침내 만나게 되어 기쁩니다.

이쩌 플레절 투 해브 파이널리 메츄

- 's a는 연음 됩니다.

B **Same** here. I'm **so glad** / that we've **met**.   저도요. 당신을 만나서 정말 반갑습니다.

쎄임히얼. 아임 쏘 글래 댓 위브 멧

- 빠르게 말할 때 same here에 [h]는 생략되며 same과 연음 됩니다. glad의 [d]도 뒤에 [ㄷ] 발음이 오므로 생략됩니다.
- s는 [ㅅ]으로 발음하지만 모음 앞에서는 [ㅆ]으로 발음합니다.

A I've a **car** / waiting **outside**.   차가 밖에 대기하고 있습니다.

아이버 칼 웨이링 아우싸이드

- I've는 I have의 준말이고 ve a는 연음 됩니다. waiting의 [t]는 모음 사이에 있으므로 [r]로 바뀌고 outside의 [t]는 발음 할 때 혀의 위치가 비슷한 [s]가 오므로 생략됩니다.

A **Let** me **drive** you / to your **hotel**.   호텔까지 자동차로 모시겠습니다.

렛미 쥬롸이뷰 투 유얼 호텔

- let me는 빠르게 말할 때 [렌미]로 발음됩니다. hotel은 [호테을]을 빠르게 [호텔]로 발음합니다. drive [dr] 뒤에 모음이 오면 [ʤr]로 발음됩니다.

비법노트

위치에 따라 발음이 바뀌는 t. d
- (r)t와 (r)d는 발음기호 상 강모음과 약모음 사이에서 [r]로 발음됩니다.

동화현상
- 발음기호 [n] [t] [d]가 [m, p, b] 중 하나를 만나면 [n]은 [m]으로, [t]는 [p]로, [d]는 [b]로 발음됩니다.
- 발음기호 [n] [t] [d]가 [k, g] 중 하나를 만나면 [n]은 [ㅇ]으로, [t]는 [k]로, [d]는 [g]로 발음됩니다.
- 발음기호 [t], [ts]로 끝나는 단어와 [j]로 시작하는 단어가 만나면 [tʃ]로 발음됩니다.
- 발음기호 [d], [dz]와 [j]가 만나면 [dʒ]로 발음됩니다.

A Good **morning**.

안녕하세요. [아침 인사]

굿모얼닝

• 상황과 화자에 따라 good에 강세를 두는 경우도 있습니다.

B Good **morning**.

안녕하세요. [아침 인사]

굿모얼닝

A Did you **sleep well** / last **night**?

지난밤에 잘 주무셨습니까?

디쥬 슬립 웰 라슷나잇

• did you는 동화되어 [쥬]로 발음합니다. last night의 [t]는 stn 자음이 3개 겹쳐 중간 [t]는 생략됩니다. be, do, have 동사와 기타 조동사로 시작되는 의문문은 보통 말꼬리를 부드럽게 올립니다.

B I **slept** like a **log**.

아주 푹 잘 잤습니다.

아이 슬렙틀 라익 얼록

• like와 log의 [l] 발음의 [ㄹ]을 앞 단어에 붙여줍니다.

A Have you **recovered** / from **jet** lag **yet**?

시차로 인한 피로는 회복되었습니까?

해뷰 뤼커벌드 프롬 젯 래겟

• lag yet은 연음 됩니다. have는 빠르게 말할 때 [허브, 어브]로 발음됩니다.

A I'll be **expecting** you / in the **lobby**.

로비에서 기다리고 있겠습니다.

아일비 익스빽틴 유 인덜 로비

• [sp] 다음에 강모음이 오면 [p]는 된소리 [ㅃ]로 발음됩니다.

» Good **afternoon**.

안녕하세요. [오후 인사]

구랩털눈

• 모음과 모음 사이 [d]는 [r]로 발음되며 afternoon과 연음 됩니다.

» Good **evening**.

안녕하세요. [저녁 인사]

구리브닝

• 빠르게 말할 때 - ing의 g는 생략합니다.

» Good **night**.

안녕히 주무세요.

굿나잇

» How's it **going**?

안녕하세요?

하우짓 고인

• 's it은 연음이 됩니다.

» **Hey** dude.   안녕.

헤이 듀드

» **Hi** there.   안녕.

하이 데얼

A **Hi**, **how**'re you?   안녕하세요?

하이, 하우얼유

- ,(comma) 뒤에 오는 단어의 첫 글자는 소문자로 시작하고, .(period) 뒤에 오는 단어의 첫 글자는 대문자로 시작합니다. how're는 how are의 준말입니다.

B **How**'re you **today**?   안녕하세요?

하우얼유 터데이

» **How**'re you **doing**?   안녕하세요?

하우얼유 두인

- 빠르게 말할 때 you는 [유] 또는 [여]로, your, you're은 [유얼] 또는 [열]로 발음됩니다.

» **How's everything** going?   안녕하세요?

하우즈 에브뤼씽 고인

A **Fine**, **thank** you. And **you**?   나는 잘 있는데, 당신은 어때요?

파인 쌩큐. 앤쥬

B **How**'s **everything** / with your **family**?   가족들은 어떻게 지내세요?

하우즈 에브뤼씽 위쥬얼 페멀리

- How's는 how is의 준말이고, with your은 연음 됩니다.

A They're **all** very **well**.   모두 잘 있습니다.

데이얼 올 베뤼 웰

- well은 [웨을]을 빠르게 [웰]로 발음합니다. they're는 they are의 준말입니다.

B **How** have you **been**?   그 동안 어떻게 지냈습니까?

하우 해뷰 빈

- have는 빠르게 말할 때 [허브, 어브]로 발음됩니다. have you는 연음 됩니다. been은 [밴]으로 발음하기도 합니다.

A **Nothing** to **complain** about.   그럭저럭 지내고 있어요.

나씽 투 컴플레이너바웃

- complain about은 연음이 되어 한 단어처럼 들립니다.

A **How's everything** going?   안녕하세요?

하우즈 에브뤼씽 고인

» **What's new** (with **you**)?   별일 없습니까?

와쯔 뉴 (위쥬)

B **What's happening**?   별일 없습니까?

와쯔 해뻐닝

• What's는 What is의 준말이고, 단어 또는 단어와 단어 사이에서 k, p, t앞에 강모음이 오면 k, p, t는 된소리 [ㄲ, ㅃ, ㄸ]로 발음됩니다.

A I'm feeling **great**.   잘 지냅니다.

아임 필링 그뤠잇

A **Couldn't** be **better**.   이보다 더 좋을 수 없습니다.

쿠른 비 베럴

• dn't의 [t]가 생략되고 [d]가 [r]로 발음되고, [n]이 [b]에 동화되어 [m]로 발음됩니다. 모음 사이 tt는 [r]과 같이 발음됩니다.

» I'm doing **alright**.   잘 지냅니다.

아임 두잉 오어롸잇

• al의 [l] 발음은 [어] 정도로 소리 냅니다.

» **Not** too **bad**.   그럭저럭 지내요.

낫투 뱃

» **So** so.   그저 그래요.

쏘우 쏘우

» **Nothing** much.   별일 없어요.

나씽 머취

A **Anything** new?   별일 없으세요?

애니씽 뉴

» **How** are you **feeling** / **these days**?   요즘 기분이 어떠세요?

하우얼유 필링 디즈 데이즈

» Do you **get** / some **good news**?   무슨 좋은 일 있으세요?

두유 겟 썸 굿 뉴즈

B **So** far / **so** good. 　　　　　　　　　　지금까지는 좋습니다.

쏘우 팔 쏘우 굿

≫ Nothing **special**. 　　　　　　　　　　별일 없어요.

나씽 스빼셜

- [sp]는 강모음임으로 [p]는 된소리 [ㅃ]로 발음됩니다.

≫ Well, about the **same**. 　　　　　　　　　늘 그렇지요, 뭐.

웰, 어바웃 더 쎄임

- 빠르게 말할 때 [t]와 th는 발음 시 혀의 위치가 비슷하므로 [t] 발음을 생략합니다.

≫ I'm **terrible**. 　　　　　　　　　　　최악이에요.

아임 테뤄블

≫ **Everything's** fine. 　　　　　　　　　모든 게 좋습니다.

애브뤼씽즈 파인

≫ I'm **great, too**. 　　　　　　　　　　저도 잘 지냅니다.

아임 그뤠이 투

- 같은 발음이 중복될 때 앞의 발음을 생략합니다.

비법노트

자음의 생략 및 약화

- [nt], [nd]는 미국 영어에서 강모음과 약모음 사이에서 [t], [d]는 생략되고 [n]만 들립니다.
- [lt], [ld]는 강모음과 약모음 사이에서 [t], [d]는 약화 또는 생략되어 들립니다.

[r]과 [l]의 발음

- [r]과 [l]은 우리말의 [ㄹ]로 표기되는데 실제 발음은 다르니 음원을 듣고 연습해야 합니다. 첫소리로 나오는 [r]은 [우] 소리로 입술을 약간 둥글게 하여 혀끝을 목구멍 쪽으로 확실히 말아 올리고 소리 냅니다. 이때 혀가 입천장에 닿으면 [l] 발음이 되기 때문에 입천장에 닿지 않도록 주의합니다. [l]은 [을] 소리로 시작하듯이 혀를 입천장에 슬쩍 갖다 대어 소리를 낼 준비를 하고, 소리를 낼 때 혀끝을 윗잇몸에 바짝대고 발음합니다. [l]은 우리말의 [ㄹㄹ]이라고 생각하고 하나는 앞 단어에 붙여 발음하고, 다른 하나는 자기 발음을 낸다고 생각하면 쉽습니다.

UNIT 3 소개하기

🎧 3
등장인물: A 김지호 / B 제임스 브라운 / C 김민선

A Nice(Glad, Pleasure) to **meet** you, **James**.　　　　만나서 반가워요, 제임스 씨.

나이스(글래, 플레절) 투 미츄, 제임스

B I'm **pleased** / to **meet** you, **Ji Ho**.　　　　만나서 반가워요, 지호 씨.

아임 플리즈 투 미츄, 지호

• [d]와 [t]는 혀의 위치가 같으므로 앞의 [d] 발음을 생략합니다. meet you는 연음 됩니다.

A May I **introduce** / my **friend**?　　　　제 친구를 소개할까요?

메아이 인츄뤄듀스 마이 프렌드

• may와 I 이중모음을 단모음으로 발음합니다. [tr + 모음 n]은 [tʃr]로 발음됩니다. 조동사 may로 시작한 의문문이기 때문에 끝을 올려줍니다.

B That'd be nice.　　　　좋지요.

댑비 나이스

• 'd b의 'd는 would의 준말입니다. that의 [t]는 생략되고 [d]는 [b]에 동화되기 위해 [b]로 발음됩니다.

A This is a friend of mine.　　　　이 사람은 제 친구입니다.

디시저 프뤠너브 마인

• This is a는 연음으로 발음합니다. nd of의 nd는 [d]는 발음이 생략되고, of는 [어브]로 n에 붙여 연음 됩니다.

C **How** do you **do**?　　　　처음 뵙겠습니다.

하우두유 두

B **How** do you **do**?　　　　처음 뵙겠습니다.

하우두유 두

C **Where** do you **come** from?　　　　어디서 오셨어요?

웨얼 두유 컴 프롬

B I **come** from **America**.　　　　미국에서 왔어요.

아이 컴 프롬 어메뤼커

C **Where** are you **from**?

웨얼 얼유 프롬

어디서 오셨어요?

B I'm from **America**.

아임 프롬 어메뤼커

미국에서 왔어요.

• I'm은 빠르게 말할 때 [암]으로 발음됩니다.

C I'm **pleased** to **meet** you.

아임 플리즈 투 미츄

만나서 반갑습니다.

• pleased의 [d]는 발음이 생략되고 현재형처럼 들리는 것에 주의하세요.

C I've **heard** a **lot** / about **you**.

아입 헐 얼라러바우츄

말씀 많이 들었습니다.

• 've는 have의 준말로, I've는 빠르게 말할 때 [아입] 또는 [압]으로 발음합니다. heard의 [d]는 생략되고 lot의 [t]는 [r]로 발음됩니다.

C I've been **looking forward** / to **meeting** you.

아이브 빈 루킹 포월 투 미링유

만나 뵙길 기대하고 있었어요.

• forward의 [d]는 뒤에 [t]가 오므로 생략됩니다.

B May I **ask** your **name**?

메아이 애스큐얼 네임

성함을 여쭤 봐도 될까요?

• k y는 연음 됩니다.

» **What**'s your **name**?

와쯔 쮸얼 네임

성함이 뭡니까?

• t's y는 연음 됩니다.

C My **name** is **Min Sun Kim**.

마이 네이미즈 민썬 킴

제 이름은 김민선입니다.

• 빠르게 말할 때 name is는 name's로 발음합니다.

» I'm **Min Sun Kim**.

아임 민썬 킴

나는 김민선입니다.

B **What** do you **want** me / to **call** you?

왓 두유 웜미 투 콜류

뭐라고 부를까요?

• want me은 자음 사이 [t]는 생략되고 [n]은 [m] 발음으로 변합니다.

C I'd **like** to be **called** / **Kim**.
아잇라익 투비 콜드 킴

제 김이라고 불러주세요.

» Just **call** me / **Min Sun**.
쥐슷 콜미 민썬

그냥 민선라고 불러주세요.

• just는 뒤에 [t]가 오므로 [k] 발음으로 바뀝니다.

B My **name**'s James Brown.
마이 네임즈 제임스 브롸운

제 이름은 제임스 브라운입니다.

• 's는 is의 준말입니다.

C **Sorry**, I didn't **catch** your **name**.
쏘뤼, 아이 디른 캐취 유얼네임

미안합니다. 이름을 잘못 들었습니다.

• [t]는 발음을 생략합니다. didn't의 [d]는 빠르게 [r]로 발음되며 [n]은 발음 [k]에 동화되기 위해 [ㅇ]으로 발음됩니다.

B James Brown. Just **call** me James.
제임스 브롸운. 쥐슥 콜미 제임스

제임스 브라운입니다. 그냥 제임스라고 불러주세요.

C I **think** / I've **seen** you **before**.
아이 씽크 아입 씬유 비폴

전에 뵌 것 같은데요.

C **Haven't** we met b**efore**?
해븐 위 맷 비폴

우리 전에 만난 적 있지 않나요?

• haven't의 [t]는 발음은 생략됩니다.

B Ji Ho often / **speaks of you**.
지호 오픈 스삑서뷰

지호가 당신 이야기를 종종 합니다.

• [sp + 모음]은 [p]가 된소리 [ㅃ]로 발음되며 of you는 [스삑서뷰] 연음 됩니다.

B I **wanted** / to **see** you.
아이 워니 투 씨유

만나 뵙고 싶었습니다.

• wanted to는 nt의 [t]는 생략되고, [nid]의 [d]도 생략됩니다.

C Are you **sure**?
얼유 슈얼

정말이에요?

• be 동사로 시작하는 의문문은 말끝을 부드럽게 올립니다.

B May I've / your **name card**?
메아이브 유얼네임 칼드

명함 한 장 주시겠어요?

C **This** is my **business card**. 　　　　　이게 제 명함입니다.

디시즈 마이 비즈니스 칼드

· This is는 연음 됩니다.

C **What** **brings** you **here**? 　　　　　여기 무슨 일로 오셨어요?

왓 브륀쥬 히얼

· -ing의 [○] 발음이 생략되면서 you와 연음 됩니다.

B I'm **here** on **vacation**. 　　　　　휴가차 왔습니다.

아임히어뤈 베이케이션

· 빠르게 말할 때 here의 [h]가 생략되면서 연음 됩니다.

B I **came** here / to **see** my **brother**. 　　　　동생을 만나려고 왔어요.

아이 캐임히얼 투씨 마이 브롸덜

· came here은 빠르게 말할 때 [캐이미얼]과 같이 연음 됩니다.

C Is your **brother** living **here**? 　　　　동생이 여기 사십니까?

이쥬얼 브롸덜 리빙 히얼

· Is your은 연음 됩니다.

B **Yeah, tomorrow** is his **wedding day**. 　　네, 내일이 동생의 결혼식입니다.

예, 터모로우 이지즈 웨린 데이

· is his는 빠르게 말할 때 [h]가 생략되어 연음 되며, wedding의 [dd]는 모음 사이에 있으므로 [r]로 바뀌고 [g] 발음은 생략됩니다.

C Oh! **Congratulations**! 　　　　　오! 축하합니다.

오우, 컨그뤠츌레이션즈

C Is **this** your **first time** / to **Korea**? 　　이번이 한국에 처음인가요?

이즈 디스 유얼 펄슷타임 투 코우뤼어

· Is this는 [이지스]와 같이 연음 되고, first의 [t]는 생략됩니다.

B **Yes**, it **is**. 　　　　　예, 그렇습니다.

예스, 이리즈

· it의 [t]가 [r]로 발음되면서 연음 됩니다.

C What was **your first impression** / of **Korea**?

왓 워즈 유얼 펄슷 임프뤠셔너브 코우뤼어

한국의 첫 인상은 어땠어요?

• n of의 of는 [어브]로 소리내어 [n]과 연음 됩니다.

B It's **great**! The **weather** is **good**. /
and the **people** are **very** kind.

이쯔 그뤠잇! 더 웨더뤼즈 굿 앤 더 피플 알 베뤼 카인드

아주 좋아요! 날씨도 좋고,
사람들도 매우 친절해요.

• weather is는 연음 되고, and the는 [d] 발음이 겹치기 때문에 and의 [d] 발음을 생략합니다.

C I **enjoyed talking** with you.

아이 인조이 토킹 위쥬

당신과 이야기가 즐거웠어요.

• enjoyed의 [d] 발음은 생략되고 th y는 연음 됩니다.

A You **mean** / you are **going**?

유 민 유얼 고인

가신다는 말씀이세요?

C I'm **sorry** / I've to **leave now**.

아임 쏘뤼 아이브 툴 리브 나우

미안합니다만 지금 가봐야 합니다.

B See you **later(again, around)**.

씨 율 레이럴 (어겐, 어롸운드)

또 봐요.

• [l]의 [ㄹ] 하나를 [u]의 받침처럼 붙여 발음합니다.

A I'll be **seeing** you.

아일 비 씨잉유

또 뵙겠습니다.

C Let's **do** this **again**.

레쯔 두 디쎄겐

또 이런 자리 마련해요.

• this again은 연음이 되어 한 단어 같이 발음합니다.

B When can we **meet**?

웬 캔 위 밋

언제 만날 수 있을까요?

• can은 [캔] 또는 [컨]으로 약하게 발음합니다. 세게 발음하면 can't가 되는 것에 주의하세요.

C Let's **get together soon**.

레쯔 겟투게덜 쑨

조만간 만납시다.

• get together은 빠르게 말할 때 모음과 모음 사이 [t t]가 [r]로 발음됩니다.

B Have a **nice(good) day**. 좋은 하루 보내세요.

해버 나이스(굿) 데이

• have a는 연음 되어 한 단어 처럼 발음합니다.

C I've **had** a **very** good **time**. 아주 즐거운 시간 보냈어요.

아이브 해러 베뤼 굿타임

• had의 [d]가 [r]로 바뀝니다.

A Let's **meet more** often. 좀 더 자주 만납시다.

레쯔 밋 모얼 오픈

B I **hope** / I can **see** you **again**. 다시 만날 수 있길 바랍니다.

아이홉 아이 캔 씨유 어겐

C I **look forward** / to **seeing** you **soon**. 곧 만날 수 있기를 기대합니다.

아일 룩 포월 투 씨잉유 쑨

• forward는 [포]에서 혀를 목구멍으로 말아 올리고, [월]에서 또 한 번 혀를 말아 올려 발음합니다. forward의 [d]는 발음을 생략합니다.

C I **must** be on my **way**. 그만 가야겠어요.

아이 머슷비 언 마이 웨이

• 빠르게 말할 때 t는 b에 동화되어 [p]로 발음되거나 생략됩니다.

» I'd **better** / get **going** now. 지금 가는 게 좋겠어요.

아잇 베럴 겟 고잉 나우

• 'd better는 had better의 준말로, '~하는 편이 낫다'는 의미입니다. 빠르게 말할 때 [d]는 [b]에 동화되기 위해 [b]로 발음됩니다. get의 [t]는 [g] 발음에 동화되기 위해 [g] 발음으로 바뀝니다.

» I **think** / I'd **better** get **going**. 그만 가보는 게 좋겠어요.

아이 씽크 아잇 베럴 겟 고잉

B Good **bye**. 잘 가세요.

굿바이

• 빠르게 말할 때 [d] 뒤에 [b]가 오면 [d] 발음을 생략합니다.

B It's after **eleven already**. 이미 11시가 넘었어요.

이쯔 앱털 일레븐 얼뤠리

A Is it **really** / that **time**?　　　　　　벌써 시간이 그렇게 됐어요?

이짓 뤼얼리 대타임

· that의 [t]는 발음이 생략됩니다.

A It's **too bad** / you **have** to **go**.　　　가셔야 하다니 아쉽네요.

이쯔 투뱃 유 햅투 고우

A Can't you **stay** / a **little longer**?　　좀 더 계실 수 없습니까?

캔츄 스떼이 얼리를 롱걸

· Can't는 [캔]이라고 강하게 발음하고, stay의 [t]는 된소리로 발음합니다.

B I had **really good** time.　　　　　　　정말 재미있었어요.

아이 해드 뤼얼리 굿타임

A You are just **saying** / that to be **nice**.　예의상 그렇게 말하는 것 아니에요?

유얼 줘슷 쎄잉 댓 투비 나이스

· 빠르게 말할 때 just의 [st] 발음이 생략되고 [줘] 발음만 납니다. that to의 t t는 [r]로 바뀝니다.

B No. **Thank** you / for your **hospitality**.　아니요. 환대해주셔서 감사해요.

노우. 쌩큐 폴 유얼 하스퍼텔러리

A **Thanks**. I won't **keep** you **then**.　　고마워요. 그럼 붙잡지 않을게요.

쌩스. 아이웡 키퓨 덴

· won't는 will not의 준말이며, [t]는 생략되고, [n]은 [k]에 동화되기 위해 [ㅇ]으로 발음됩니다. keep you는 연음 됩니다.

A **Feel free** to **drop**(**stop**, **call**, **come**, **go**) by.　언제든지 들러요.

필 프뤼 투 쥬랍(스땁, 콜, 컴, 고우) 바이

· dr 뒤에 모음이 오면 dr은 [ʤr]로 발음됩니다.

》 Please **drop** by **anytime**.　　　　　언제든지 들러 주세요.

플리즈 쥬랍 바이 애니타임

B **Drop** me a **line** sometimes.　　　　종종 연락하세요.

쥬랍 미 얼라인 썸타임즈

A **Look** who**'s here**!   이게 누구야!

룩 후즈히얼

· 빠르게 말할 때 here의 [h]가 생략되고 [s]와 연음 됩니다.

B **What** a **surprise**!   이게 누구야!

와러 써프라이즈

· What a에서 [t]가 [r]로 바뀌며 연음 됩니다.

A **How long** has it **been** / since the **last time** / we've **met**.   이게 얼마 만입니까?

하울롱 해즈 잇 빈 씬스 덜라슷타임 위브멧

· 빠르게 말할 때 has it been은 it의 [t]가 [p] 발음으로 바뀌어 연음 되고, last의 [t]가 생략됩니다.

» I haven't **seen** you / for **ages**.   정말 오랜만입니다.

아이 해븐 씬유 포레이쥐즈

· haven't의 [t]는 생략 되고 r a는 연음 됩니다.

A It's been a **long time** / since I **saw** you **last**.   뵌 지 오래되었습니다.

이쯔비널 롱타임 씬스 아이 쏘 율 라슷

· It's는 It has의 준말입니다.

» I haven't **seen** you / for a **long time**.   오랜만입니다.

아이해븐 씬유 포뤌 롱 타임

» **Long** time **no** see.   오랜만입니다.

롱타임 노우 씨

» It's been **quite** a **while**.   오랜만입니다.

이쯔빈 콰이러 와일

· quite의 [t]가 [r]로 바뀌며 [a]와 연음 됩니다.

» It's **been** a **few months**.   오랜만입니다.

이쯔 비너 퓨먼쓰

· [n]과 [a]가 연음 되고, months의 th[θ] 발음 뒤에 [s] 발음이 오므로 th[θ] 발음은 생략됩니다.

» It's **been ages**.   오랜만입니다.

이쯔 비네이쥐즈

· n a는 연음 됩니다.

A **Ji Ho?** Is that **really** you?

지호? 이즈댓 뤼얼리 유

여기서 당신을 만나다니!

지호 씨, 당신 정말 지호 씨 맞아요?

- 빠르게 말할 때 that의 th[ð]가 생략되고 -at는 is와 연음 됩니다.

B It's been **more** than **three** years.

이쯔 빈 모얼 댄 쓰뤼 이열즈

3년도 넘었어요.

- been more은 빠르게 말할 때 [n]이 [m]과 동화되기 위해 [m]으로 발음됩니다.

A Fancy **meeting** you **here**!

팬시 미링 유 히얼

여기서 당신을 만나다니!

B **What a coincidence** meeting you / in **New York**.

와러 코윈써던스 미링 유 인 뉴욕

뉴욕에서 당신을 만나다니 정말 우연의 일치네요.

- What a의 [t]는 [r]로 발음됩니다.

A **What a small** world.

와러 스몰 워얼드

세상이 정말 좁군요.

A I didn't **expect** / to **see** you **here**.

아이디른 익스빽 투 씨유 히얼

이런 데서 만나리라고는 생각도 못했어요.

- didn't의 [t]가 생략됩니다. [dn]에서 [d]는 받침처럼 사용되고, [n]은 음절 자음으로 [딧은]으로 발음되거나, [dn]의 [d]가 [r]처럼 발음되어 [디른]으로 발음됩니다.

B You haven't **changed** a **bit**.

유 해븐 췌인쥐더 빗

당신은 조금도 안 변했군요.

- [t]는 발음이 생략되고, d a는 연음 됩니다.

A You **too**! **What** have you been **up** / to **lately**?

유 투! 왓 해뷰 빈 업 툴 레이를리

당신도 마찬가지네요! 요즘 어떻게 지냈어요?

- been up는 연음 되고, lately의 [t]는 발음이 생략됩니다.

B **Everything's fine** with **me**. **How** about **you**?

에브뤼씬즈 파인 윕미. 하우 어바우츄

모든 게 좋아요. 당신은 어때요?

- with의 th는 [ð]로 발음되므로 [m]에 동화되기 위해 [b]로 바뀝니다.

A I **couldn't** be **better**. **How's** your **wife**?

아이 쿠른비 베럴 하우즈 유얼 와이프

아주 잘 지냅니다. 당신의 아내는 어때요?

- dn't는 [t]가 생략되고 [d]는 부드럽고 빠르게 [r]로 발음합니다. better의 tt는 [r]로 발음됩니다.

B She's doing **well**.

쉬즈 두잉 웰

• well은 [웰]이 아니라 [웨을]을 빠르게 [웰]로 발음합니다.

그녀는 잘 지내고 있습니다.

A You've **really changed**.

유브 뤼얼리 췌인쥐드

많이 변했네요.

A **How** do you **keep fit**?

하우두유 키핏

• keep의 [p]는 뒤에 비슷한 발음인 [f]가 오므로 생략됩니다.

어떻게 그렇게 건강하세요?

A You look **fantastic**!

율룩 팬태스띡

아주 좋아 보입니다.

B **How often** do you **hear** / from **Min Sun**?

하우 오픈 두유 히얼 프롬 민썬

민선한테서 얼마나 자주 소식을 듣습니까?

A She is **surviving**.

쉬 이즈 썰바이빙

• she is는 빠르게 말할 때 she's로 말하며 [s] 발음을 생략합니다.

그녀는 그럭저럭 지내고 있어요.

B **How**'s your **business**?

하우즈 유얼 비즈니스

사업은 잘 되세요?

A I've **got** my **hands full** / with the **work** / I'm **doing** now.

아이브 갓 마이 핸즈 풀 위더 월크 아임 두잉 나우

• 빠르게 말할 때 [t]가 [m]에 동화되기 위해 [p]로 바뀝니다.

지금 하는 일로 무척 바빠요.

B **What's keeping** you **so** busy?

와쯔 키핑 유 쏘우 비지

무엇 때문에 그리 바쁩니까?

A We're **short handed**.

위얼 숄트 핸디드

• handed 중간의 [d]는 모음 사이에 오므로 발음이 생략됩니다.

일손이 부족해요.

» I don't **have enough** help.

아이돈 해브 이넙 헬프

일손이 부족해요.

B Don't **push** yourself / **too** far.　　　　너무 무리하지 마세요.

돈 푸쉬 유얼셀프 투 팔

• don't의 [t]가 생략됩니다.

B You'd **better** / **take** a **rest**.　　　　당신은 좀 쉬는 게 좋겠어요.

윳 베럴 테이꺼 뤠슷

A **Thank** you / for your **concern**.　　　걱정해 주셔서 감사합니다.

쌩큐 폴 유얼 컨썰은

A I'm **burning** the **candle** / at **both** ends.　　제가 무리를 하고 있는 것 같아요.

아임 벌닝 더 캐늘 앳 보우쓰 엔즈

B Please **give** my **regards** / to **Min Sun**.　　민선에게 안부 전해주세요.

플리즈 깁 마이 뤼갈즈 투 민썬

• Please give my regards to ~ 대신 'Please say hello to ~ [플리즈 쎄이 헬로우 투 ~]', 'Tell ~ I said hi [텔 ~ 아이 쎄드 하이]', 'Send ~ my best [쎈드 ~ 마이 베슷]' 표현을 활용할 수 있습니다.

A Let's **keep** in / **touch**.　　　　다음에 한 번 만나요.

레쯔 키핀 터취

• keep in은 연음 됩니다.

B I'll **catch up** / with you **later**.　　다음에 한 번 만나요.

아일 케취업 위쥴 레이럴

• 빠르게 말할 때 catch up과 with you later는 연음 됩니다.

UNIT 5 감사 인사하기

🎧 5
등장인물: A / B

A **Thank** you**(Thanks).**
쌩큐(쌩스)

감사합니다.

» **Thanks** a **lot**.
쌩스 얼 랏

정말 감사합니다.

» **Thank** you **very(so)** much.
쌩큐 베뤼(쏘우) 머취

대단히 감사합니다.

» I'm **grateful** a **lot**.
아임 그뤠잇펄 얼랏

정말 감사합니다.

B **Thank** you / for your **kindness**.
쌩큐 폴 유얼 카이니스
• kindness의 [d] 발음은 생략됩니다.

당신의 친절에 감사드립니다.

» I **deeply appreciate** / your **kindness**.
아이 디플리 어프뤼쉬에잇 유얼 카이니스
• deeply는 [디플리] 또는 [딥을리]로 발음됩니다.

당신의 친절에 깊이 감사드립니다.

A **Thank** you / for **coming**.
쌩큐 폴 커민

와 주셔서 감사합니다.

A **Thank** you / for **everything**.
쌩큐 폴 에브뤼씽

모든 것에 감사드립니다.

A **Thank** you / for your **help**.
쌩큐 폴 유얼 헬프
• help는 [헤을프]를 빠르게 [헬프]로 발음합니다.

도와주셔서 감사합니다.

A I **appreciate** / your **help**.
아이 어프뤼쉬에잇 유얼 헬프

당신의 도움에 감사드립니다.

>> I'm **grateful** / for your **assistance**. 당신의 도움에 감사드립니다.
아임 그뤠잇펄 폴 유얼 어씨스떤스

A **Thank** you / for **helping** me. 도와주셔서 감사합니다.
쌩큐 폴 헬핑 미

>> It's **very nice** of you / to **help** me. 도와주셔서 감사합니다.
이쯔 베뤼 나이스 어브 유 투 헬프 미

A **Thanks** for **understanding**. 이해해 주셔서 감사합니다.
쌩스 폴 언덜스탠딩

>> **Thank** you / for your **generosity**. 이해해 주셔서 감사드립니다.
쌩큐 폴 유얼 쮀너롸서리
　• 빠르게 말할 때 your을 [열]로 발음하고, -ity의 [t]는 [r]로 발음됩니다.

A **Thank** you / for the **compliment**. 칭찬해 주셔서 감사합니다.
쌩큐 폴 더 캄플러먼트

A **How** can I **thank** you? 어떻게 감사드려야 할지 모르겠어요.
하우 캐나이 쌩큐

>> I <u>don't</u> **know** / **how** to **thank** you. 어떻게 감사드려야 할지 모르겠어요.
아이돈 노우 하우 투 쌩큐
　• 빠르게 말할 때 to는 [러]와 같이 발음됩니다.

>> I can't **thank** you **enough**. 어떻게 감사드려야 할지 모르겠어요.
아이 캔 쌩큐 이너프
　• can't는 강하게 [캔]으로 발음하여 can 발음과 구별해야 합니다.

B I'm **happy** to **help out**. 도움이 될 수 있어서 기쁩니다.
아임 해삐 투 헬파웃

A **Everyone appreciates** / **what** you've **done**. 다들 당신이 애써 주신 것에 고마워
에브뤼원 어프뤼씨에이쯔 왓 유브 던 하고 있어요.

A I'll **never forget** your **kindness** / as long as I **live**. 당신의 은혜는 평생 잊지 않겠습니다.
아일 네벌 펄겟 유얼 카인니스 애즐롱애즈 아일 리브

≫ I'll **never forget** / **what** you've **done** for me.

아일 네벌 펄겟 와츄브 던 폴 미

당신이 베푼 은혜는 평생 잊지 못할 겁니다.

Ⓐ I **appreciate** / your **consideration**.

아이 어프뤼쉬에잇 유얼 컨씨더뤠이션

배려해 주신 데 대해 감사드립니다.

≫ Thanks **anyway**.

쌩스 애니웨이

어쨌든 감사합니다.

Ⓐ I **owe** you **one**.

아이 오우 유 원

제가 신세를 졌습니다.

Ⓐ **How kind** of you / to **say** so.

하우 카이너뷰 투 쎄이 쏘우

• kind의 [d]가 생략되고 세 단어가 연음 됩니다.

그렇게 말씀해 주시니 감사합니다.

Ⓐ It's **very nice** of you.

이쯔 베뤼 나이스 어브 유

• 빠르게 말할 때 nice of you는 [나이써뷰]와 같이 발음합니다.

정말 친절하시군요.

≫ You are an **angel**.

유 알 언 에인쥘

• angel의 강세가 a에 있기 때문에 an은 are와 연음 됩니다.

정말 친절하시군요.

Ⓑ I'm **so flattered**.

아임 쏘 플레뤌드

과찬의 말씀입니다.

Ⓑ Don't **make** me **blush**.

돈 메익 미 블러쉬

• Don't의 [t]는 생략됩니다.

칭찬해 주셔서 민망합니다.

Ⓑ **Not** at **all**.

나래럴

• not at all은 세 단어가 연음 됩니다.

천만에요.

≫ Don't **mention** it.

돈 멘셔닛

천만에요.

» You're **welcome**.   천만에요.

  유얼 웰컴

» My **pleasure**.   천만에요.

  마이 플레절

B No **sweat**.   별거 아닙니다.

  노우 스웻

» It was **nothing**.   별거 아닙니다.

  잇 워즈 나씽

비법노트

모음 역할을 하는 자음

▪ 음절자음 [l]

음절자음은 자음을 모음처럼 한 개의 음절로 발음합니다. 발음기호에서 끝소리가 [tl, dl, nl, bl]일 때 앞의 자음 [t, d, n, b]는
받침처럼 사용하고 [l]은 하나의 모음처럼 [을(얼)]로 발음합니다. 빠르게 말할 때는 [l] 앞의 [t, d]는 부드럽고 빠르게 [r]처럼
발음됩니다. 예를 들면 bottle은 [밧을] 또는 [바를]로 발음되고, table은 [테입을] 또는 [테이벌] 두 가지로 발음됩니다.

▪ 음절자음 [n]

발음기호에서 끝소리가 [tn, dn, nn]일 때 앞의 자음 [t d n]은 받침처럼 사용하고 뒤의 [n]은 하나 의 모음처럼 [은]으로 약
하게 발음합니다. 예를 들면 bitten은 [빗은] 또는 [비른], sudden을 [썻은] 또는 [써른] 두 가지로 발음됩니다.

A I'm **sorry**.　　　　　　　　　　미안합니다.
아임 쏘뤼

» I'm **very** sorry.　　　　　　　　정말 미안합니다.
아임 베뤼 쏘뤼

» I'm **sorry** about **that**.　　　　그 점에 대해 미안합니다.
아임 쏘뤼 어바웃 댓
　• that th[ð]는 빠르게 말할 때 생략되고 about의 [t]가 [r]로 바뀌면서 연음 됩니다.

» I'm **terribly sorry**.　　　　　　대단히 죄송합니다.
아임 테뤄블리 쏘뤼

A I **apologize** to you.　　　　　당신에게 사과드립니다.
아이 어팔러자이즈 투 유

A Please **accept** my **apology**.　제 사과를 받아주십시오.
플리즈 억셉 마이 어팔러쥐
　• [t]는 자음 사이에 있으므로 발음을 생략합니다.

B I'm **sorry** I'm **late**.　　　　　늦어서 죄송합니다.
아임 쏘뤼 아임 레잇

B I'm **sorry** / to have **kept** you **waiting**.　기다리게 해서 미안합니다.
아임 쏘뤼 투 해브 켑츄 웨이린

» **Excuse** me / for **keeping** you **waiting**.　기다리게 해서 미안합니다.
익스큐즈 미 폴 키핑 유 웨이린

A I **owe** you an **apology**.　　　당신에게 사과드릴 것이 있습니다.
아이 오우유언 어팔러쥐

A I'm **sorry** / to **bother** you.　귀찮게 해서 죄송합니다.
아임쏘뤼 투 바덜 유

A I **beg** / your **forgiveness**.　용서해 주십시오.
아이벡 유얼 펄기브니스

A Could you **forgive** me?

쿠쥬 펄기브 미

· could을 사용한 의문문은 문장 끝을 가볍게 올려줍니다.

용서해 주시겠습니까?

B **Forgive** me / for being **rude**.

펄기브 미 폴 빙 루드

버릇없이 군 걸 용서해주십시오.

B **Forgive** me / for the **interruption**.

펄기브 미 폴 디 인터럽션

방해한 점 용서하십시오.

B My **intentions** were **good**.

마이 인텐션즈 월 굿

고의로 그런 게 아닙니다.

» I didn't **mean** it.

아이디른 미닛

· didn't의 [t]는 생략되고, [d]는 부드럽게 [r]로 발음됩니다.

일부러 그런 게 아니었습니다.

» I didn't **do** it on **purpose**.

아이디른 두 이런 펄퍼스

일부러 그런 게 아니었습니다.

A I didn't **mean** / to **hurt** your **feeling**.

아이디른 민 투 헐츄얼 필링

기분을 상하게 할 생각은 아니었습니다.

A It'll **never happen** again.

잇을 네벌 해뻐너겐

다시는 이런 일이 없을 겁니다.

B I'm **sorry** / for the **misunderstanding**.

아임쏘뤼 폴 더 미스언덜스때닝

오해해서 미안합니다.

B I feel **really sorry** / about **this**.

아이 필 뤼얼리 쏘뤼 어바웃 디스

· about의 [t]는 뒤에 [d] 발음이 오므로 생략됩니다.

이 일에 대해서 정말 미안하게 생각해요.

A Give me a **chance** / to **make** it **up** to you.

김미 어 챈스 투 메이끼럽 투유

· make의 [k]는 앞에 강모음이 오므로 된소리로 발음 되고, it의 [t]가 [r]로 바뀌면서 세 단어가 연음 됩니다.

만회할 기회를 한 번 주십시오.

B I'm **sorry** / that I can't **help** you.

아임쏘뤼 대라이 캔트 헬퓨

도와드릴 수 없어 미안합니다.

UNIT 7 축하하기

B I just **became** a **father**.
아이 줘슷 비캐이머 파덜
· just의 [t]는 발음이 생략됩니다.

제가 아빠가 되었어요.

A **Congratulations** / on the **birth** of your **child**.
컨거뤠츌레이션즈 언더 벌쓰 어브 유얼 촤일드
· on은 [언] 또는 [온]으로 발음됩니다. 빠르게 말할 때 birth of는 [벌써브]와 같이 발음합니다.

아기 탄생을 축하합니다.

A **Congratulations** / on your **wedding**.
컨거뤠츌레이션즈 언 유얼 웨링

결혼을 축하합니다.

A **Congratulations** / on your **graduation**.
컨거뤠츌레이션즈 언 유얼 그뤠쥬에이션

졸업을 축하합니다.

A **Congratulations** / on your **promotion**.
컨거뤠츌레이션즈 언 유얼 프뤄모우션

승진을 축하합니다.

A **Congratulations** / on **getting**
into **Seoul University**.
컨거뤠츌레이션즈 언 게링 인투 써울 유너벌써리

서울대학교 입학을 축하합니다.

A I **hope** / you have a **long** and **happy** /
life **together**.
아이 호웁 유 해벌롱언 해삐 라이프 투게덜

두 분이 만수무강하시길 바랍니다.

B **Thank** you / for the **lovely present**.
쌩큐 폴 덜 러블리 프뤠전트

멋진 선물 고맙습니다.

A **All** the **best** / in your **new job**.
올 더 베슷 인 유얼 뉴 좝

새 직장 얻은 것을 축하합니다.

B Your **letter** was a **real morale** booster.

유얼 레럴 워저 뤼얼 머렐부스떨

· booster의 st앞에 강모음이 오므로 [t]는 된소리로 발음합니다.

당신의 편지 때문에 힘을 얻었습니다.

A You **look** like **very happy**.

율 루클라익 베뤼 해삐

· like의 [l] 발음을 정확히 내려면 look을 [루클]로 발음해야 합니다.

기분이 참 좋아 보이는군요.

B I **feel** like a **million** dollars.

아이 필 라이꺼 밀리언 달러즈

· like의 [k]는 된소리로 발음합니다.

정말 기분이 좋습니다.

» I feel **wonderful**.

아이 필 원덜펄

기분이 참 좋습니다.

» I'm walking **on air**.

아임 워킹 어네얼

· 빠르게 말할 때 walking의 [g] 발음이 생략되면서 세 단어가 연음 됩니다.

날아갈 것 같습니다.

» I **jumped** for **joy**.

아이 점트 폴 조이

· jumped의 ed는 [t]로 발음되므로 중간의 [p]가 생략됩니다.

기뻐서 날아갈 것 같아요.

» I'm **so happy**.

아임 쏘우 해삐

너무 기뻐요.

» I **feel** like **humming**.

아이 필 라익 허밍

콧노래라도 부르고 싶어요.

A **Well** done.

웰던

잘했습니다.

» **Good** job.

굿좝

잘했습니다.

B **Thanks** / for the **compliment**.

쌩스 폴 더 캄플러먼트

칭찬해 주셔서 감사해요.

B I **hope** / you'll **give** a **chance** / **to return** the **favor sometime**.

아이홉 율 기버 챤스 투 뤼털은 더 페이벌 썸타임

언젠가 보답할 기회를 주십시오.

A You **bet**.　　　　　　　　　　　　　천만에요.
유 벳

» Think **nothing** of it.　　　　　　　　　천만에요.
씽크 나씽어빗

» Don't **give** it **second**.　　　　　　　천만에요.
돈 기빗 쎄컨드

» **Forget** it.　　　　　　　　　　　　　천만에요.
퍼게릿
· [t]는 모음 사이에 있으므로 [r]로 발음됩니다.

A You **rock**.　　　　　　　　　　　　당신 끝내줍니다.
유 뢁

» **Awesome**.　　　　　　　　　　　　끝내줍니다.
오썸

» You **really** came **through**.　　　　　당신 정말 해냈군요.
유 뤼얼리 캐임 쓰루

B I've been **promoted** / to **general manager**.　　제가 부장으로 승진했어요.
아입 빈 프뤄모우리 투 줴너뤌 매니쥘
· promoted의 [t]는 모음 사이에 있으므로 [r]로 바뀌고, [d]는 뒤에 [t]가 오므로 발음이 생략되면서 현재형으로 들리는 것에 주의합니다.

A **Congratulations**. You **must** be **very happy**.　　축하합니다. 정말 기분 좋겠어요.
컨거뤠츌레이션즈. 유 머슷비 베뤼 해삐

B I **couldn't** be **happier**.　　　　　　얼마나 기쁜지 모르겠어요.
아이 쿠른비 해삐얼
· -ldn't는 [t]가 생략되고, ld의 [d]가 부드러운 [r]로 바뀌고, [n]이 [b]와 동화되기 위해 [m]으로 발음됩니다.

A I'll **keep** / my **fingers crossed** / **for** you.　　행운을 빌겠습니다.
아일 킵 마이 핑걸즈 크로슷 폴 유

» I **wish** / you the **best** of **luck**.　　　행운을 빌겠습니다.
아이 위쉬 유 더 베스떠블 럭

» **Cross** your **fingers**.
크로슈얼 핑걸즈

행운을 빌겠습니다.

» **Good** luck.
굿럭

행운을 빌겠습니다.

» **Good** luck / in your **business**.
굿럭 인 유얼 비즈니스

당신의 사업에 행운을 빌겠습니다.

A May you **succeed**. **Make** the **most** of it.
메이 유 썩씨드 메익더 모우스떠빗
· most of it은 빠르게 말할 때 세 단어가 연음 됩니다.

성공을 빕니다. 잘해보세요.

» I **hope** / you **achieve** your **goal**.
아이 호웁 유 어취브 유얼 고울

당신의 목표를 이루기 바랍니다.

A I'm **sure** / you'll **hit it big** with **this**.
아임 슈얼 율 히릿빅 위디스
· hit it big 세 단어는 연음 됩니다.

이번에는 잘 될 거라고 확신합니다.

B **Thank** you / for your **concern**.
쌩큐 폴 유얼 컨썰은

걱정을 해 주셔서 감사합니다.

» **Thank** you **very much** / for **all** the **trouble** you **went** to.
쌩큐 베뤼 머취 폴 올더 츄라블 유 웬투
· for all 연음 되고, went의 [t]는 생략됩니다.

애를 써 주셔서 감사합니다.

B That's **very thoughtful** of you.
대쯔 베뤼 쏫펄 어브유

참 생각이 깊으시군요.

B It was **all very informative**.
잇 워즈 올 베뤼 인폴머티브

아주 도움이 되었습니다.

A How **kind** of you / to **say so**.
하우 카이너뷰 투 쎄이 쏘우

그렇게 말씀해 주시니 감사합니다.

B I'll **never forget** your **kindness** / as long as I **live**.
아일 네벌 펄게츄얼 카인니스 애즐롱애즈 아일리브
· [t]와 [j]가 만나면 [ʧ]로 발음됩니다.

당신의 은혜는 평생 잊지 않겠습니다.

규칙동사의 발음

- 단어의 어미가 p, k, f, s, sh, ch로 끝나는 단어는 ed를 붙이고 [ed]를 [t]로 발음합니다.
- 단어의 어미가 t, d로 끝나는 단어는 ed를 붙이고 [ed]를 [id]로 발음합니다.
- 그 외는 단어의 어미에 ed를 붙이고 [ed]를 [d]로 발음합니다.

명사의 복수형 발음

- 단어의 어미가 [s, z, ʃ, ʒ, tʃ, dʒ]로 발음될 때는 es를 붙이고 [iz]로 발음합니다.
- 단어의 어미가 유성음(성대를 울리는 소리)+s는 [z]로 발음합니다.
- 어미가 무성음(성대를 울리지 않고 입김만으로 내는 소리)+s는 [s]로 발음합니다.

A Can you **help** me?   저를 좀 도와주시겠습니까?

캔뉴 헬프 미

· can you는 연음 됩니다.

B I'm **willing** to **help** you.   기꺼이 도와드리겠습니다.

아임 윌링 투 헬퓨

B **What** do you **want** me / to **do**?   무엇을 해 드릴까요?

왓 두유 웜미 투두

· want의 [t]는 생략되고 [n]은 [m]에 동화되기 위해 [m] 발음으로 바뀝니다.

A Could you **help** me / with **this job**?   이 일 좀 도와주시겠습니까?

쿠쥬 헬프 미 윗 디스 잡

B **What** can I **do** / **for** you?   어떻게 도와드리지요?

왓 캐나이 두 폴 유

A Would you **mind** / **giving** me a **ride**?   차 좀 태워주실 수 있습니까?

우쥬 마인드 기빈 미어 라이드

B **Where** are you **going**?   어디를 가십니까?

워어뤄유 고잉

A Can you **give** me / a **lift home**?   집까지 태워줄 수 있습니까?

캔뉴 김미 얼 립토움

· can you는 연음 되고, give me는 빠르게 말할 때 [김미]로 발음됩니다. home의 [h]가 생략되면서 lift와 연음 됩니다.

B OK. Get **on(in)**.   좋아요. 타세요.

오우케이. 게런(게린)

B I'm **afraid** / I **can't**.   미안하지만 안 되겠어요.

아임 어프뤠잇 아이 캔트

B I'm **not** going **that** way / **tonight**.   오늘은 그 길로 안 갑니다.

아임 낫 고잉 댓 웨이 터나잇

· 빠르게 말할 때 not의 [t]는 [g] 발음에 동화되기 위해 [k] 발음으로 바뀝니다.

A Can you **help** me / a **bit**?

캔뉴 헬프 미 어 빗

• 조동사 can으로 시작한 의문문이므로 문장 끝을 가볍게 올립니다.

저를 좀 도와주시겠습니까?

» Can you **help** me / a **little** **bit**?

캔뉴 헬프 미 얼리를 빗

• little의 [t]를 받침처럼 발음합니다.

저를 좀 도와주시겠습니까?

» Please **help** me.

플리즈 헬프 미

도와주세요.

» **Back** me **up**.

백 미 업

나 좀 도와주세요.

» Would you **help** me **out**?

우쥬 헬프 미 아웃

• would로 시작하는 의문문의 문장 끝은 가볍게 올립니다.

좀 도와주시겠습니까?

» Could you **give** me / a **hand**?

쿠쥬 김미어 핸드

• give me는 빠르게 말할 때 [김미]로 발음되고, a는 me에 약하게 붙여 발음합니다.

저 좀 도와줄 수 있습니까?

A Can I **ask** you / a **favor**?

캐나이 애스큐어 페이벌

부탁 하나 해도 되겠습니까?

B **Sure**. **What** is **it**?

슈얼. 와리짓

물론입니다. 무슨 일입니까?

A May I've a **cold water**, please?

메아이버 코울드 워럴, 플리즈

차가운 물 한 잔 주시겠습니까?

B **OK**. **Wait** a minute.

오우케이. 웨이러 미닛

• wait의 [t]는 [r]로 발음되면서 a와 연음 됩니다.

그래요. 잠깐만 기다리세요.

B **Here** you **are**.

히얼 유 알

여기 있습니다.

A I **need** a **favor**.

아이 니러 페이벌

• need의 [d]가 [r]로 발음되면서 a와 연음 됩니다.

부탁 좀 할게요.

B **What** do you **need**?　　　　　　　　　　뭐가 필요하세요?
왓 두유 니드

B **What** can I **do** / **for** you?　　　　　　무엇을 도와드릴까요?
왓 캐나이 두 폴 유

B Do you **need** any **help**?　　　　　　　　도움이 필요하세요?
두유 닛 애니 헬프
　• need any는 빠르게 말할 때 [니래니]와 같이 발음됩니다.

≫ Do you **need** a hand?　　　　　　　　　　도움이 필요하세요?
두유 니러 핸드

A **No** Thanks. I can **handle it**.　　　　　아니요. 제가 할 수 있어요.
노우 쌩스. 아이 캔 핸드릿

A Can I **borrow** some **money** / from **you**?　　돈을 좀 빌릴 수 있겠습니까?
캐나이 바로우 썸 머니 프롬 유

B **How much** do you **need**?　　　　　　　얼마나 필요합니까?
하우머취 두유 니드

B **All** you have to **do** is **ask**.　　　　　말씀만 하세요.
올 류 햅투두 이즈 애슥
　• 빠르게 말할 때 is ask은 [이재슥]과 같이 발음됩니다.

A $ **300**.　　　　　　　　　　　　　　　　300달러요.
쓰뤼 헌쥬뤳 달러즈

B It's **out** of the **question**.　　　　　　그건 불가능해요.
이쯔 아우러브더 퀘스춴
　• out의 [t]가 [r]로 소리나면서 of와 연음 됩니다. 빠르게 말할 때 question의 [t] 발음을 생략합니다.

A My **computer** is **broken**.　　　　　　　내 컴퓨터가 고장 났어요.
마이 컴퓨러뤼즈 브로우껀
　• [t]가 [r]로 바뀌면서 is와 연음 되고, [k]는 앞에 강모음이 오므로 된소리로 발음됩니다.

B Let me **help** you / with your **work**.　　제가 일을 도와드릴게요.
렛미 헬퓨 위쥬얼 월크

B I'm not **exactly computer literat**e myself, but I'll **see** / **what** I can **do**.
아임 낫 이그재클리 컴퓨럴 리러륏 마이셀프
버라일 씨 와라이 캔두

저도 컴퓨터를 잘 모르지만,
제가 할 수 있는지 보겠습니다.

A Can I **borrow** your **pen**?
캐나이 바로우 유얼 펜

펜 좀 빌릴 수 있겠습니까?

B **Sorry**, I just **lost** my **pen**.
쏘뤼, 아이 줘숫 로숫 마이 펜

미안해요, 방금 펜을 잃어버렸어요.

A May I **come in**? It **won't** be **long**.
메아이 커민? 잇 웜빌 롱

들어가도 되겠어요? 잠깐이면 됩니다.

・ won't는 will not의 준말이며 n't의 [t]는 생략되고 [n]은 be와 동화되기 위해 [m]으로 바뀝니다.

B Of **course**, **come in**.
어브코얼스, 커민

물론입니다. 들어오세요.

A May I **look** at **it**?
메아일 루깨릿

잠시 살펴봐도 되겠습니까?

・ [k]는 강모음이 오므로 된소리로 발음하고, at의 [t]는 [r]로 발음되면서 it와 연음 됩니다.

B **Yes**, go **ahead**.
예스, 고우 어헤드

네, 그렇게 하세요.

A Do you **mind** / if I **sit** here?
두유 마인드 이파이 씻 히얼

여기 앉아도 되겠습니까?

・ mind는 '싫다, 꺼리다'라는 뜻이기 때문에 mind로 물었을 때 긍정의 대답은 No로, 부정의 대답은 Yes로 대답해야 합니다.

B No. **Seat** yourself.
노우. 씨-츄얼셀프

예. 앉으세요.

A May I **sit here**?
메아이 씻 히얼

여기 앉아도 됩니까?

B **Yes**, of **course**.
예스, 어브코얼스

예, 물론입니다.

A Do you **mind** / if I **make** a **phone call**?
두유 마인드 이파이 메이꺼 포운 콜

전화 좀 써도 되겠습니까?

B Of **course not**. Is it a local call?
어브코얼스 낫. 이지럴 로칼 콜

물론입니다. 시내 전화입니까?

A **Yes**, it's to **Seoul**.
예스, 이쯔 투 써울

예, 서울로 걸 겁니다.

B You can **use** / my **cell phone**.
유 캔 유즈 마이 쎌 포운

제 핸드폰 쓰세요.

A I can't **thank** you / **enough**.
아이 캔 쌩큐 이넙

뭐라고 감사를 드려야 할지 모르겠습니다.

• can't는 [캔트]라고 발음 하지 않고, [캔]을 강하게 발음합니다.

A Would you **mind** / if I **smoke here**?
우쥬 마인드 이파이 스모욱 히얼

담배 피워도 되겠습니까?

B **No, not** at **all**.
노우, 나러럴

예, 그러세요.

• not at all은 세 단어가 연음 됩니다.

B **Yes**, I have a **cold**.
예스, 아이해버 코울드

아니요, 제가 감기에 걸렸어요.

A **Oh**! I'm **sorry**.
오우! 아임쏘뤼

아! 미안합니다.

A Would you **mind** / if I **open** the **window**?
우쥬 마인드 이파이 오픈더 윈도우

창문 열어도 되겠습니까?

B **Yes**. It's **raining outside**.
예스. 이쯔 뤠이닝 아우싸이드

안돼요. 밖에 비가 오고 있어요.

B It's **pouring**.
이쯔 포어륑

비가 퍼붓고 있어요.

A The **door** won't **open**.

더 도얼 원 오우펀

· won't는 will not의 준말입니다.

문이 열리지 않습니다.

B Let me **do** it / **for** you.

렛미 두잇 폴 유

제가 해드리겠습니다.

A **Ask** me / **whenever** you **need help**.

애슥 미 웨네벌 유 니드 헬프

도움이 필요하면 언제든지 저에게 부탁하세요.

» Let me **know** / if you **need** any **help**.

렛미 노우 이퓨 닛 애니 헬프

· need any는 빠르게 말할 때 [니래니]와 같이 발음합니다.

도움이 필요하면 저에게 알려주세요.

A Just **let** me **know** / **what** you **need**.

줘슷 렛미 노우 와츄 니드

필요한 것 있으면 말씀해주세요.

B Could you **help** me / with **these luggage**?

쿠쥬 헬프 미 윗 디즐 러기쥐

이 짐을 드는 것을 좀 도와주시겠습니까?

A I'd **appreciate** your **cooperation**.

아잇 어퍼뤼쉬에잇 유얼 코우아퍼뤠이션

협조해 주시면 감사하겠습니다.

비법노트

Accent의 규칙

· 앞 음절에 강세(accent)가 있는 어미

· -tion, -sion, -ian, -cial, -tial, -ious, -cience, -ciency, -cient, -ity, -ety, -sive, -ical, -ic,

· -logy, -pathy, -graphy, -meter, -nomy, -ee, -eer, -ese, -oon, -oo, -esque

예외

· television, lunatic, politic 등은 accent의 규칙에 맞지 않고 제1음절에 강세가 있습니다

A I'll **advise** you.
아일 어드바이쥬

제가 충고하겠습니다.

≫ Let me **give** you / some **advice**.
렛미 기뷰 썸 어드바이스

제가 조언을 좀 해 드리죠.

B I **gave** you many **pieces** of **advice**.
아이 개이뷰 매니 피씨저브 어드바이스

제가 당신에게 충고를 많이 했었죠.

B Don't **ever** do that **again**.
돈 에벌 두 댓 어겐

다시는 그런 짓 하지 마세요.

· 빠르게 말할 때 don't ever는 [도네버]로, that again은 [대러겐]으로 연음 됩니다.

B You'd **better follow** / his **advice**.
윳 베럴 팔로우 히즈 어드바이스

그의 충고를 따르는 것이 좋을 겁니다.

· 빠르게 말할 때 his advice는 [히저드바이스]와 같이 연음 됩니다.

A You've **got** to **stop** / **this**.
유브 가러 스땁 디스

당신은 이것을 그만두어야 합니다.

· got to의 앞의 [t]는 생략하고, 뒤의 [t]는 [r]로 소리 내며, st 뒤에 모음이 올 때 [t]는 된소리로 발음합니다.

B That's a **terrible thing** to **say** / to **Min Ji**.
대쩌 테뤄블 씽 투 쎄이 투 민지

민지에게 그런 말 하지 말았어야 했어.

A I'm **warning** you.
아임 월닝 유

당신에게 경고합니다.

B I **think** / you **shouldn't** go **there**.
아이씽크 유 슈른 고우 데얼

당신이 거기에 가지 않는 게 좋겠어요.

A You were **wrong**.
유 월 륑

당신이 잘못했어요.

B You **shouldn't** do **this**.
유 슈른 두 디스

당신은 이래서는 안 됩니다.

» You **shouldn't** have done **that**.　　　　당신은 그러지 말았어야 했어요.

유 슈르너브 던 댓

- shouldn't의 [t]와 have의 [h]가 생략되면서 연음 됩니다.

A You should **control** your **temper**.　　　당신의 성질 좀 다스려야겠어요.

유 슈드 컨츄로울 유얼 템펄

B You must **give up** that **idea**.　　　　　당신은 그 생각을 버려야 합니다.

유 머슷 기브업 대라이디어

A You'd **better apologize**.　　　　　　　당신이 사과하는 게 좋겠어요.

유드 베럴 어팔러자이즈

MEMO

PART 2
일상 대화 나누기

가볍게 대화를 시작할 때 날씨에 대해 많이 이야기하죠? 빠르게 친해지기 위해 가족 관계나 하는 일을 물어보며 상대방에 대해 알아가기 위해 노력하기도 하고요. 전화를 하거나, 초대를 받아서 집을 방문하기도 합니다.

Part 2에서 날짜와 시간, 날씨를 묻고 답하는 표현부터 가족이나 직업을 묻고 답하기, 초대와 방문하기, 전화하기 등 일상에서 자주 쓰는 표현을 연습합니다. 대표 표현과 추가표현들 중 입에 착 붙는 말을 외워두면 실제 상황에서 자연스럽게 영어로 말할 수 있습니다.

UNIT 10 시간 말하기

🎧 10
등장인물: A / B

A **What time** is it **now**?　　　　　　　지금 몇 시입니까?

왓 타임 이즈 잇 나우

• is it은 빠르게 말할 때 [이짓]으로 발음합니다.

B It's **six** o'clock.　　　　　　　　6시입니다.

잇쯔 씩스 어클락

A **What's** the **time**?　　　　　　　지금 몇 시입니까?

와쯔더 타임

• 빠르게 말할 때 the의 th[ð]가 생략되고 [어]가 What's와 연음 되어 [왔서]로 발음됩니다.

B It's **nine fifteen**.　　　　　　　9시 15분입니다.

이쯔 나인 피프틴

A Do you have **the time**?　　　　　지금 몇 시입니까?

두유 해브 더타임

• 시간을 물을 때는 the가 꼭 들어가야 합니다. the를 빼고 Do you have time?이라고 하면 '시간 있으세요?'가 됩니다.

B It's **a** **quarter** to **five**.　　　　　5시 15분 전입니다.

이쩌 쿼뤌 투 파이브

• 's a는 연음 되고, quarter의 [t] 발음은 생략됩니다.

A **How** time **drag**s!　　　　　　　시간이 참 안 가는군!

하우 타임 쥬뤡즈

• dr 뒤에 모음이 올 때 dr은 [ʤr]로 발음됩니다.

A What time do you **think** it is?　　　몇 시라고 생각하십니까?

왓 타임 두유 씽크 이리즈

B It's **half** past **ten**.　　　　　　10시 반입니다.

이쯔 하프 패슷 텐

A <u>May I</u> **ask** the **time**?　　　　　　　　　　몇 시입니까?

메아이 애슥더 타임

· May[메이]와 I[아이]의 [이]가 이중 모음이 됨으로 [메이]의 [이]를 생략하고 발음합니다.

B It's **eight** a.m.　　　　　　　　　　　　오전 8시입니다.

이쯔 에잇 에이엠

· a.m은 ante meridiem의 약자로 오전을 뜻하고, p.m은 post meridiem의 약자로 오후를 뜻합니다.

A Do you **happen** to **know** the **time**?　　혹시 몇 시인지 아십니까?

두유 해뻔 투 노우더 타임

· [p] 앞에 강모음이 오면 된소리로 발음됩니다.

B It's **two ten**.　　　　　　　　　　　　　2시 10분입니다.

이쯔 투 텐.

· It's ten past two.[이쯔 텐 패스 투] 라고 말할 수도 있습니다.

A **What** does your **clock say**?　　　　　　몇 시입니까?

왓 더즈 유얼 클락 쎄이

B It's a **quarter** past **three**.　　　　　　3시 15분입니다.

이쩌 쿼뤌 패숫 쓰뤼

A **How** many **hours** / does it **take** to **Seoul**?　　서울까지 얼마나 걸립니까?

하우매니 아우얼즈 더즈잇 테익 투 써울

· 빠르게 말할 때 s it는 연음 되며, [t]는 발음이 생략된다.

B It **takes** about **nine** hours.　　　　　　약 9시간 걸립니다.

잇 테익서바웃 나인 아우얼즈

· takes about는 연음 됩니다.

A <u>Is your</u> **watch right**?　　　　　　　　당신 시계 정확합니까?

이즈 유얼 와취 롸잇

· Is your은 빠르게 말할 때 [이쥬얼]로 발음됩니다.

B My **watch** is **five** minutes **fast**.　　　　내 시계는 5분 빠릅니다.

마이 와취이즈 파이브 미닛쯔 패숫

A My **watch** keeps **good** time.　　　　　　내 시계는 정확해요.
마이 와취 킵스 굿 타임

B **What's** the **time** in Seoul?　　　　　　서울은 몇 시입니까?
와쯔더 타이민 써울
　• time in은 연음 됩니다.

B Could you **tell** me the **local time**, please?　　현지 시간을 알려주시겠어요.
쿠쥬 텔미덜 로컬타임, 플리즈

A It's **eleven** o'clock.　　　　　　　　　11시입니다.
이쯔 일레븐 어클락

≫ I'm **sorry**. I don't **know**.　　　　　　미안합니다. 모르겠습니다.
아임쏘리. 아이돈 노우

B It's **time** to **go** to **sleep**.　　　　　이제는 잘 시간입니다.
이쯔타임 투 고우 투 슬립
　• 빠르게 말할 때 go to는 to의 [t]가 [r]로 발음되며 go와 연음 됩니다.

비법노트

주소나 이름을 전화로 불러 줄 때
• z는 [지이]와 [시이]의 중간 소리를 내야하고, v는 윗니로 아랫입술을 살짝 물면서 [브이]라고 발음해야 합니다. 특히 전화로 주소나 이름을 말할 때는 상대방이 g와 z, b와 v를 혼동하는 경우가 많은데, 해당 알파벳이 들어간 단어를 활용하면 더 정확하게 정보를 전달할 수 있습니다.

예
Bong: B as in boy, O, N, G as in girl
boy 라고 할 때 B, O, N, girl이라고 할 때 G

A **What's** the date **today**?
와쯔 더 데잇 투데이

오늘이 며칠입니까?

• 빠르게 말할 때 the의 th[ð]는 생략되고 [어] 발음이 What's와 연음 되어 [와쩌] 또는 [왓서]로 발음됩니다.

» **What's today's** date?
와쯔 투데이즈 데잇

오늘이 며칠입니까?

B It's the **second**.
이쯔 더 쎄컨드

오늘은 2일입니다.

B It's **May 16th**.
이쯔 메이 씩스틴쓰

5월 16일입니다.

» It's the **seventh** of **June**.
이쯔 더 쎄븐써브 준

6월 7일입니다.

A What <u>day</u> is today?
왓 데이 이즈 투데이

오늘이 무슨 요일입니까?

• 빠르게 말할 때 day is는 day's로 말합니다.

B It's **Saturday**.
이쯔 쎄러데이

토요일입니다.

A **What** date is this **Sunday**?
왓 데잇 이즈 디스 썬데이

이번 일요일은 며칠입니까?

B I **believe** / it's the **ninth**.
아이 빌리브 이쯔더 나인쓰

9일인 것 같습니다.

A **What** date is **next Friday**?
왓 데잇 이즈 넥슛 프롸이데이

다음 금요일이 며칠이죠?

» **What** date is the **day** after **tomorrow**?
왓 데잇 이즈더 데이 앱털 투모로우

모레가 며칠이죠?

• the day after tomorrow 모레

» **What** date was the **day** before **yesterday**? 　　　　그저께가 며칠이었습니까?

왓 데잇 워즈 더 데이 비폴 예스떨데이

· the day before yesterday 그저께

🅐 **Why** are you **asking** that? 　　　　왜 물어보시죠?

와이얼유 애스킹 댓

🅑 **What** special day is **today**? 　　　　오늘이 무슨 특별한 날입니까?

왓 스뻬셜 데이 이즈 투데이

🅐 **Today** is **indeed** a **special** day. 　　　　오늘은 정말 특별한 날입니다.

투데이즈 인디러 스뻬셜 데이

· indeed의 nd는 모음사이에 해당되나 강모음 앞에 있으므로 d가 생략되지 않고 뒤의 d는 [r]로 바뀌며 a와 연음 됩니다.

🅐 **Today's** our **wedding anniversary**. 　　　　오늘은 우리 결혼기념일입니다.

투데이 이즈 아우얼 웨린 애니벌써뤼

· dd는 강모음과 약모음 사이에 있으므로 [r] 발음으로 바뀝니다.

🅑 **Oh**! My **God**! I **forgot** it. 　　　　오! 맙소사! 깜빡했어요.

오 마이갓! 아이 포가릿

· it의 [t]는 [r]로 발음됩니다.

🅐 **When's** your **birthday**? 　　　　당신 생일이 언제입니까?

웬쥬얼 벌쓰데이

· 's your는 연음 됩니다.

🅑 My **birthday's** **December 25th**. 　　　　내 생일은 12월 25일입니다.

마이 벌쓰데이즈 디쎔벌 투에니핍쓰

🅐 Your **birthday** / falls on a **Saturday** / this **year**. 　당신 생일이 올해는 토요일이네요.

유얼 벌쓰데이 폴저너 쌔러데이 디스 이열

· falls on a는 연음 되며, [t]는 [r]로 바뀝니다.

🅑 **When** were you **born**? 　　　　당신 생일은 언제죠?

웬 월 유 보은

🅐 I was **born** / on the **8th** of **July**. 　　　　내 생일은 7월 8일이에요.

아이워즈 보은 언디 에이써브 줄라이

· the는 [디]로 발음하고, 8th of는 연음 됩니다.

B It's only **two weeks away**.　　　　　　　　　　2주 밖에 안 남았네요.

이쯔 오운리 투 윅스 어웨이

• 빠르게 말할 때 weeks away는 연음 되어 [윅써써웨이]와 같이 발음됩니다.

A I **believe** / it's **Sunday**.　　　　　　　　　일요일 같은데요.

아이 빌리브 잇쯔 썬데이

B That's **nice**. Let's **hold** a **party**.　　　　좋아요. 파티합시다.

대쯔 나이스 레쯔 호울더 파뤼

• hold a는 연음 되고, part의 [t]는 발음이 생략됩니다.

B **When** do you **go** to the **United States**?　　언제 미국으로 갑니까?

웬 두유 고우 투 디 유나이리드 스떼이쯔

• 빠르게 말할 때 do는 [d]가 생략되고 [n]과 연음 되고, go to는 [t]가 [r]로 바뀌면서 go와 연음 됩니다. United의 [t]는
  [r]로 발음됩니다.

» **When** are you going to **go** to the **United States**?　언제 미국으로 갑니까?

웬 두유 고잉투 고우 투디 유나이리드 스떼이쯔

• When are는 연음 됩니다.

A I'm going to **go** to the **States** /
　at the **beginning** of **June**.　　　　　　　6월 초순에 미국으로 갈 겁니다.

아임 고잉투 고우 투더 스떼이쯔 앳더 비기니너브 준

• beginning of는 빠르게 말할 때 ing의 [g] 발음은 생략되고 of와 연음 됩니다.

» I'm going to **go** to the **States** /
　in the **middle** of **July**.　　　　　　　　7월 중순에 미국으로 갈 겁니다.

아임 고잉투 고우 투더 스떼이쯔 인더 미들어브 줄라이

» I'm going to **go** to the **States** /
　at the **end** of **August**.　　　　　　　　8월 하순에 미국으로 갈 겁니다.

아임 고잉투 고우 투더 스떼이쯔 앳디 에너브 오거슷

• the end of의 the는[디]로 발음하고, end의 [d]는 생략되고 of와 연음 됩니다.

A I'm going to **go** to the **States** /
　at the **month** after **next**.　　　　　　　다음 다음달에 미국으로 갈 겁니다.

아임 고잉투 고우 투더 스떼이쯔 앳더 먼쓰 앱털 넥숫

» I'm going to **go** to the **States** /
at the **week** after **next**.

다음 다음주에 미국으로 갈 겁니다.

아임 고잉투 고우 투더 스떼이쯔 앳더 윅 앱털 넥슷

A I've been to **America** / at the **month** before **last**.

지지난달에 미국에 갔다 왔습니다.

아입 빈 투 어메뤼커 앳더 먼쓰 비폴 라슷

🎧 12
등장인물: A / B / C

A Do you **mind** / if I **open** the **window**?　　　　창문을 열어도 됩니까?
두유 마인드 이파이 오픈더 윈도우

B Yes. It's **nasty outside**.　　　　아니요. 밖에 날씨가 너무 안 좋습니다.
예스. 이쯔 네스띠 아웃싸이드

B It **looks** like / it's going to **rain**.　　　　비가 올 것 같습니다.
잇 룩슬라익 이쯔 고잉투 뤠인

・ like를 발음할 때 먼저 [을] 소리를 울리면서 내야 하기 때문에 앞 단어 looks에 [을] 소리를 약하게 붙여 [룩슬]로 발음
합니다.

A What's the **forecast** / for **today**?　　　　오늘 일기예보는 어떻습니까?
와쯔더 폴캐숫 폴 투데이

B **According** to the **weather forecast**,　　　　일기예보에 따르면 비 올 확률이
there is **a good chance** of **rain**.　　　　높아요.
어코링 투더 웨덜 폴캐숫, 데어뤼저 굿챈써브 뤠인

・ 모음 사이의 rd는 [d]는 발음이 생략됩니다.

A Is it **raining outside**?　　　　밖에 비가 옵니까?
이즈잇 뤠이닝 아웃싸이드

B It's raining **cats** and **dogs**.　　　　비가 억수같이 옵니다.
이쯔 뤠이닝 캐쩐 독즈

・ cats and의 and는 [d]가 생략되고 [언]이 cats와 연음되어 [캐쩐]으로 발음된다.

≫ It's **pouring**.　　　　퍼붓고 있어요.
이쯔 포어륑

A Is it **supposed** to **rain tomorrow**?　　　　내일 비가 온대요?
이즈잇 써포우즈 투 뤠인 투모로우

・ supposed의 ed는 뒤에 [t]가 오므로 생략되고 현재형과 같이 들립니다.

B **Maybe**. It **looks** like / it's going to **rain**.　　　　아마. 비가 올 것 같네요.
메이비. 잇 룩슬라익 이쯔 고잉투 뤠인

B **Why** are you **looking** so **gloomy**?
와이얼 율 룩킹 쏘 글루미

왜 우울한 얼굴을 하고 있어요.

» **Why** so **blue**?
와이 쏘 블루

왜 그렇게 우울한 표정이세요?

B **What** are you **making** a **face** for?
왓 얼유 메이끼너 페이스 폴

왜 얼굴을 찡그리고 있어요?

• 빠르게 말할 때 making의 [g]는 생략되고 a와 연음 됩니다.

B **What seems** to be **bothering** you?
왓 씸즈 투비 바더링 유

뭔가 고민이라도 있어요?

A **Yeah.** I'm going on a **picnic** / with **Ray**.
네. 아임 고잉어너 피크닉 위드 뤠이

네. 오늘 레이와 소풍 갑니다.

B That's a **good idea**.
데쩌 굿 아이디어

그것 좋은 생각입이다.

• 빠르게 말할 때 good의 [d]는 모음 사이에 있으므로 [r]로 발음됩니다. idea의 [d]는 다음에 강모음이 오므로 [d]로 발음
합니다.

A Do I look **down in**?
두 아일 룩 다우닌

나 초라해 보이세요?

B **No**. You are **breathtakingly gorgeous**.
노우. 유얼 브레쓰테이낑리 골줘스

아니요. 너무너무 아름다워요.

A **No. soft soap** for **me**.
노우 쏩트쏘웁 폴 미

비행기 태우지 마세요.

A It **says** / it will probably **clear up** /
this **afternoon**.
이쎄즈 잇윌 프라버블리 클리어뤕 디썹털눈

아마 오후에는 그칠 거래요.

• It t는 뒤에 비슷한 발음인 s가 오므로 생략된다. probably는 빠른 대화에서 [프랍블리]로 발음된다.

B **But bring** an **umbrella** / just in **case**.
벗 브링언 엄브렐러 줘숫 인 케이스

하지만 혹시 모르니까. 우산을
가지고 가세요.

• 빠르게 말할 때 just in은 [줘스띤]으로 발음됩니다.

» I'm only **saying** / so **because**
I'm **worried** about **you**.

걱정이 돼서 말하는 거요.

아임 오운리 쎄잉 쏘우 비코우즈 암 워뤄러바우츄

• 빠르게 말할 때 [d]가 [r] 발음으로 바뀌면서 worried about you는 한 단어 같이 들린다.

A **Thank** you **so much**.

아주 고맙습니다.

땡큐 쏘우 머취

C **What** a **lovely(beautiful)** day!

날씨 정말 좋군!

와러 러블리(뷰리풀) 데이

• what의 [t]가 [r]로 발음됩니다.

A The **weather today** is **sweet**.

오늘 날씨 정말 좋아요.

더웨덜 투데이 이즈 스윗

C **What's** the **weather** like / in **Seoul**?

서울에는 날씨가 어때요?

와쯔더 웨덜 라이 낀 써울

A **Winter** has **begun** / and the **weather**
became **very cold**.

겨울이 와서 날씨가 추워졌습니다.

윈털 해즈 비건 앤더 웨덜 비케임 베뤼 코울드

• 모음사이 nt는 t를 생략하고, and the는 d발음이 겹치므로 and의 [d] 발음은 생략합니다.

A I **hope** / it won't be **so cold** this **winter**.

이번 겨울은 너무 춥지 않아야 할 텐데.

아이홉 잇웜비 쏘 코울 디스 윈털

• won't는 [t]가 생략되고 [n]은 [b]에 동화되어 [m]으로 발음됩니다.

A **What's** the **weather** like / in **New York**?

뉴욕은 날씨가 어때요?

와쯔 더 웨덜 라이 낀 뉴욕

• like in 빠르게 말할 때 연음 됩니다.

C It's **freezing**.

엄청 추워요.

이쯔 프뤼징

C There will be **ice** on the **road**.

길이 얼어붙을 거예요.

데얼 윌비 아이스 언더 로우드

• 빠르게 말할 때 ice on[아이썬더], There will는 There'll로 말한다.

A Do you have **winter** / in **America**?

두유 해브 윈털 인 어메리커

미국에 겨울이 있습니까?

C We have **spring**, **summer**, **autumn**(**fall**) and **winter**.

위 해브 스프링, 서멀, 오텀(폴) 앤 윈털

· ,(comma) 앞에서는 발음을 부드럽게 올려주어야 합니다.

미국에도 봄, 여름, 가을 그리고 겨울이 있습니다.

C What's your **favorite season**?

와쯔 유얼 페이버릿 씨즌

· your는 빠르게 말할 때 [열]로 발음됩니다.

어느 계절을 가장 좋아하세요?

A I like **autumn** the **best**.

아일라익 오럼더 베슷

· [t]는 [r]로 발음됩니다.

저는 가을을 가장 좋아해요.

A **Autumn** is the **season** of **harvest** / and the **best** season / for **reading**.

오텀 이즈더 씨즈너브 할비슷 앤더 베슷 씨즌 폴 뤼링

가을은 수확의 계절이고 책을 읽기가 가장 좋은 계절이지요.

C My **favorite** season is **summer**.

마이 페이버릿 씨즈니즈 써멀

제가 가장 좋아하는 계절은 여름입니다.

C I always **catch** a **cold** in **winter**.

아이 얼웨이즈 캐취어 콜드 인 윈털

· cold의 [d]는 약화되어 거의 들리지 않습니다. in과 연음 되어 [코울린]과 같이 들립니다.

저는 겨울에는 항상 감기에 걸립니다.

A **Which** do you like **better**, **winter** or **summer**?

위취 두율라익 베럴, 윈털 얼 써멀

겨울과 여름 중 어느 것을 좋아합니까?

C I love **summer** better / **because** I like **swimming**.

아일러브 써멀 베럴 비우코즈 아일라익 스위밍

저는 수영을 좋아해서 여름이 더 좋아요.

A I **really** like **enjoying winter sports**.

아이 뤼얼리 라익 인조잉 윈털 스뽈쯔

· [sp] 뒤에 강모음이 올 때 [p]는 된소리로 발음 됩니다.

저는 겨울 스포츠 즐기는 걸 아주 좋아해요.

A Come to **Korea** sometime.

컴투 코어뤼어 썸타임

언제 한국에 한 번 오세요.

C Let's go **skiing** / this **winter**.

렛쯔 고우 스킹 디스 윈털

이번 겨울에 스키 타러 갑시다.

A Don't **let** me **down**.

돈 렛미 다운

약속 꼭 지키세요.

C Can I have a **rain check**?

캔 아이 해버 뤠인

다음 기회로 미루면 안 될까요?

• 빠르게 말할 때 I have a는 I've a[아이버]로 발음됩니다.

A Give it a **thought**.

기비러 쏫

생각 좀 해봐요.

• it의 [t]가 [r]로 발음되면서 세 단어가 연음 됩니다.

주거·가족·직업

UNIT 13 사는 곳에 대해 말하기

🎧 13
등장인물: A / B

A **Where** do you **live**?
웨얼 두율 리브

어디에 사세요?

B I **live** in the **suburbs** of LA.
아일리빈더 써벌브저브 엘에이

저는 LA 근교에 삽니다.

• 빠르게 말할 때 live in과 suburbs of는 연음 됩니다.

B **Where** is your **home**?
웨얼 이즈 유얼 호움

당신의 댁은 어디신가요?

A I live in **Busan**.
아일리빈 부싼

저는 부산에 살아요.

B **How long** have you lived / **there**?
하울롱 해뷰 리브 데얼

거기서 얼마나 살았어요?

• lieved의 [d]는 there의 [d] 발음이 오므로 발음을 생략합니다.

A I've lived **there** / for **30** years.
아이브 리브 데얼 폴 써뤼 이열즈

저는 거기서 30년 동안 살았어요.

• [d]는 발음을 생략합니다.

B **Where** are you **living** / **now**?
웨얼 뤄 율 리빙 나우

지금은 어디에 살고 계십니까?

• living의 l을 [ㄹㄹ]이라고 생각하고 [ㄹ] 발음 하나를 you에 받침처럼 붙여 발음합니다.

A I **live** near **Busan**.
아일리브 니얼 부싼

부산 근교에 살고 있어요.

B Do you **live** in a house?
두율 리비너 하우스

주택에 사세요?

• you live in a는 연음 됩니다.

A I **live** in a **small** studio **apartment**.　　　　저는 작은 원룸에 삽니다.

아일리비너 스몰 스뜌리오우 어팔먼트

　• studio의 [t]는 된소리로, d는 [r]로 발음합니다. apartment 중간의 t는 발음을 생략합니다.

A **What kind** of **place** / do you **live** in?　　　당신은 어떤 집에 사십니까?

왓 카이너브 플레이스 두율 리빈

　• nd는 [d]가 생략되고 of와 연음 됩니다. live in은 연음 됩니다.

B I **live** in a **condominium**.　　　　　　저는 아파트에 삽니다.

아일 리비너 칸더미니엄

A Are you **on** your **own**?　　　　　　혼자 사세요?

알유 언 유얼 오운

» Do you **live** / **alone**?　　　　　　　혼자 사세요?

두율리브 얼로운

B **Yes**, I live / **alone**.　　　　　　예, 혼자 삽니다.

예스, 아일리브 얼로운

A **Where** had you **lived** / before you **came here**?　여기 오기 전에는 어디에 사셨어요?

웨얼 해쥴 리브 버폴 유 캐임히얼

　• lived의 [d]는 뒤의 [b] 발음이 오므로 생략됩니다. before는 둘째 음절에 강세가 오므로 첫음절은 [ə]로 발음됩니다.

B I've **lived** in **New York** / with **parents**.　　부모와 함께 뉴욕에 살았어요.

아이브 리브드 인 뉴욕 윕 페어뤈쯔

　• with의 th[ð]는 다음 [p]를 만나 [b]로 발음됩니다.

A **Where** were you **born** / and **raised**?　　어디서 태어나고 자랐습니까?

웨얼 월유 보은 앤 뤠이즈드

B It's **New York**.　　　　　　　　　뉴욕입니다.

이쯔 뉴욕

A How about your **new neighbors**?　　　　새로운 이웃들은 어떠세요?

하우 어바우츄얼 뉴 네이벌즈

B They are **very kind**.　　　　　　사람들은 아주 친절합니다.

데이얼 베뤼 카인드

A **What's** your **living situation** like?
와쮸얼 리빙 시츄에이션 라익

당신의 주거 환경은 어때요?

· What's your은 연음 됩니다.

A **Does** your **house** / **have a nice view**?
더즈 유얼 하우스 해버 나이스 뷰

당신의 집은 전망이 좋습니까?

· Does your은 빠르게 말할 때 [더쥬얼]과 같이 발음합니다.

B We've a **nice view** of the **sea** / from our **house**.
위브어 나이스 뷰어브더 씨 프롬 아우얼 하우스

바다가 바라다보여 전망이 좋습니다.

· We've a는 빠르게 말할 때 [위버]와 같이 발음합니다.

A The **rent** is **very high** / in my **area**.
더 뤤트 이즈 베뤼하이 임마이 에리어

우리 동네는 집세가 아주 비싸요.

· rent의 [t]가 생략되고 is와 연음 됩니다.

≫ It's **so busy** and **noisy**.
이쯔 쏘우 비지언 노이지

아주 복잡하고 시끄럽습니다.

· 빠르게 말할 때 and는 [언]으로 앞 단어에 붙여 발음합니다.

B **How** do I **get** to your **place**?
하우 두 아이 겟 투 유얼 플레이스

댁은 어떻게 찾아가죠?

· 빠르게 말할 때 do의 d와 get to의 t t 는 부드러운 [r]로 발음됩니다.

A It's the **second house** / from the **corner**.
이쯔더 쎄컨 하우스 프롬더 코널

모퉁이 돌아 두 번째 집입니다.

B I live in the **A Apartment**, **across** the **street**.
아일 리빈더 에이 어팔트먼트 어크로스더 스츄륏

저는 길 건너 A 아파트에 살아요.

B That is a **nice place** / to **live**.
대리저 나이스 플레이스 툴리브

그곳은 살기가 좋은 곳이지요.

A Are you **on** your **own**?
알유 언 유얼 오운

혼자 사세요?

A I live **alone** now / but my **parents** are **moving** in / **next month**.
아일리브 얼로운 나우 벗 마이 페어뤈쯔알 무비닌 넥슷 먼쓰

지금은 혼자 살지만 다음 달에 부모님이 이사를 옵니다.

B Is the **house** too **big** / for **you**?   그 집이 당신이 살기에 너무 큰가요?

이즈더 하우스 투빅 폴 유

A No. I <u>**want** to</u> **live** with my **parents**.   아니요. 부모님과 같이 살고 싶어요.

노우. 아이 원툴 리브 윗 마이 페어뤈쯔

B **That's** a <u>**good**</u> idea.   좋은 생각입니다.

데쩌 굿 아이디어

A Are you **married**?

당신은 결혼했습니까?

알유 매뤼드

A I've been **married** / for **five** years.

결혼한 지 5년 되었습니다.

아이브 빈 매뤼드 폴 파이브 이열즈

A **How** many **children** / do you **have**?

자녀는 몇 명입니까?

하우매니 칠쥬뤈 두유 해브

A I've a **three**-year-old **daughter**.

세 살 된 딸이 하나 있어요.

아이브 어 쓰리 이열 오울 도럴

• I've a는 빠르게 말할 때 [아이버]가 됩니다. daughter의 t는 [r]로 발음됩니다.

» I've a **boy** and two **girls**.

아들 하나와 두 딸이 있어요.

아이브 어 보이언 투 거을즈

B And I'm **married** to a **wonderful woman**.

그리고 멋진 아내가 있어요.

앤드 아임 매뤼 투어 원더펄 우먼

• married의 [d] 뒤에 [t]가 오기 때문에 [d]는 발음을 생략합니다.

B We don't **have** any **children** yet.

아직 아이들은 없습니다.

위 돈 해브 애니 칠쥬뤈 옛

B **When** are you **going** to get **married**?

당신은 언제 결혼하실 겁니까?

웬얼유 고잉 투 겟 매뤼드

A I'm **going** to get **married** / this **spring**.

올 봄에 결혼할 겁니다.

아임 고잉 투 겟 매륏 디스 스프링

B Do you've **anyone** / in **mind**?

누구 마음에 두고 있는 사람 있어요?

두유브 애니원 임 마인드

• in의 [n]은 [m]으로 발음되고, you have는 구어체에서 you've [유브]로 줄여서 말합니다.

A I'm **not** seeing **anybody**.

만나는 사람은 없어요.

아임 낫 씨잉 애니바리

• body의 [d]는 부드러운 [r] 발음으로 바뀝니다.

B Then, **how** about **Jenny**?
덴, 하우 어바웃 제니

그러면 제니는 어때요?

A She's **not** my **type**.
쉬즈 낫 마이타입

그녀는 제 타입이 아니에요.

• She's는 She is의 준말입니다.

C I'm **crazy** about **you**.
아임 크뤠이지 어바우츄

나는 당신에게 반했습니다.

C Would you **like** to go out / with **me**?
우쥴라익 투 고우아웃 윗미

저랑 데이트하시겠어요?

C Will you **marry** me?
윌류 매뤼 미

저와 결혼해 주시겠어요?

C **Cat got** your **tongue**?
캣갓 유얼 텅

왜 말이 없습니까?

• cat got your은 빠르게 말할 때 [캑가츄얼]로 발음됩니다.

A I was **tongue tied**.
아이워즈 텅 타이드

말문이 막혀버렸어요.

A I'm **engaged** to **marry** her.
아임 인게이쥐 투 매뤼 헐

저는 약혼한 여자가 있어요.

• engaged의 [d]는 뒤에 [t]가 오므로 발음을 생략합니다. 이때 engaged가 현재형처럼 들리는 것에 주의하세요.

B **How** many **people** are there / in your **family**?
하우매니 피플 알데얼 인유얼 패멀리

가족은 몇 명입니까?

A There are **five people** / in my **family**.
데어럴 파이브 피플 임마이 패멀리

우리 식구는 다섯 명입니다.

» My **family** has **six members**.
마이 패멀리 해즈 씩스 멤벌즈

우리 식구는 여섯 명입니다.

• 빠르게 말할 때 has six는 s s가 겹치기 때문에 앞에 [s] 발음을 생략합니다.

» I've a **brother** / and a **sister**.
아이버 브롸덜 애너 씨스떨

남동생 한 명과 여동생 한 명 있습니다.

• I have a는 구어체로 말할 때 I've a [아이버]로 말합니다. and의 [d]가 생략되고 [n]과 a가 연음 됩니다.

B We've a **large family**.
위브 얼 랄쥐 패멀리

우리는 대가족입니다.

≫ I've an **elder brother** / and two **younger sisters**.
아이브언 엘덜 브롸덜 앤 투 영걸 씨스떨즈

형 한 명과 여동생 두 명이 있어요.

A **Which child** are you?
위취 촤일드 알유

당신은 몇 째입니까?

A You are the **baby** of the **family**.
유알더 베이비 어브더 패멀리

당신이 막내로군요.

C **Yes**, I'm the **youngest**.
예스, 아임 더 영기숫

예, 저는 막내입니다.

≫ I'm the **only child**.
아임 디 오운리 촤일드

저는 외동입니다.

• the[더]는 모음 앞에서는 [디]로 발음됩니다.

≫ I was an **orphan** growing **up**.
아이 워즈언 오펀 그로위넙

저는 고아로 자랐어요.

C Are you the **youngest**?
알유 더 영기숫

당신은 막내인가요?

• the는 다음 y가 [j]인 반모음이기 때문에 [더]로 발음됩니다.

A I'm the **eldest(oldest)**.
아임 디 엘디숫(오울디숫)

저는 맏이입니다.

A I live **away** / from my **parents**.
아일 리버웨이 프롬 마이 페어뤈쯔

저는 부모님과 떨어져 삽니다.

• live away는 연음 됩니다.

B I'm the **second oldest**.
아임더 쎄컨 오울디숫

저는 둘째입니다.

• second의 [d] 발음을 생략합니다.

C Our **grandmother** lives / **with us**.

아우얼 그뤤마덜 리브즈 위더스

· grandmother의 [d]는 자음 사이에 위치하여 생략되고 with us는 연음 됩니다.

저의 할머니는 우리와 함께 삽니다.

C My **grandfather passed** away **two** years **ago**.

마이 그뤤파덜 패스떠웨이 투 이열즈 어고우

· grandfather의 [d]는 자음 사이에 위치하여 생략되고 passed away는 연음 되어 한 단어처럼 발음합니다. two years ago는 빠르게 말할 때 [투이열저고우]로 발음됩니다.

할아버지는 2년 전에 돌아 가셨습니다.

C My **sister** and **brothers** are / **all** way **older** / than **me**.

마이 씨스떨 앤 브롸덜자 올웨이 오울덜 댄 미

언니와 오빠들은 나보다나이가 훨씬 많아요.

C My **family** is a **typical American** family.

마이 패멀리 이저 티피컬 어메뤼컨 패멀리

저의 집은 전형적인 미국 가정입니다.

A Are they **all married**?

알 데이 올 매뤼드

그들은 모두 결혼했어요?

C My **sister** is **married**.

마이 씨스떠뤄즈 매뤼드

언니는 결혼했어요.

C My **brother** in **law** / is a **doctor**.

마이 브롸덜인로 이저 닥떨

· brother in law는 형부를 의미합니다. [t] 앞 음절에 강세가 오면 t는 된소리로 발음됩니다.

저의 형부는 의사입니다.

» My **sister** in **law** / is a **nurse**.

마이 씨스떨인로 이저 널스

· sister in law는 형수(법으로 맺어진 여형제)를 의미합니다.

저의 형수는 간호사입니다.

» My **son** in **law** / is a **fire fighter**.

마이 썬 인로 이저 파이어파이럴

· son in law는 사위를 의미합니다.

제 사위는 소방관입니다.

» My **daughter** in **law** / is a **high** school **teacher**.

마이 도럴인로 이저 하이스꿀 티철

· daughter in law는 며느리를 의미합니다.

제 며느리는 고등학교 교사입니다.

C She is **pregnant** / and **due** in **May**.

쉬이즈 프뤠그넌 앤 듀인 매이

그녀는 지금 임신 중인데 5월에 출산 예정입니다.

A I **wish** / I could **stay longer**.　　　　　　　좀 더 있고 싶어요.
아이위쉬 아이 쿠드 스떼일롱걸

A But it's **getting late**, and I'd **better** be **going**.　　하지만 늦어서 가보는 게 좋겠어요.
벗 이쯔 게링래잇, 앤 아잇 베럴 비 고잉
· getting과 better의 tt는 [r]로 발음됩니다.

C Why don't I **catch** you **later**?　　　　　　나중에 또 만나는 게 어때요?
와이 도나이 캐취 율 레이럴
· n't I는 [t]가 생략되고 [n]과 [l]가 연음 됩니다.

B Let's **get together** again **soon**.　　　　조만간 다시 모입시다.
레쯔 겟투게덜 어겐쑨
· 빠르게 말할 때 t t는 [r]로 발음되어 연음 됩니다.

C I had a **great time** / with you **today**.　　오늘 당신과 매우 즐거웠어요.
아이 해드 어 그뤠잇타임 위쥬 투데이
· 빠르게 말할 때 had a는 [해러]로 발음합니다.

B **Thank** you / for **going** to the **trouble** of / coming out.　일부러 와 주셔서 고마워요.
땡큐 폴 고잉 투더 츄롸블 어브 커미나웃
· going to는 비격식 영어로 빠르게 말할 때 [고너]로 발음되고, coming out은 [g] 발음이 생략되면서 out과 연음 됩니다.

C Let's **have** just **one more** / for the **road** /　마지막으로 딱 한 잔만 더 하고 헤어
and **call** it a **night**.　　　　　　　　　　집시다.
레쯔 해브 줘슷 원모얼 폴더 로우드 앤 코리러 나잇
· call it a는 [t]가 [r]로 바뀌며 연음 됩니다.

A How about **finishing** off / with a **glass** of **port**?　포트와인 한 잔 더 하고 헤어지는 게
하우 어바웃 피니쉬너프 위더 글래서브 폴트　　　어때요?

A I'll **give** you a **ride** back home.　　　　집까지 태워드릴 게요.
아일 기뷰어 롸입백 호움

C I'll **really miss** you.　　　　　　　　당신이 그리울 거예요.
아일 뤼얼리 미쓔

A **Drop** in **anytime** / you're in the **neighborhood**. 근처에 오게 되면 언제라도 들러주세요.

쥬롸핀 애니타임 유얼 인더 네이벌훗

• drop in은 연음 되고, you're in은 빠르게 말할때 [유어륀더]로 발음됩니다.

C If you're in **New York**, do **drop by**. 뉴욕에 오시면 꼭 들러 주세요.

이퓨얼인 뉴욕, 두 쥬랍 바이

• If you're in은 빠르게 말할 때 [이퓨어륀]과 같이 발음됩니다. 이 문장에서 do는 강조의 의미로 사용되었습니다.

A **Thank** you, I **will**. 감사합니다. 그럴게요.

땡큐, 아이 윌

• will은 [위을]을 빠르게 [윌]로 발음합니다.

UNIT 15 개인 신상에 대해 말하기

A **What's** your **name**?　　　　　　　당신 이름이 무엇입니까?
와쮸얼 네임

B I'm **Jin Ho Kim**.　　　　　　　저는 김진호입니다.
아임 진호 킴

A **What's** your **age**?　　　　　　　나이가 어떻게 되십니까?
와쯔 유얼 에이쥐
　　• 빠르게 말할 때 your age는 연음 되어 [유어뤠이지]처럼 들립니다.

≫ May I **ask** / **how** old you **are**?　　　나이를 여쭤 봐도 될까요?
메아이 애슥 하우 오울드 유얼
　　• how old you are는 간접의문문이라고 하는데, 어순은 [의문사+주어+동사]입니다.

B I'm in my **early forties**.　　　　　저는 사십대 초반입니다.
아이민 마이 얼리 포뤼즈
　　• I'm in은 연음 되고, forties의 [t]는 생략됩니다.
　　• 중반은 'middle(미들)', 후반은 'late(레잇)'을 넣어 문장을 만들 수 있습니다.

A I'm **45** years old.　　　　　　　저는 45살입니다.
아임 포뤼파이브 이열즈 오울드

B I'm your **age**.　　　　　　　당신과 동갑입니다.
아임 유어뤠이쥐

A I **thought** / you were **younger** / than **me**.　　저보다 어린 줄 알았어요.
아이쏫 유월 영걸 댄미

≫ You look **young** / for your **age**.　　나이에 비해 젊어 보이네요.
율룩 영 폴 유어뤠이쥐

A I must **thank** you / for **that**.　　그렇게 보셨다니 감사해요.
아이 머슷 쌩큐 폴댓

A **When** were you **born**?　　　　　언제 태어났습니까?
웬월유 보온

B I was **born** in **1969**. 저는 1969년도에 태어났습니다.

아이워즈 보닌 나이틴 식스띠나인

· 강세음절 다음에 바로 강세음절이 따라오면 앞의 강세가 더 앞으로 이동합니다. nineteen[나인틴]은 강세가 [틴]에서
  [나]로 이동하여 발음합니다.

A Would you **introduce** me to **them**?
우쥬 인츄뤄듀스 미 투 뎀

그들에게 저를 소개해 주시겠습니까?

B **Yeah**. **This** is my **friend**, **Jenny**.
예. 디스이즈 마이 프렌드, 제니

네. 이 사람은 제 친구 제니입니다.

C **Nice** to **meet** you.
나이스 투 미츄

만나서 반가워요.

B **Nice** to **meet** you, **too**.
나이스 투 미츄, 투

저도 만나서 반가워요.

B **This** is a **friend** from **college**, **Jin Ho**.
디스이즈 프렌드 프롬 칼리쥐, 진호

이 사람은 제 대학 친구 진호입니다.

C **What** line of **business** are you **in**?
왓 라이너브 비즈니스 알 유인

직업이 무엇입니까?

· line of는 연음 됩니다.

» **What** do you **do** / for a **living**?
왓 두유 두 포뤄 리빙

직업이 무엇입니까?

» **What** do you **do**?
왓 두유 두

직업이 무엇입니까?

» **What's** your **occupation**?
와쯔 유얼 아큐패이션

직업이 무엇입니까?

· occupation 대신 job [쟙] 또는 line [라인]을 사용할 수 있습니다.

» **What** kind of **company** / do you **work** at?
왓 카이너브 캄퍼니 두유 월캣

당신은 어떤 회사에 근무하십니까?

A I **work** for a **trading company**.
아이 월크 포뤄 츄뤠이링 캄퍼니

저는 무역회사에 근무합니다.

» I **work** for a **large company**.
아이 월크 포뤌 랄쥐 캄퍼니

저는 대기업에서 일합니다.

A I'm in the **accounting**.   저는 경리과에 있어요.
아임 인디 어카우닝
• I'm in the는 빠르게 말할 때 [아이민디]로 발음합니다.

D I'm a **lawyer**.   저는 변호사입니다.
아이멀 로열

» I'm a **dentist**.   저는 치과의사입니다.
아이머 덴티슷

B **Bottoms up**!   원 샷!
바럼접
• 모음 사이의 tt는 [r]로 발음됩니다. 두 단어가 연음 됩니다.

A My **father** is **running** / his **own business**.   제 아버지는 개인 사업을 하고 계십니다.
마이 파더뤼즈 뤄닝 히즈 오운 비즈니스
• father is는 연음 됩니다.

D Does he have **people working** / for **him**?   종업원을 두고 있습니까?
더즈 히 해브 피플 워킨 포림
• him은 h가 생략되면서 앞 단어와 연음 됩니다.

A He has about **20** people **working** / for **him**.   직원을 약 20명을 두고 있습니다.
히 해저바우 투에니 피플 월킨 포림

B Are you **satisfied** / with your **job**?   당신의 일에 만족하십니까?
알유 쌔리스파이드 위쥬얼 잡

A I take **pride** / in my **work**.   나는 나의 일에 자부심을 가지고
아이 테익 프라이드 임마이 월크   있습니다.

C **How long** have you **been** / with that **company**?   그 회사에 얼마나 근무했어요?
하울롱 해뷰 빈 윗 댓 캄퍼니

A I've been **working** for the **company** /   저는 21살 때부터 회사에서 일했어요.
since I was **21**.
아이브빈 월킹 폴더 캄퍼니 씬스 아이워즈 투에니원

C What's your **job title**?
와쯔 유얼 잡타이를

직위가 뭡니까?

A I'm a **general manager**.
아이머 제너뤌 매니절

저는 부장입니다.

A I'm **planning** to **change** / my **job**.
아임 플레닝 투 췌인쥐 마이 잡

저는 직장을 옮길 계획입니다.

B Why? **Really**?
와이? 뤼얼리

왜요? 정말요?

C What kind of job / do you **want**?
왓 카이너브잡 두유 원트

무슨 일을 하고 싶으세요?

  • kind의 [d]가 생략되면서 of와 연음 됩니다.

A I want to **run** / my **own business**.
아이 원투 뤈 마이 오운 비즈니스

개인 사업을 하고 싶어요.

  • 비격식 영어에서는 want to를 wanna[워너]로 발음합니다.

D Do you **happen** to **know** / French?
두유 해뻔 투 노우 프뤤취

혹시 불어를 아십니까?

  • [p] 앞에 강모음이 올 때 [p]는 [ㅃ]로 발음합니다.

A I can speak **French** / after a **fashion**.
아이 캔 스삑 프뤤취 앱터뤄 패션

저는 불어를 어느 정도 말할 수 있어요.

  • after a fashion은 '그런대로, 그럭저럭'이라는 의미입니다.

D **Who's that** man / over **there**?
후즈 댓맨 오우벌 데얼

저기 저분은 누구세요?

A He's my **immediate superior**.
히즈 마이 이미디엇 쑤피어뤼얼

그는 저의 직속 상사입니다.

A His **father** is **carpenter** / and he sells **furniture**.
히즈 파더뤼즈 칼펀털 앤 히 쎌즈 펄니철

그의 아버지는 목수고, 가구를 판매하고 있어요.

A He's on **top** of the **current English**.
히전 타퍼브더 커뤈트 잉글리쉬

그는 시사영어에 능통합니다.

D He's **walking** on **air** now.

그분은 지금 의기양양하군요.

히즈 워킹 어네얼 나우

A Yes, he's **pretty** tough **cookie**.

예, 그는 만만치 않은 사람입니다.

예스, 히즈 프뤼리 텁 쿠키

D Let's **go**! It's **on** me.

갑시다. 제가 한턱내겠습니다.

레쯔고우, 이쩐미

UNIT 17 가벼운 대화 나누기

🎧 17
등장인물: A / B / C

A I need to **tell** you / **something**.
아이 니투 텔류 썸씽

말씀드릴 게 좀 있습니다.

• 빠르게 말할 때 need의 [d]가 생략되고 [t]가 [r]로 바뀌면서 [니러]와 같이 발음됩니다. tell은 [테을]를 빠르게 발음합니다.

A Can I have a word with you?
캐나이 해버 월드 위쥬

잠깐 이야기 좀 할 수 있을까요?

• with you는 연음 됩니다.

A I **tell** you **what**.
아이 텔류 왓

제 말 좀 들어보세요.

B What do you **have** on your **mind**?
왓 두유 해브언 유얼 마인드

무슨 말을 하고 싶으세요?

• have on은 연음 됩니다. 빠르게 말할 때 [해번]과 같이 발음됩니다.

» **What** would you **like** to **say**?
왓 우쥴라익 투 쎄이

무슨 말을 하고 싶으세요?

A Could you spare a minute?
쿠쥬 스뻬어뤄 미닛

잠깐 시간 좀 내 주시겠어요?

B **Sure**.
슈얼

물론입니다.

A I'd like to **talk** / with you **privately**.
아잇라익 투톡 위쥬 프롸이버틀리

사적으로 이야기를 나누고 싶어요.

A **What** do you usually **do** / after **work**?
왓 두유 유절리 두 앱털 월크

퇴근하면 보통 뭐 하세요?

B I **normally** go **shopping** / after **work**.
아이 노멀리 고우 샤핑 앱털 월크

보통 퇴근 후에 쇼핑을 갑니다.

A **What** do you **do** / **when** you are not **working**? 당신은 일 하지 않을 때 뭐 하세요?
왓 두유 두 웬뉴 알 낫 월킹

B I **often** watch **live** **baseball** games. 야구 중계를 자주 봅니다.
아이오픈 와췰라이브 베이스볼 게임즈
• live의 l 발음을 정확히 내려면 앞 단어에 [ㄹ] 하나를 붙여 주어야 합니다.

B I like **live** sports **broadcasts**. 저는 스포츠 실황중계를 좋아합니다.
아일라이클 라이브 스뽈쯔 브록캐스쯔
• [d] 뒤에 [k] 발음이 오므로 동화되기 위해 [g]로 발음됩니다.

A I'm a **total klutz** at **sports**. 저는 스포츠에는 소질이 없습니다.
아이머 토럴 클러쯔 앳 스뽈쯔

A **How** was your **weekend**? 주말은 어떻게 보냈어요?
하우 워쥬얼 위켄드
• was your는 연음 됩니다.

B I went **mountain climbing** / with my **brother**. 동생과 등산을 다녀왔어요.
아이 웬 마운틴 클라이밍 윗 마이 브롸덜

A I **stayed** at **home** the **whole** weekend. 저는 주말 내내 집에 있었어요.
아이 스떼이드 애토움더 호울 위켄드
• at home의 [t]는 [r]로 발음되고 home의 [h]는 생략되면서 연음이 됩니다.

B **What** do you **do** / on the **weekends**? 주말에 뭘 하십니까?
왓 두유 두 언더 위켄즈

B Do you **have** any **special plans** / for the **weekend**? 주말에 특별한 계획이 있습니까?
두유 해베니 스빼셜 플랜즈 폴더 위켄드

A I don't **have** any **special plans** / for the **weekend**. 주말에 특별한 계획이 없어요.
아이돈 해베니 스빼셜 플랜즈 폴더 위켄드

B **Why** don't we go **fishing** together / **this** weekend? 이번 주말에 낚시 가는 게 어때요?
와이 돈 위 고우 피슁 투게덜 디스 위캔드

A I haven't been **getting** enough **exercise** / **lately**.　저는 최근에 운동이 부족합니다.
아이 해븐 빈 게링 이넙 엑썰싸이즈 레이를리
· getting의 tt는 모음 사이에 있으므로 [r]로 발음합니다.

A My **biggest problem** is / my **beer** belly.　배가 나온 게 고민입니다.
마이 비기숫 프라블럼 이즈 마이 비얼 벨리

B Being **overweight** / can **lead** to **health problems**.　지나친 비만은 병의 근원입니다.
빙 오우벌웨잇 캔 리투 헬쓰 프라블럼즈

A Let's **talk** about / **something else**.　다른 이야기를 합시다.
레쯔 토커바웃 썸씽 엘스
· talk about는 연음 되어 한 단어처럼 발음합니다.

B **Why** don't you / **hear** me **out**?　제 말을 끝까지 들어 보실래요?
와이돈츄 히얼 미 아웃

A I have **had** my **say**.　저는 할 말을 다했습니다.
아이해브 해드 마이 세이

A Do you have **anything further** / to **say**?　더 하실 말씀이 있으세요?
두유 해브 애니씽 펄덜 투 쎄이

B I'll take **back** my **words**.　제 말을 취소하겠습니다.
아일 테익 백 마이 월즈

B Just **listen** to me / for a **minute**.　잠깐 제 말 좀 들어 보세요.
줘스 리슨 투미 포뤄 미닛

A Stress **really** builds **up**.　스트레스가 쌓입니다.
스츄뤠스 뤼얼리 빌즈업
· builds up은 빠르게 말할 때 [빌접]과 같이 발음됩니다.

B Don't **let** it build **up**. Let it **off**.　쌓이지 않도록. 풀어버리세요.
돈 레릿 빌덥. 레리럽

A I'll **probably** take a **trip somewhere**.　아마 어디론가 여행 갈 거예요.
아일 프롸버블리 테이꺼 츄립 썸웨얼

A It's **been a long** time.
이쯔 비널 롱 타임

오래간만입니다.

C **How** many **years** <u>has it **been**</u> / since we **last met**? 이게 몇 년 만이지요?
하우 매니 이얼즈 해짓빈 씬스 윌 라슷 멧

A It's a **small** world, <u>**isn't** it</u>?
이쩌 스몰 월드, 이즈닛

세상 참 좁군요.

• isn't it?을 부가의문문 이라고 합니다. 부가의문문은 끝을 약간 올려줍니다.

C I **believe** / we have met **before**.
아이 빌리브 위 해브 멧 버폴

우리 전에 만난 적이 있지요.

• e[i] 발음은 약세가 될 때 [i]는 [ə]로 발음된다.

A I've the **feeling** / I've **met** you **someplace**.
아이브 더 필링 아이브 메츄 썸플레이스

어디선가 당신을 만난 것 같습니다.

A Your <u>**name**</u> is on the **tip** <u>of</u> my **tongue**.

당신 이름이 혀끝에서 뱅뱅 도는데
생각이 안 납니다.

유얼 네이미즈 언더 티퍼브 마이 텅

• name is on the는 연음 되어 [네이미전더]와 같이 발음됩니다.

B I'm **Min Su Kim**.
아임 민수 킴

저 김민수입니다.

A That's **right**.
데쯔 롸잇

맞습니다.

B <u>**How**</u> long will you be **staying**?
하울 롱 윌 류 비 스떼잉

얼마동안 머물 겁니까?

A I'll be going **back** to **Korea** / at <u>the **end** of</u> **May**. 5월 말에 한국으로 돌아 갈 겁니다.
아일비 고잉 백 투 코우뤼어 앳디 에너브 메이

• at the end of May는 5월 말을 의미합니다.
• the는 모음 앞에서 [디]로 발음되고, end의 [d]도 생략되면서 of와 연음 됩니다.

B Let's **liven** up this **party**.
레쯜 라이브넙 디스 파뤼

이 파티를 거창하게 합시다.

• liven up은 '활기를 띠다'를 의마하고, party의 [t] 발음은 생략됩니다.

A You **sure** are a **good** cook.
유 슈어 아러 굿 쿡

요리를 잘 하시는군요.

B Let's not **stand** on **needless formalities**.
레쯔 나 스때넌 닛리스 폴멜러티즈

체면 차리지 말고 드세요.

A Please don't **bother**.
플리즈 돈 바덜

신경 쓰지 마세요.

• don't의 [t]는 생략됩니다.

B Would you **like** / **another** drink?
우쥴라익 어나덜 쥬링크

한 잔 더 하시겠어요?

B Shall I **fill up** your **cup**?
쉐라이 피럽 유얼 컵

더 따를까요.

A If **possible**, I'd like **something cold**.
입 파써블, 아잇 라익 썸씽 코울드

가능하면 찬 것이 좋겠습니다.

• 빠르게 말할 때 if의 [f]는 뒤에 비슷한 발음인 [p]가 오므로 생략됩니다.

C May I have a **cup** of **strong coffee**?
메아이 해버 커퍼브 스츄롱 커피

진한 커피 한 잔 주시겠어요?

• cup of는 연음 됩니다.

A Would you **make** / my coffee **weak**, please?
우쥬 메익 마이 커피 윅, 플리즈

커피를 연하게 타 주겠어요?

C I **think** / I've had one **too** many.
아이 씽크 아이브 해드원 투 매니

너무 많이 마신 것 같습니다.

B **Here's** to **tonight's guest** of **honor**!
히얼즈 투 투나이쯔 게스떠브 아널

오늘밤 주인공을 위해 건배!

• guest of는 연음 되며 [t]는 앞 음절이 강세가 되므로 [ㄸ]로 발음됩니다.

C Let's **toast**!
레쯔 토우슷

건배!

A **Excuse** me, Can I **talk** to you / for a **second**?
익스큐즈 미, 캐나이 톡 투유 포뤄 세컨

실례합니다. 잠깐 얘기 좀 할 수 있을까요?

B **Sure**. Go **ahead**.
슈얼. 고우어헤드

물론입니다. 말씀하세요.

• go ahead는 한 단어와 같이 발음됩니다.

B I was just **having** a **dull** time **actually**.
아이 워즈 줘숫 해빙 어 덜타임 액췰리

실은 지루한 시간을 보내고 있었어요.

A Nice weather, **isn't it**?
나이스 웨덜 이즈닛

날씨가 참 좋지 않습니까?

• isn't it?을 부가의문문이라고 합니다. 부가의문문은 끝은 가볍게 올립니다.

B **This** is a **very** nice **place**.
디스 이즈 어 베뤼 나이스 플레이스

여기는 참 좋은 곳이에요.

• this is a는 빠르게 말할 때 [디씨저]로 발음됩니다.

A **Where** do you **come** from?
웨얼 두유 컴 프롬

어디서 오셨어요?

B I **come** from **America**.
아이 컴 프롬 어메뤼커

미국에서 왔습니다.

A Are you **traveling** / **alone**?
알유 츄뤠블링 얼로운

혼자 여행 중이세요?

B **Yes**, I **am**. (I'm traveling / **alone**.)
예스, 아이 엠. (아임 츄뤠블링 얼로운)

네, 저 혼자 여행 중입니다.

A Do you **want** me to **help**?
두유 원미 투 헬프

도움이 필요하세요?

• want의 t는 자음 사이에 있으므로 생략됩니다.

B **What's** there to **do** / in **Busan**?
와쯔 데얼 투 두 인 부싼

부산에서 할 만한 게 뭐가 있을까요?

• do 자리에 '보다'라는 뜻의 see [씨]를 넣으면 '볼만한 게 있을까요?'라는 뜻이 됩니다.

A I'd like to **recommend** / **Guk Je** Market.
아잇 라익 투 레커멘드 국제말킷

국제시장을 추천해 드리고 싶습니다.

B Do you **have** / your **spare time**?
두유 해브 유얼 스빼얼 타임

여가시간이 있습니까?

A Don't **worry**.
돈 워뤼

걱정 마십시오.

A **What** do you **need** to buy?
왓 두유 닛투 바이

사려고 하는 것이 무엇인가요?

B I'd **like** to **buy** a **bag**.
아잇 라익 투 바이어 백

가방을 사고 싶습니다.

A Just **follow** me.
줘슷 팔로우 미

저를 따라오세요.

A **This** is a **pretty** big **market**, **isn't** it?
디스 이즈 어 프리리 빅 말킷, 이즈닛

이 시장이 아주 크죠, 그렇지 않습니까?

A **This** is the **biggest market** in **Busan**.
디스 이즈 더 비기슷 말킷 인 부싼

이것이 부산에서 가장 큰 시장입니다.

B It's **so busy** and **noisy**.
잇 소우 비지언 노이지

아주 복잡하고 시끄럽네요.

　• It's의 [s]는 뒤에 [s]가 오므로 생략되고, 빠르게 말할 때 and는 [언] 발음으로 busy와 연음 됩니다.

A **This** market **is famous** / for **wholesale clothing**.
디스 말키리즈 페이머스 폴 호울쎄일 클로우딩

이 시장은 의류 도매로 유명합니다.

　• market의 [t]는 [r]로 바뀌면서 is와 연음 됩니다.

A Have you **been** to the **Haeundae Beach**?
해뷰 빈 투더 해운대 비취

해운대는 가보셨어요?

B **No**. But I **like** the **ocean** a lot.
노우. 벗 아일 라익 디 오우셔널랏

아니요. 하지만 저는 바다를 아주 좋아합니다.

B **How** can I **get there**?
하우 캐나이 겟 데얼

어떻게 갈 수 있죠?

B I'd **love** to **go**.
아잇 러브 투 고우

꼭 가보고 싶어요.

A I'll **show** you the **way**.
아일 쇼우 유더 웨이

제가 길을 가르쳐 드릴게요.

» I'll **draw** you a **map**.
아일 쥬로 유 어 맵

약도를 그려 드릴게요.

B **Thank** you.
쌩큐

감사합니다.

A You'd **better** go **there** / by **bus**.
윳 베럴 고우 데얼 바이 버스

버스로 가는 게 좋아요.

» **Why** don't you just **take subway**?
와이돈츄 줘슷 테익 썹웨이

그냥 지하철 타는 게 어때요.

A I'm **going** to the **same direction**.
아임 고잉 투더 쎄임 디뤡션

저도 거기로 갑니다.

B It's **very peaceful** and **magnificent**.
이쯔 베뤼 피스펄 앤 매그니퍼선트

아주 평화롭고 멋집니다.

A It'll do you **some good** to **unwind**.
잇을 두유 썸 굿 투 언와인드

스트레스가 해소될 겁니다.

B Can I **buy** you a **drink**?
캐나이 바이 유어 쥬륑크

제가 한잔 살까요?

A It sounds **good**.
잇 싸운즈 굿

좋아요.

» **Good** idea.
굿아이디어

좋아요.

» That'd be **nice**.
댓 비 나이스

좋아요.

≫ Sounds **great**. 좋아요.
싸운즈 그뤠잇
　• sound의 d는 자음 사이에 있으므로 생략됩니다.

≫ I'm **game**. 좋고 말구요.
아임 게임

≫ What a **game**! 이것 참 재미있구나!
와러 게임

🅱 Are you a **heavy drinker**? 술 잘 하십니까?
알유 어 해비 쥬륑커

≫ Are you **much** of a **drinker**? 술 잘 하십니까?
알유 머취 어버 쥬륑커

🅰 The doctor has **put a stop** / to my **drinking**. 의사는 저에게 금주령을 내렸어요.
더 닥떨 해즈 푸러스땁 투 마이 쥬륑킹

🅱 Don't be a **party pooper**. 흥을 깨지 마세요.
돈비어 파뤼 푸퍼
　• party pooper는 '어떤 모임의 흥을 깨는 사람'을 의미합니다.

≫ Good. **Cheers**! 좋아요. 건배!
굿. 취얼즈

🅱 **Bottoms up**! 원 샷!
바럼접

🅰 Don't **push** yourself / **too far**. 너무 무리하지 마세요.
돈 푸쉬 유얼셀프 투 팔

🅱 I'm **catching** a **buzz**. 술이 좀 오르네요.
아임 캐췽어 버즈

🅱 Would you **like** / **another** glass of **beer**? 맥주 한잔 더 하실래요?
우쥴라익 어나덜 글래서브 비얼

🅰 I'm **feeling** / a **little** high. 술이 좀 취합니다.
아임 필링 얼 리를 하이

B You are **in a fog**. 당신은 완전히 취했어요.
유알 이너 포그

A Where are you **staying** now? 지금 어디서 머무르세요?
웨어뤄유 스떼잉 나우

B I'm **staying** at the **Lotte Hotel** now. 지금 롯데 호텔에서 묵고 있습니다.
아임 스떼잉 앳더 롯떼 호텔 나우

A **What** brings you **here**? 여기는 무슨 일로 오셨어요?
왓 브륀쥬 히얼

B I **came** here / to **visit** my **sister**. 언니를 만나러 왔습니다.
아이 캐임히얼 투 비짓 마이 씨스떨
 · 빠르게 말할 때 here의 [h]가 생략되고 came과 연음 됩니다.

A Did you **come** here / **alone**? 혼자 오셨어요?
디쥬 커미얼 얼로운

A **How long** do you **expect** to be / in **Korea**? 한국에 얼마나 머무실 예정 입니까?
하울롱 두유 익스뻭 투비 인 코우뤼어

B About a **month**. 한 달 정도입니다.
어바우러 먼쓰

B I'll leave **Busan** / at the **end** of **this month**. 이달 말에 부산을 떠날 겁니다.
아일 리브 부싼 앳 디 엔 어브 디스 먼쓰

A Have a **good time**. 즐거운 시간 보내세요.
해버 굿타임

» I **wish** you **every** happiness. 늘 행복하세요.
아이 위쉬 유 에브뤼 해삐니스
 · 빠르게 말할 때 wish you는 [위슈]와 같이 발음됩니다.

» **Enjoy** yourself. 즐거운 시간 보내세요.
인조이 유얼셀프

» I **wish** you **well**. 건강하세요.
아이위쉬 유 웰

UNIT 19 취미 관련 대화 나누기

🎧 19
등장인물: A / B

A What's your **hobby**?
와쯔 유얼 하비

당신의 취미는 무엇입니까?

B I like **watching movies**.
아일라익 와칭 무비즈

저는 영화 보는 걸 좋아해요.

B That movie was a **real disappointment**.
댓 무비 워저 뤼얼 디스어포인먼트

그 영화는 정말 실망스러웠어요.

A I'd **recommend Love** Story.
아잇 레커맨들 러브 스또리

러브 스토리를 권하고 싶습니다.

A I like to **putter around** the **garden**.
아일라익 투 푸러롸운 더 갈든

저는 정원 가꾸는 걸 좋아해요.

· putter around는 한 단어 같이 발음하며 around의 [d]는 발음이 생략됩니다.

B We've **quite different tastes**.
위브 콰잇 디퍼뤈 테이스쯔

우리는 관심사가 꽤 다르군요.

B **What** do you **do** / in your **free time**?
왓 두유 두 인유얼 프뤼타임

여가 시간에 뭘 하세요?

A I love to **listen** to **music**.
아일 러브 툴 리슨투 뮤직

저는 음악 듣는 걸 아주 좋아해요.

· l은 [ㄹ]이 2개라 생각하고, [ㄹ] 한 개를 앞 단어에 붙여 발음합니다.

B **What kind** of **music** / do you **listen** to?
왓 카이너브 뮤직 두율 리슨 투

어떤 음악 듣기를 좋아하세요?

A I like **hip hop** music.
아일 라익 히팝 뮤직

저는 힙합 음악을 좋아합니다.

B I **don't care** for / **hip hop** music.
아이돈 캐얼 폴 히팝 뮤직

· don't의 [t]는 생략됩니다.

저는 힙합 음악을 좋아하지 않습니다.

B I **really like** to **travel**.
아이 뤼얼리 라익 투 츄뤠블

저는 여행하는 걸 정말 좋아해요.

A You **certainly** have **good taste**.
유 썰튼리 해브 굿 테이슷

정말 좋은 취미를 가지셨네요.

» I don't **have** any **particular hobby**.
아이돈 해브 애니 팔티큘럴 하비

저는 특별한 취미는 없습니다.

» I'm **definitely** a **homebody**.
아임 데퍼너틀리 어 호움바리

· homebody의 [d]는 모음 사이에 있어 [r]로 바뀝니다.

저는 집에 있는 걸 정말 좋아해요.

» I don't **have** any **hobbies** / at **all**.
아이돈 해브 애니 하비즈 애럴

· [t]가 [r]로 바뀌면서 all과 연음 됩니다.

저는 아무런 취미도 없습니다.

A **How** do you **spend** / your **spare time**?
하우 두유 스뺀드 유얼 스뻬얼 타임

여가시간을 어떻게 보내세요?

B I enjoy **collecting antiques**.
아이 인조이 콜렉띵 앤틱스

저는 골동품 수집을 즐깁니다.

B **What's** your **speciality**?
와쯔 유얼 스뻬쉬앨러리

· speciality 대신 specialty [스뻬쉴티]를 넣어 문장을 만들 수 있습니다.

당신의 특기는 무엇입니까?

A I **love** to **eat**.
아일러브 투 잇

저는 먹는 게 낙입니다.

🎧 20
등장인물: A / B

A What do you do / **when** you have **time off**?
왓 두유 두 웬 유 해브 타이머프

퇴근 후에는 무엇을 하세요?

B I usually **watch TV**.
아이 유줠리 와취 티비

보통 TV를 봅니다.

D you **watch** TV / **often**?
두유 와취 티비 오펀

TV는 자주 보십니까?

B **Yeah**, I **watch** TV / **often**.
예, 아이 와취 티비 오펀

네, 저는 TV를 자주 봅니다.

A What TV **program** / do you **like** to **watch**?
왓 티비 프로그렘 두율라익 투 와취

어떤 TV 프로그램 보는 걸 좋아하세요?

» **Which program** / do you **enjoy most**?
위취 프로그렘 두유 인죠이 모우숫

어떤 프로를 가장 즐겨보세요?

B I like **comedy** shows.
아일라익 카머리 쇼우즈

저는 코미디 쇼를 좋아합니다.

• 모음 사이 [d]는 [r]로 발음됩니다.

» I play **video** games / for **fun**.
아이 플레이 비리오우 게임즈 폴 펀

저는 비디오 게임을 하고 놉니다.

• [d]는 모음 사이에 있으므로 [r]로 발음합니다.

B **What's** your **favorite** TV **program**?
와쯔 유얼 페이버릿 티비 프로그

당신이 가장 좋아하는 TV 프로는 무엇입니까?

A I enjoy **soap operas**.
아이 인죠이 쏘웁 아퍼뤄즈

저는 연속극을 즐겨 봅니다.

• soap opera는 '연속극'을 의미합니다.

B I like **watching movies**.
아일라익 워칭 무비즈

저는 영화 보는 걸 좋아합니다.

A **What's** on **TV** now?
왓쯔언 티비 나우

지금 TV에 무엇을 방영하고 있습니까?

B A **movie** is **playing** now.
어 무비즈 플레잉 나우

지금 영화가 방영되고 있어요.

B I'm a **movie buff**.
아이머 무비 버프

저는 영화광이에요.

• I'm a는 연음 되어 [아이머] 또는 [아머]로 발음됩니다.

B Don't **change** the **channel**.
돈 췌인쥐더 췌널

채널을 바꾸지 마세요.

A Turn **down** the **volume**, please.
터은 다운더 볼륨, 플리즈

소리 좀 줄여 주십시오.

B **Where**'s the **remote control**?
웨얼즈더 뤼모웃 컨츄로울

리모컨이 어디 있어요?

B **Suddenly** there's **no picture**.
써든리 데얼즈 노우 픽

갑자기 화면이 안 나와요.

A There's **under** the **TV**.
데얼즈 언덜더 티비

TV 밑에 있습니다.

B Did you **watch** the **soap opera** / **last** week?
디쥬 워취더 쏘웁 아퍼뤌 라슷 윅

지난주에 그 연속극 보셨어요.

A I **watched** a **rerun**.
아이 워취터 뤼뤈

재방송을 봤어요.

• ed는 [t]로 발음되며 a와 연음 됩니다.

A Did you **watch** TV **yesterday** / **too**?
디쥬 워취 티비 예스떨데이 투

어제도 TV 봤습니까?

B **Sure**. I **did**.
슈얼. 아이 딧

물론. 봤어요.

A Was there **anything good**?
워즈 데얼 애니씽 굿

뭐 재미있는 거 있었어요?

B There was the **comic drama** / I **love**.

데얼 워즈더 카믹 쥬롸마 아일 럽

내가 정말 좋아하는 코미디 드라마를
했어요.

A **What's** the **title**?

와쯔더 타이를

제목이 뭔데요?

B One **night** / two **days**.

원나잇 투 데이즈

1박 2일 입니다.

A **Really**? I'd **better watch** it.

뤼얼리? 아잇 베럴 와취 잇

정말요? 나도 그걸 봐야겠어요.

· 'd는 had의 준말입니다. tt는 모음 사이에 있으므로 [r]로 발음됩니다.

🎧 21

등장인물: A / B / C / D 관람객 / T 티켓부스 직원

A Let's **catch** a **flick**. 　　　　　　　영화 보러 가요.

레쯔 캐취어 플릭

　• a 아주 약하게 catch에 붙여 발음되므로 거의 들리지 않습니다. flick는 '여성을 겨냥한 영화'를 의미합니다.

» **How** about **going** to a **movie**? 　　　　영화 보러 가는 게 어때요?

하우 어바웃 고잉 투어 무비

» **Why** don't you / **go** to the **movies tonight**? 　오늘 밤 영화 보러 가는 게 어떠세요?

와이돈츄 고우 투더 무비즈 투나잇

　• Why don't you는 '~하는 게 어때요, ~하시지요'라는 뜻입니다.

» Let's **go** to a **movie tonight**. 　　　　오늘 밤 영화 보러 갑시다.

레쯔고우 투어 무비 투나잇

B **That's** a **good idea**. 　　　　　　좋은 생각입니다.

대쩌 굿 아이디어

» I **rarely** go to the **movies**. 　　　　　저는 거의 영화 보러 가지 않습니다.

아이 뤠얼리 고우투더 무비즈

A Do you **like** the **theater**? 　　　　　연극 좋아하십니까?

두율 라익더 씨어럴

　• theater의 [t]는 모음 사이에 있으므로 [r]로 발음됩니다.

B **Yeah**, I **really enjoy** it. 　　　　　네, 정말 좋아합니다.

예, 아이 뤼얼리 인죠 잇

A I **think** / it's **dull**. 　　　　　　　저는 그게 지루하다고 생각해요.

아이씽크 이쯔 덜

A **How often** / do you **go** to the **theater**? 　연극은 얼마나 자주 보러 가세요?

하우오펀 두유 고우투더 씨어럴

B I go to **see** it / **every weekend**. 　　　주말마다 보러 갑니다.

아이 고우투 씨잇 에브뤼 위켄드

A **What** kinds of **movies** / do you **like**? 　당신은 어떤 영화를 좋아하세요?

왓 카인저브 무비즈 두율라익

» **What** <u>kinds of</u> **movies** / do you **enjoy watching**? 어떤 영화를 즐겨 보십니까?
왓 카인저브 무비즈 두유 인죠이 워칭
- kinds의 [d]가 생략되면서 of와 연음 됩니다.

A **Which movie** / do you **want** to see **now**?　　　지금 무슨 영화를 보고 싶습니까?
위취 무비 두유 원투 씨 나우

B I like **science fiction** movies.　　　　　　　저는 공상 과학 영화를 좋아합니다.
아일라익 싸이언스 픽션 무비즈

A I like **action** <u>films</u>.　　　　　　　　　　저는 액션 영화를 좋아합니다.
아일라익 액션 피음즈
- action films 대신 'thrilling movies [쓰륄링 무비즈] 스릴러 영화, romance movies [로우맨스 무비즈] 로맨스 영화, all kinds of films [올 카인저브 피음즈] 모든 종류의 영화'를 넣어 문장을 만들 수 있습니다.

B Then, Let's **go** to see an **action** film.　　　그럼, 액션 영화 보러 갑시다.
덴, 레쯔고우 투씨언 액션 피엄

A **No**, I want to **see** a **science fiction** film.　　아니요, 공상과학 영화를 보고 싶습니다.
노우, 아이 원투 씨어 싸이언스 픽션 피엄

B **OK**, **You** are the **boss**.　　　　　　　　좋아요, 당신 원하는 대로 할게요.
오우케이, 유얼 더 보스
- 이 표현에서 boss는 '대장, 사장으로서 자기 마음대로 한다'는 의미입니다.

A **What**'s playing **now**?　　　　　　　　　지금 뭐가 상영되고 있습니까?
와쯔 플레잉 나우

B Did you **see** / 'War Of The **Worlds**' yet?　　'우주전쟁' 봤어요?
디쥬 씨 월 어브 더 워얼즈 옛

A **Who**'s starring in the **movie**?　　　　　　그 영화 주연은 누구입니까?
후즈 스따링 인더 무비
- Who's는 Who is의 준말입니다.

» **Who** is **in** it?　　　　　　　　　　　　그 영화 누가 출연합니까?
후 이지닛
- 빠르게 말할 때 Who's in it은 [후지닛]으로 말합니다.

B Maybe / **Tom Cruise** is **in** it.
메이비 탐 크루즈 이지닛

아마 톰 크루즈가 나올 겁니다.

A **Wow**! I **really like** him.
와우! 아이 뤼얼리 라익 힘

와! 저는 그 사람 정말 좋아해요.

B Then, **How** about **going** to **see** it / **tonight**?
덴, 하워바웃 고잉투 씨잇 투나잇

그러면 오늘 밤에 영화 보러 가시는 게 어때요?

A **What time** does the **movie start**?
왓 타임 더즈더 무비 스딸트

영화는 몇 시에 시작합니까?

B It **starts** at **8**.
잇 스딸쯔 애레잇

8시에 시작합니다.

 • starts에서 st 뒤에 강모음이 오므로 [t]는 된소리로 발음되고, at eight는 연음 됩니다.

A **Where**'s the **box office**?
웨얼즈더 박스 오피스

매표소가 어디 있죠.

 • 빠르게 말할 때 box의 [s]와 [오] 발음이 연음 되어 [박쏘피스]와 같이 발음됩니다.

B That's **over there**.
대쯔 오우벌 데얼

저 쪽에 있어요.

 • 빠르게 말할 때 there의 th가 생략되고 over와 연음 됩니다.

A Can I **get** a **ticket**?
캐나이 게러 티낏

표 살 수 있어요?

 • get a의 [t]가 [r]로 바뀌면서 a와 연음 됩니다.

T The **movie** is **sold out**.
더 무비 이즈 쏘울다웃

영화표는 다 팔렸습니다.

 • sold out은 연음 됩니다.

T But there are **tickets** / for the **10 movie**.
벗 데어뤄 티끼쯔 폴더 텐 무비

하지만 10시 표는 있습니다.

A **How much** is the **admission** fee?
하우 머취 이즈디 어드미션 피

입장료는 얼마죠?

T It comes to **$40**.   40달러입니다.
잇 컴즈투 포뤼 달러즈

 • 40(forty)는 rt가 모음 사이에 오므로 빠르게 말할 때 [t]는 발음이 생략됩니다. come to는 '합계 ~이 되다'를 의미합니다.

A **Two adults**, please.   어른 2장 주세요.
투 어덜쯔, 플리즈

» **Two adults** / and **three children**, please.   어른 2, 아이3장 주세요.
투 어덜쯔 앤 쓰뤼 췰쥬뤈, 플리즈

A In the **middle** row, please.   가운데 자리로 주세요.
인더 미들 로우, 플리즈

T There is **no** arranged **sitting**.   지정 좌석이 아닙니다.
데얼 이즈 노우 어뤠인쥐드 씨-링

 • 모음 사이 tt는 [r]로 발음됩니다.

» It's **open** seating.   자유석입니다.
이쯔 오픈 씨-링

 • seat는 sit와 달리 장모음으로 길게 발음합니다.

A Can you **help** me / to **find** our **seats**, please?   자리 찾는 것 좀 도와주시겠어요?
캔뉴 헬미 투 파이나월 씨-쯔, 플리즈

B We are having **trouble finding** our **seats**.   우리 자리를 못 찾고 있어요.
위얼 해빙 츄롸블 파인딩 아우얼 씨-쯔

T May I **see** your **ticket**, please?   표를 보여주시겠습니까?
메아이 씨 유얼 티낏, 플리즈

B **Here** you **go**.   여기 있습니다.
히얼 유 고우

T It's on the **right side** of the **theater**.   극장 오른쪽에 있습니다.
이쯔 언더 롸이싸잇 어브더 씨어럴

B **Thanks** a **lot**.   감사합니다.
쌩쓰 얼 랏

C Is **this** seat **taken**?

이즈 디스 씻- 테이껀

이 자리에 누가 있습니까?

D It's **not taken**.

이쯔 낫 테이껀

빈자리입니다.

≫ It's **empty**.

이쯔 엠티

빈자리입니다.

· 자음이 연달아 3개가 나오므로 중간 자음인 [p] 발음이 생략됩니다.

B **Excuse** me, but you are in my **seat**.

익스큐즈 미, 버츄얼 임마이 씻-

실례지만, 제자리에 앉으신 것 같습니다.

≫ I **think** / you are **sitting** in our **seats**.

아이씽크 유얼 씨링 이나우얼 씨-쯔

우리 자리에 앉으신 것 같아요.

C **Really**? Let me **check** / my **ticket stub**.

뤼얼리? 렛미 첵 마이 티낏 스따브

정말요? 내 표를 확인해보죠.

C You are **right**, I'm **so sorry**.

유얼 롸잇, 아임 쏘우 쏘뤼

당신 말이 맞습니다, 정말 죄송합니다.

B That's **OK**. It's **happened** to me /
before as well.

대쯔 오우케이. 이즈 해뻔 투미 버폴 애즈 웰

괜찮아요. 저도 지난번에 그런 일이
있었어요.

· happened의 ed는 [d]로 발음되므로 생략하고, before는 be의 [i]가 약모음이 되어 [ə]로 발음됩니다.

A The **movie** is **starting** / in about **10 minutes**.

더 무비 이즈 스따링 이너바웃 텐 미닛쯔

영화는 약 10분 후에 시작합니다.

B I want to **see** the **previews**.

아이 원투 씨더 프뤼뷰즈

나는 예고편이 보고 싶어요.

A **Why** don't we **get** some **popcorn**?

와이돈위 겟썸 팝코은

우리 팝콘 먹을까요?

» Do you **want** some **popcorn** / and **Coke**?

두유 원 썸 팝코은 앤 코욱

• want의 [t]는 자음 사이에 있으므로 생략합니다.

콜라와 팝콘 드실래요?

B Don't **tempt** me. I'm on a **diet**.

돈 템트 미. 아임 어너 다이엇

꼬시지 마세요. 저는 다이어트 중입니다.

D Please be **quiet**.

플리즈 비 콰이엇

조용히 좀 해주세요.

D I **can't hear** the **movie**.

아이 캔 히얼더 무비

영화를 들을 수가 없어요.

B **What** did you **think** of the **movie**?

왓디쥬 씽커브더 무비

그 영화 어땠어요?

A **Great**. The **story** was **exciting**.

그뤠잇. 더 스또뤼 워즈 익싸이링

• exciting의 [t]는 모음 사이에 있으므로 [r]로 바뀝니다.

아주 좋았어요. 스토리가 흥미 있었어요.

» That **film told an emotionally moving** story.

댓 피엄 토울런 이모우셔널리 무빙 스또뤼

정말 감동적인 영화였어요.

» It's **worth** watching **twice**.

이쯔 월쓰 워칭 투아이스

두 번 볼만한 가치가 있는 영화입니다.

B The movie **bored** me to **death**.

더무비 보얼드 미 투 데쓰

저는 영화가 지루해서 죽을 뻔했어요.

B **What** a **waste** of **money**.

와러 웨이스떠브 머니

• 모음 사이 [t]는 [r]로 발음 되면서 a와 연음 됩니다.

돈이 아깝습니다.

UNIT 22 약속잡기

🎧 22
등장인물: A / B

A When are you **free**?
웬 얼 유 프뤼

언제 한가하세요?

》 When do you have **time**?
웬 두유 해브 타임

언제 시간 있어요?

B I'll be **free** after **six**.
아일비 프뤼 앱털 씩스

6시 이후에 시간이 있습니다.

A I'd **like** to **make an appointment** / with **you**.
아잇라익 투 메익꺼너포인먼트 위쥬

당신과 약속을 정하고 싶습니다.

· an appointment 연음이 됩니다.

A Can you **make time** / for me?
캔뉴 메익 타임 폴 미

제게 시간 좀 내주시겠어요?

B What do you **want** to **see** me / **about**?
왓 두유 원투 씨 미 어바웃

무슨 일로 저를 만나자는 겁니까?

A Do you **want** to go to a **movie** / with **me**?
두유 원투 고우투어 무비 윗미

저와 영화 보러 가시겠어요?

A I've **got** a **couple** of **tickets** / from my **brother**.
아이브 가러 커플러브 티끼쯔 프롬 마이 브롸덜

우리 오빠한테 표 두 장 얻었어요.

B That sounds **good**.
댓 싸운즈 굿

그거 좋지요.

B What time does the **movie start**?
왓 타임 더즈더 무비 스딸트

영화가 몇 시에 시작합니까?

A It **starts** at **eight**.
잇 스딸쯔 애레잇

8시에 시작해요.

A I was **going** to have **dinner** with you.
아이워즈 고잉투 해브 디널 위쥬

당신과 같이 저녁 먹으려고 했어요.

B That sounds **logical** to me.
댓 싸운즐 라쥐컬 투 미

그것 좋은 생각입니다.

B **What time** shall we **meet**?
왓 타임 쉘 위 밋

몇 시에 만날까요?

» **What time** shall we **make** it?
왓타임 쉘 위 메이낏

몇 시에 만날까요?

· make의 [k]는 앞에 강모음이 오므로 된소리로 발음됩니다.

B **What time** is good **for** you?
왓 타이미즈 굿 폴 유

몇 시가 좋겠어요?

· 빠르게 말할 때 what의 [t]가 생략되고 time is가 연음 됩니다.

A **How** about at **half** past **six**?
하워바웃 앳 하프 패슷 씩스

6시 반이 어때요?

· How about은 연음으로 한 단어 같이 발음하고, 빠르게 말할 때 half의 [h]가 생략되고 at의 [t]가 [r]로 바뀌면서 연음 됩니다. past의 st는 다음에 비슷한 발음인 [s]가 오므로 생략됩니다.

B OK. **Where** shall we **meet**?
오우케이. 웨얼 쉘 위 밋

좋아요. 어디서 만날까요?

A **Where** is the **most convenient** / for **you**?
웨어뤼즈 더 모우슷 컨비니언트 폴유

어디가 가장 편하겠어요?

B Let's **meet nearby** our **office**.
렛쯔 밋 니얼바이 아우얼 오피스

내 사무실 근처에서 만납시다.

B I **know** a **good restaurant** nearby.
아이 노우 어굿 뤠스츄뤈트 니얼바이

근처에 좋은 식당을 알아요.

A That'd be **nice**.
댓 비 나이스

그거 좋겠습니다.

B I'll **pick** you **up** at **half** past **six**.
아일 피�뀨업 앳 하프 패슷 씩스

6시 반에 데리러 가겠습니다.

A **Thank** you. See you **then**.
땡큐. 씨유 덴

고마워요. 그때 봐요.

A Will you **come** over to my house / for dinner / this Friday?

윌류 커모우벌 투 마이 하우스 폴 디널 디스 프라이데이

금요일 날 저녁 식사하러 우리 집에 오시겠습니까?

B **Thanks** / but not **that day**.

쌩스 벗 낫 댓 데이

고맙지만 그날은 안 됩니다.

B This **Friday** is my **son's birthday**.

디스 프라이데이 이즈 마이 썬즈 벌쓰데이

금요일은 제 아들의 생일입니다.

A **How** about Sunday?

하워바웃 썬데이

일요일은 어떠세요?

B **Thanks** / but I have a **previous appointment**.

쌩스 버라이 해버 프뤼비어서포임먼트

고맙지만 선약이 있습니다.

· previous appointment는 연음 되어 한 단어처럼 들립니다.

» I'm **afraid** / I **already** have **plans**.

아임 어프뤠이드 아이 얼뤠리 해브 플랜즈

미안하지만 선약이 있습니다.

A I'd like to **invite** you / to **dinner tonight**.

아잇라익 투 인바이츄 투디널 투나잇

오늘 밤 저녁 식사에 당신을 초대하고 싶습니다.

» I **want** to **invite** you / to my **home**.

아이 원투 인바이츄 투 마이 호움

저희 집으로 초대하고 싶어요.

A Would you **like** to **come** / to my **house**?

우쥴라익 투컴 투 마이 하우스

저희 집에 오시겠어요?

B I can't ma**ke** it today.

아이 캔 메이낏 투데이

오늘은 못 가겠습니다.

A Could you **make** it / to my **birthday party** / this **weekend**?

쿠쥬 메이낏 투 마이 벌쓰데이 파뤼 디스 위켄드

이번 주말 제 생일 파티에 오시겠어요?

A Will you **join** us / for dinner tonight? 오늘 저녁식사 같이 하실래요?
월류 조이너스 폴 디널 투나잇

A I'm having a **housewarming** party / **tonight**. 오늘 밤 집들이를 합니다.
아임 해빙 어 하우스워밍 파뤼 투나잇

» Would you **join** us? 오시겠어요?
우쥬 조이너스

A Would you **drop** by my **house** / 집에 가는 길에 저희 집에 들러
on your **way home**? 주시겠어요?
우쥬 쥬랍바이 마이 하우스 언 유얼 웨이 호움

B OK, I'll **definitely** go there. 좋아요, 꼭 가겠습니다.
오우케이, 아일 데퍼너틀리 고우 데얼

B Should I wear **suit**? 정장을 입어여 합니까?
슈라이 웨얼 숫

• should의 [d]가 부드럽게 [r]로 바뀌면서 I와 연음 됩니다.

A You can **wear** / **whatever** you're 편하신 대로 입으면 됩니다.
comfortable in.
유캔 웨얼 와레벌 유얼 컴퍼터블인

• whatever의 t는 [r]로 발음됩니다.

C I'm **coming**. 가겠습니다.
아임 커민

C Should I **dress up**? 정장을 입어여 합니까?
슈라이 쥬뤠썹

D **Sure**, I'll **come**. 물론 가겠습니다.
슈얼 아일 컴

D Is it **OK** / if I'm a **bit early**? 조금 일찍이 가도 되겠습니까?
이짓 오케이 입 아이머 빗 얼리

• early 대신 late [레잇]을 넣으면 '조금 늦게 가도 되겠습니까?'라는 의미가 됩니다.

E I'd be **very happy** / to **come**.
아잇 비 베뤼 해삐 투컴

기꺼이 가겠습니다.

E **How** many **guests** / will be **there**?
하우 매니 게스쯔 윌비 데얼

손님은 몇 명이나 옵니까?

B Maybe **four** or **five**.
메이비 포오얼 파이브

아마 네 다섯 명 될 겁니다.

E **OK**!
오우케이

좋아요.

B **Here** we **are**.
히얼 위알

우리 왔습니다.

A **Welcome** to my **house**.
웰컴 투 마이 하우스

저희 집에 오신 걸 환영합니다.

A Come **on in**.
커머닌

들어오세요.

B **Thank** you / for **inviting** me.
쌩큐 폴 인바이링 미
· inviting에서 모음 사이 [t]는 [r]로 발음됩니다.

초대해 주셔서 감사합니다.

B **This** is a **small gift** / for **you**.
디스 이즈 어 스몰 깁트 폴 유

당신을 위한 작은 선물입니다.

≫ Please **accept** this **little trifle**.
플리즈 억셉트 디슬리를 츄롸이플

약소하지만 받아 주세요.

C I **appreciate** the **invitation**.
아이 어프뤼쉬에잇 디 인버테이션

초대해 주셔서 감사합니다.

≫ Here's **something** / for you.
히얼즈 썸씽 폴 유

여기 당신께 드리는 선물입니다.

A **Thank** you. You **really** shouldn't have **done** it.
쌩큐. 유 뤼얼리 슈른해브 더닛

감사합니다. 정말 이러지 않으셔도 되는데요.

A **Come** in and **sit down**, please.
커민 앤 씻다운, 플리즈

와 주셔서 감사합니다. 들어와 앉으세요.

A **Thank** you / for **coming**.
쌩큐 폴 커민

와 주셔서 감사합니다.

» I'm **glad** / you've **come**.
아임 글래드 유브 컴

와 주셔서 기쁩니다.

» It's very **nice of you** / to come.
이쯔 베뤼 나이써뷰 투 컴

와 주셔서 감사합니다.

A **Thanks** for **coming** / such a **distance**.
쌩스 폴 커밍 써취어 디스떤스

멀리서 와 주셔서 감사해요.

D I'm **happy** / to be **here**.
아임 해삐 투비 히얼

여기 오게 돼서 저도 기뻐요.

D Sorry to **drop in** / at such a **late notice**.
쏘뤼 투 쥬롸핀 앳 써취 얼래잇 노우리스

늦게 연락하고 찾아와서 미안해요.

• drop in은 연음 됩니다.

A That's **okay**. I've been **waiting** / for **you**.　　　괜찮아요. 기다리고 있었어요.
대쯔 오케이. 아이브빈 웨이링 폴유

» I've been **expecting** you.　　　기다리고 있었습니다.
아이브빈 익스빽팅 유

B **Congratulations** / on your **housewarming**.　　　집들이를 축하합니다.
컨거래츌레이션즈 언 유얼 하우스월밍

A **Thank** you **very** much.　　　정말 감사합니다.
쌩큐 베뤼 머취

A Let me **introduce** my **friends**.　　　제 친구들을 소개할게요.
렛미 인츄뤄듀스 마이 프렌즈

　• friend 대신 coworkers [코우워컬즈]를 넣으면 동료들을 소개하는 표현이 됩니다.

A This is an **English teacher**.　　　이쪽은 영어 선생님입니다.
디스 이즈 언 잉글리쉬 티쳘

B **Nice** to **meet** you.　　　만나서 반갑습니다.
나이스 투 미츄

C **Nice** to **meet** you.　　　만나서 반갑습니다.
나이스 투 미츄

A And **this** is a lawyer.　　　그리고 이쪽은 변호사입니다.
앤 디스 이즈 어 로열

　• 빠르게 말할 때 this is a가 연음 되며 [디지저]와 같이 발음됩니다.

B **Glad** to meet you.　　　만나서 반갑습니다.
글래 투 미츄

　• glad의 [d]는 뒤에 [t]가 오므로 발음이 생략됩니다.

D **Glad** to **meet** you.　　　만나서 반갑습니다.
글래 투 미츄

A **Come** on **in** / and **make** yourself at **home**.
커머닌 앤 메이큐얼 셀프 앳 호움

　　• 빠르게 말할 때 [h]가 생략되고, at의 [t]는 [r]로 발음되면서 home과 연음 됩니다.

들어와서 편히 계세요.

A Did you **have** any trouble / coming **here**?
디쥬 해브 애니 츄롸블 커밍 히얼

여기에 오시는 데 어려움은 없었나요?

B It was **no trouble** at **all**.
잇워즈 노우 츄롸블 애럴

　　• [t]가 모음사이에 있으므로 [r]로 발음되면서 all과 연음 됩니다.

전혀 어려움이 없었어요.

A You **made** it.
유 메이릿

　　• made의 [d]는 모음 사이에 있으므로 [r]로 발음됩니다.

오셨네요.

E I'm **sorry** / I'm **late**.
아임 쏘뤼 아임 레잇

늦어서 미안해요.

E I got **hung** up / in the **traffic**.
아이갓 헝업 인더 츄뤠픽

차가 많이 막혔어요.

E I got **hung** up / in the **traffic**.
아이갓 헝업 인더 츄뤠픽

차가 많이 막혔어요.

A Don't worry. You're not that late.
돈 워뤼. 유얼 낫 댓 래잇

걱정 마세요. 별로 늦지 않았어요.

A Let me **take** your **coat**.
렛미 테익 유얼 코웃

코트 이리 주세요.

》 Can I **take** your coat?
캐나이 테이큐얼 코웃

　　• take your는 빠르게 말할 때 연음 됩니다.

코트 받아드릴까요?

E **Thank** you.
쌩큐

감사합니다.

E I **brought** you a **congratulatory gift**.
아이 브로츄어 컨거뤠츌러토뤼 깁트

· brought you a 연음으로 발음합니다.

당신께 드릴 축하선물 하나 가져왔습니다.

A **This** is just / **what I need** in my **house**.
디스 이즈 줘숫 와라이 니린 마이 하우스

· what의 [t]와 need의 [d]는 [r]로 발음되면서 다음 단어와 연음 됩니다.

저희 집에 딱 필요한 물건입니다.

A **Thanks** / for your **nice present**.
쌩스 폴 유얼 나이스 프뤠즌트

좋은 선물 감사합니다.

A Let me **introduce** you to **everyone**.
렛미 인츄뤄듀슈 투 에브뤼원

제가 다른 사람들에게 소개해 드릴게요.

B I **love** / **what** you've **done** / with your **house**.
아일러브 와츄브 던 위쥬얼 하우스

집을 해 놓은 게 너무 멋지군요.

A Will you take **look around** / our **house**?
윌류 테이클 루커롸운드 아우얼 하우스

저희 집 구경 좀 하실래요?

A Let me **show** you / **around** the **house**.
렛미 쇼우 유 어롸운더 하우스

· around의 [d]는 같은 발음이 오므로 생략됩니다.

집을 구경시켜 드리겠습니다.

C This is a **cozy room**.
디시저 코우지 룸

아담한 방이네요.

D You **really** have an **eye** for **decorating**.
유 뤼얼리 해브 언 아이 폴 데크뤠이링

· have an eye for~는 '~에 대한 안목이 있는'이라는 의미입니다.

정말 실내장식에 대한 안목이 있군요.

E **How** many **rooms** / does **this** house **have**?
하우 매니 룸즈 더즈 디스 하우스 해브

이집은 방이 몇 개 있습니까?

B You're **living** in a nice house.
유얼 리빙 이너 나이스 하우스

정말 멋진 집에서 사시네요.

A My **house** has **three rooms** and **two bathrooms**.
마이 하우스 해즈 쓰뤼 룸즈 앤 투 배쓰룸즈

저희 집은 방 세 개와 화장실이 두 개 입니다.

E Who is this **woman** / in the **picture**?　사진에 있는 이 여자는 누구예요?

후이즈 디스 우먼 인더 픽

A This is my **daughter**.　제 딸입니다.

디스 이즈 마이 도럴

B She is a **dead ringer** for you.　당신을 쏙 빼 닮았군요.

쉬이저 뎃 륑얼 폴 유

» She is a **carbon copy** of you.　당신을 쏙 빼 닮았군요.

쉬이저 칼번 카피 어뷰

» She is a **chip** off the **old block** of you.　당신을 쏙 빼 닮았군요.

쉬이저 취펍 디오울 블라꺼브 유

» She is a **double** of you.　당신을 쏙 빼 닮았군요.

쉬이저 더블 어뷰

A Some people say / I'm a **dead ringer** / for my **mother**.　어떤 사람들은 내가 우리 어머니를 쏙 빼 닮았다고 합니다.

썸 피플 쎄이 아이머 뎃 륑얼 폴 마이 마덜

E Oh! **Really**? **Unbelievable**.　아! 정말요? 믿을 수가 없군요.

오우! 뤼얼리? 언벌리버블

　• unbelievable 대신 unthinkable [언씽커블]을 넣어 문장을 만들 수 있습니다.

B Is she **married**?　딸은 결혼했습니까?

이즈 쉬 매뤼드

A Yes. She is in the **family way** now.　예. 지금 임신했습니다.

예스. 쉬이즈 인더 패멀리 웨이 나우

　• in the family way는 pregnant [프레그런트]와 같은 의미입니다.

➤ She is **expecting**.　그 애는 임신 중입니다.

쉬이즈 익스빽팅

B **Congratulations**!　축하합니다.

컨거뤠츌레이션즈

B **When** is the **blessed event**?　　　　　　　출산 예정일은 언제입니까?

웨니즈더 블래숫 이벤트

· blessed event는 '아기의 출생'을 의미합니다.

» **When** is the **baby due**?　　　　　　　　　출산 예정일은 언제입니까?

웨니즈더 베이비 듀

A In about **two months**.　　　　　　　　　　약 두 달 남았습니다.

이너바우 투 먼쓰

E It's **getting late**.　　　　　　　　　　　　빨리 가야될 것 같습니다.

이쯔 게링 레잇

A But you're **staying** for **dinner**, **aren't** you?　그래도 저녁은 먹고 갈 거지요?

버츄얼 스떼잉 폴 디널, 얼은츄

E No. I've **got** to **get back**.　　　　　　　아니요. 돌아가야 합니다.

노우. 아이브 갓투 겟백

· got to는 빠르게 말할 때 [가러]와 같이 발음합니다.

B **What** are you **talking** about?　　　　　　무슨 말을 하고 있는 거요.

와뤄유 토킹 어바웃

B **Nonsense**. You're **staying** for **dinner**.　　말도 안 돼요. 저녁 먹고 가세요.

난쎈스. 유얼 스떼잉 폴 디널

A **Dinner** is **ready**.
디너뤼즈 뤠리

저녁 식사가 준비됐습니다.

A Would **everyone** please **move** / to the **dining room**?
우드 에브뤼원 플리즈 무브 투더 다이닝 룸

모두 식당으로 가시겠어요?

A Would you like an **appetizer** / before **dinner**?
우쥴라이건 애퍼타이절 비폴 디널

저녁 식사 전에 전체요리 좀 드릴까요?

B **That** sounds **good**.
댓 싸운즈 굿

그거 좋습니다.

A My **husband** is quite **good** at **cooking**.
마이 허즈버니즈 콰잇 구랫 쿠킹

제 남편이 요리를 꽤 잘해요.

• husband의 [d]는 생략되고 good의 [d]는 [r]로 발음되면서 at과 연음 됩니다.

A I'm **sure** / you'll **like** it.
아임 슈얼 율 라이낏

틀림없이 좋아하실 겁니다.

E The **food makes** my mouth **water**.
더풋 메익스 마이 마우쓰 워럴

음식을 보니 군침이 도는군요.

C **Wow**! It looks **delicious**.
와우! 잇 룩스 딜리셔서스

와! 맛있게 보이네요.

A It **tastes** even **better** / than it **smells**.
잇 테이슷 이븐 베럴 대닛 스멜즈

냄새도 좋지만 맛은 더 좋습니다.

A Please **help** yourself.
플리즈 헬프 유얼셀프

많이 드세요.

B Could you **pass** me the **sauce**, please?
쿠쥬 패스 미더 쏘스, 플리즈

소스 좀 전달해 주시겠어요?

C **Here** you **are**.
히얼 유알

여기 있습니다.

A Would you have **some more**?

좀 더 드시겠어요?

우쥬 해브 썸 모얼

D <u>Is there</u> **any more** of **this**?

이것 좀 더 있습니까?

이즈데얼 애니 모어러브 디스

· 대화에서 there의 th는 생략되면서 is와 연음 됩니다.

C Can I have **seconds**?

더 먹을 수 있습니까?

캐나이 해브 쎄컨즈

A Don't **hesitate** to <u>eat</u> **more**.

주저하지 말고 더 드세요.

돈 헤저테잇 투 잇 모얼

C It's **yummy**.

맛있네요.

이쯔 야미

D It tastes **good**.

맛이 좋습니다.

잇 테이트 굿

E It's **fantastic**.

정말 맛있네요.

이쯔 팬태스띡

· [t] 앞 음절에 강모음이 오므로 [t]는 된소리로 됩니다.

E It's the **best dinner** / I've ever **had**.

지금까지 먹어본 것 중에 최고예요.

이쯔 더 베슷 디널 아이브 에벌 헤드

A **How** does **this taste**?

이건 맛이 어때요?

하우 더즈 디스 테이슷

B **This food** doesn't **suit** my **taste**.

이 음식은 제 입맛에 맞지 않습니다.

디스 푸드 더즌 쑷 마이 테이슷

C The **meat** is **tender**.

고기가 부드러워요.

더 미리즈 테널

· meat의 [t]가 [r]로 발음되면서 is와 연음 되고, tender의 [d]는 생략됩니다. tender 대신 mild [마일드]를 사용할 수 있습니다.

B **The meat** doesn't **agree** <u>with me</u>.

저는 고기를 못 먹습니다.

더 밋 더즌 어그뤼 윕미

B I'm a **vegetarian**.　　　　　　　　저는 채식주의자입니다.

아이머 베저테어리언

B I'm a **picky eater**.　　　　　　　저는 식성이 까다로워요.

아이머 피끼 이럴

A Do you **always** eat so **fast**?　　당신은 항상 그렇게 빨리 먹습니까?

두유 얼웨이짓 쏘우 패슷

　• always eat 연음 됩니다.

C I **eat** about **everything**.　　　　저는 거의 뭐든 잘 먹습니다.

아이 이러바웃 에브뤼씽

　• eat의 [t]가 [r]로 바뀌며 about과 연음 됩니다.

D The **meat** is **too** fatty.　　　　고기가 기름기가 너무 많아요.

더 미리즈 투 패리

　• meat의 [t]가 [r]로 발음되면서 is와 연음 되고, fatty의 tt는 [r]로 발음됩니다.

D I don't like **greasy** food.　　　저는 기름진 음식은 좋아하지 않습니다.

아이돈 라익 그뤼시 푸드

E I don't like **hot** food.　　　　　저는 매운 음식은 좋아하지 않습니다.

아이돈 라익 핫 푸드

E The **meat** is **too** lean.　　　　고기가 기름기가 너무 없어요.

더 미리즈 툴린

» It's **too** hot.　　　　　　　　　　너무 맵습니다.

이쯔 투 핫

　• salty [쏠티] 짠, sour [싸월] 신, bitter [비럴] 쓴, tough [터프] 질긴, spicy [스파이씨] 매운, sweet [스윗] 달콤한, creamy [크뤼미] 고소한, watery(bland) [워러뤼(블랜드)] 싱거운, tasty [테이스띠] 맛있는, delicious [딜리셔스] 맛있는, tasteless(yucky) [테이슬리스(야키)] 맛없는, fishy [피쉬] 비린내 나는, disgusting [디스거스띵] 역겨운, fresh [프레쉬] 신선한, stale [스떼일] 상한 맛이 나는

A **What** would you **like** / for **dessert**?　　디저트는 무얼 드릴까요?

왓 우쥴라익 폴 디절트

B **Apple**, please.
애쁠, 플리즈

사과 주세요.

A Can you have **another** drink?
캔뉴 해브 어나덜 쥬링크

한 잔 더 하시겠어요?

B I'm **full**. I can't eat **anymore**.
아임 풀. 아이 캔 잇 애니모얼

배가 부릅니다. 더 이상 못 먹겠습니다.

B **Nature** is **calling**.
네이춰뤼즈 콜링

화장실 가고 싶어요.

» I have to **pee**.
아이 햅투 피

소변 좀 봐야겠어요.

» I have to **use** the **bathroom**.
아이 햅투 유즈더 배쓰룸

화장실 좀 사용해야겠어요.

A Do you want **big** or **small**?
두유 원 빅 오얼 스몰

소변 보실래요, 대변 보실래요?

• 우리는 큰 것을 대변, 작은 것을 소변이라고 하지만 영어는 반대로 큰 것을 소변 작은 것을 대변이라고 한다.

B I'm **sorry** / I have to **leave**.
아임 쏘뤼 아이브 툴 리브
미안하지만 가야겠습니다.

C I've **got** to **take** off **now**.
아입 가러 테이꺼프 나우
이제 가 봐야겠어요.

• got to의 t t는 [r]로 발음되면서 연음 되고, take는 off와 연음 되면서 [k]가 된소리로 바뀝니다.

D I'm **with** you. Let's go.
아임 위쥬. 레쯔 고우
나도 같이 갈래요. 갑시다.

A Is it **really** that **time**?
이즈잇 뤼얼리 댓 타임
벌써 시간이 그렇게 됐습니까?

A Can't you **stay** / a **little longer**?
캔츄 스떼이 어리를 롱걸
좀 더 계실 수 없습니까?

A **Why** don't you **stay longer**?
와이 돈츄 스떼일 롱걸
좀 더 있다가 가시지 그래요?

B I **like** to / but I really have to **get back**.
아일라익투 버라이 뤼얼리 햅투 겟 백
그러고 싶지만 정말 가봐야 합니다.

B **Thank** you / for your **hospitality**.
쌩큐 폴 유얼 하스퍼텔러리
환대해 주셔서 감사합니다.

• hospitality의 ita의 [t]는 모음 사이에 있으나 약모음과 강모음사이에 있으므로 [t] 발음을 분명하게 내야하며, ity의 [t]는 강모음과 약모음사이에 있으므로 [r]로 발음됩니다.

C I **really enjoyed** visiting.
아이 뤼얼리 인조이드 비지링
정말 재미있게 놀다 갑니다.

A **Come** and **see** me **often**.
컴 앤 씨미 오픈
종종 오세요.

≫ Please **come** to my **house** / **next** time.
플리즈 컴투 마이 하우스 넥슷 타임
다음에 또 저희 집에 놀러오세요.

B Yes, I had a very good time.　　　　　　예, 너무 즐거웠습니다.
예스, 아이 해더 베뤼 굿 타임

A Take care of yourself.　　　　　　　조심해서 가세요.
테익 케어뤄브 유얼셀프

B We will see you again.　　　　　　　또 봅시다.
윌 씨유 어겐

A Drive carefully / on the way home.　　운전 조심해서 가세요.
쥬롸이브 케어플리 언더 웨이 호움

≫ Drive with caution.　　　　　　　　　운전 조심해서 가세요.
쥬롸이브 윗 카션

≫ Get there a minute later / but get there.　늦더라도 안전하게 가세요.
겟 데어뤄 미닛 레이럴 벗 겟 데얼

UNIT 27 전화 걸고 받기

🎧 27
등장인물: A 고객 / S 직원

A The phone's **ringing**. 전화가 왔어요.
더 포운즈 륑잉

A Can you **pick** it **up**? 전화를 받아 주실래요?
캔뉴 피끼럽
• pick [k]는 된소리 [ㄲ]으로, it의 [t]는 [r]로 바뀌면서 세 단어가 연음 됩니다.

» Could you **answer** it / **for me**? 전화를 좀 받아 주시겠어요?
쿠쥬 앤써릿 폴미
• could가 can보다 더 정중한 표현이고, please가 들어가면 가장 정중한 표현이 됩니다.

» **Somebody** answer the **phone**! 누가 전화 좀 받아 주세요.
썸바리 앤썰 더 포운
• body의 [d]는 모음 사이에 있으므로 [r]로 발음됩니다.

B Ok. I'll **get** it. Hello? 좋아. 내가 받을 게요. 여보세요?
오우케이. 아일 게릿. 헐로우

C I'd like to **speak** to **Jin Ho**. 진호와 통화할 수 있을까요?
아잇 라익 투 스삑 투 진호
• speak 뒤에 with를 넣어도 같은 의미가 됩니다.

» Can I **talk** to **Jin Ho**? 진호와 통화할 수 있을까요?
캐나이 톡투 진호

» May I **speak** to **Jin Ho** / **if he is in**? 진호가 있으면 좀 바꿔 주시겠습니까?
메아이 스삑 투 진호 이프 히 이즈 인?
• 빠르게 말할 때 he의 [h]가 생략되면서 연음 되어 [이피이진]과 같이 발음됩니다.

B Could you **repeat** that, **please**? 다시 한번 말씀해 주시겠어요?
쿠쥬 뤼핏 댓 플리즈
• repeat의 [t]는 생략되고 that의 [t]는 [p]로 발음됩니다.

B We have a **bad connection**.

위 해버 뱃 커넥션

연결 상태가 좋지 않습니다.

C No, I **think** it is / **because** I'm in the **basement**.

노우, 아이 씽크 이리즈 비커우즈 아이민더 베이스먼트

아니요, 제가 지하실에 있어서 그런 것 같아요.

C Can you **hear** me?

캔뉴 히얼 미

내 말 들립니까?

B Your **voice** is not **clear**.

유얼 보이시즈 낫 클리얼

당신 말이 잘 안 들립니다.

≫ I can't **hear** you.

아이 캔티얼 유

· hear의 [h]가 생략되면서 can't와 연음 됩니다.

잘 안 들립니다.

C **Something's wrong** with my **phone**.

썸씽즈 륑 윔 마이 포운

· with의 th는 [m]에 동화되기 위해 [b]로 바뀝니다.

제 전화기에 이상이 있는 것 같아요.

C I'll **call** you **back** on / **another** line.

아일 콜류 배껀 어나덜 라인

· call은 [코을]을 빠르게 [콜]로 발음하고 back on은 연음 됩니다.

다른 전화기로 다시 걸겠습니다.

C **How's** this **now**? Can you **hear** me **now**?

하우즈 디스 나우? 캔뉴 히얼미 나우

지금은 어때요? 이제 잘 들립니까?

B Would you **speak** a **little** louder, **please**?

우쥬 스삐 껄 리를 라우럴, 플리즈

· speak와 a가 연음 되면서 뒤에 오는 l의 [ㄹ] 발음 하나를 끌어 오고, louder의 [d]는 [r]로 바뀝니다.

좀 더 크게 말씀해 주시겠어요?

C Could I please **speak** to **Jin Ho**?

쿠라이 플리즈 스삑 투 진호

· could의 l은 소리 나지 않고 [d]는 부드러운 [r]로 바뀝니다.

진호 좀 바꾸어 주시겠습니까?

B The **line** is **busy**.

덜라이니즈 비지

통화중입니다.

≫ He's **on** the line **now**.

히전 덜 라인 나우

그는 지금 통화중입니다.

B Would you **call** back **later**, please?　　나중에 다시 걸어 주시겠습니까?

우쥬 콜 백을 레이럴, 플리즈

・back later에서 back 뒤에 [을]을 아주 약하게 붙여 발음합니다.

B I've a **call** on the **other line**.　　다른 전화가 왔습니다.

아이버 콜런 디아덜 라인

・I've a, call on은 연음 됩니다.

C I've **taken up** / **so much** of your **time**.　　시간을 너무 빼앗은 것 같군요.

아이브 테이꺼넙 쏘우 머취 어브 유얼 타임

・taken의 [k]는 앞에 강모음이 오므로 된소리 [ㄲ]로 소리나며 up과 연음 됩니다.

C I'll **call** you **later**.　　나중에 전화하겠습니다.

아일 콜 율 레이럴

C Is Mr. **Jin Ho** in (there)?　　진호 씨 계십니까?

이즈 미스터 진호 인 (데얼)

B **Who's** calling, please?　　누구시죠?

후즈 콜링, 플리즈

》 **Who** am I **speaking** to?　　누구시죠?

후 애마이 스삐낑 투

・speaking의 sp 뒤에 강모음이 오므로 [p]는 [ㅃ]로 발음되고, [k] 앞에 강모음이 오므로 [k]는 [ㄲ]로 발음됩니다.

》 May I **ask who's** calling?　　누구시죠?

메아이 애슥 후즈 콜링

》 **Who's** this?　　누구시죠?

후즈 디스

・빠르게 말할 때 this의 th가 생략되고, Who's와 연음되어 [후지스]와 같이 발음됩니다.

C **Hello**, This is **Jenny**.　　여보세요, 제니입니다.

헐로우, 디스 이즈 제니

C I'm in the same company / as **Jin Ho**.　　진호와 같은 회사에 있습니다.

아이민더 쎄임 캄퍼니 애즈 진호

B He's on **another line** now.　　지금 다른 전화를 받고 있습니다.

히전 어나덜 라인 나우

C Could you **ask** him to **call** me /
as soon as **possible**?

쿠쥬 애스킴 투 콜미 애즈수내즈 파써블

• as soon as possible을 asap[에이쌥]과 같이 약자로 쓰기도 합니다.

가능한 한 제게 빨리 전화 달라고
전해주시겠습니까?

B Please **hold** the **line**.

플리즈 호울 덜 라인

끊지 말고 기다리세요.

» **Hold** on, please.

호울런, 플리즈

• hold의 [d]는 약화되어 잘 들리지 않고, on과 연음 됩니다.

기다려 주세요.

» Just a **moment**.

쥐스떠 모우먼트

잠깐만 기다려주세요.

» **Hold** on a **second**, please.

호울러너 세컨, 플리즈

• hold on a는 연음 됩니다.

잠깐만 기다려주세요.

» Would you **like** to **wait**?

우쥴라익 투 웨잇

잠깐만 기다려주시겠어요?

» **Hold** on a **minute**, please.

호울러너 미닛, 플리즈

잠시만 기다려주세요.

B I'll **put** you **through**.

아일 푸츄 쓰루

연결해 드리겠습니다.

» I'll **put** him on the **line**.

아일 풋 힘 언덜라인

• 빠르게 말할 때 put의 t는 [r]로 바뀌고 him의 [h]는 생략되며 [i]는 [ə]로 발 음되어 [푸럼]과 같이 발음됩니다.

전화를 연결해 드리겠습니다.

» I'll **get** him **right away**.

아일 겟 힘 라이러웨이

• 빠르게 말할 때 get him은 [게럼]과 같이 발음합니다. right의 t가 [r]로 바뀌며 a와 이어서 한 단어처럼 발음합니다.

즉시 연결해 드리겠습니다.

» I'll **connect** you / with the **person** in **charge**.

아일 커넥츄 윗 더 펄서닌 촬쥐

담당자에게 연결해 드리겠습니다.

» I'll **connect** you with **him**.

아일 커넥츄 윗 힘

그와 연결해 드리겠습니다.

B **Jin Ho**, There is a **call** for **you**.
진호, 데어뤼저 콜 폴유

진호, 전화 받아요.

B **Jenny** would like to **speak** / to **you**.
제니 웃 라익 투 스삑 투유

제니가 당신과 통화하기를 바랍니다.

≫ You've **got** a **call** / from a **friend**.
유브 가러 콜 프로머 프뤤드

친구한테서 전화가 왔습니다.

≫ It's your **girlfriend** / on the **line**.
이쯔 유얼 거을프뤤드 언덜 라인

여자 친구한테서 온 전화입니다.

 • girl은 [걸]에서 혀를 말고 [을]을 울리면서 [프뤤드]로 넘어가듯 발음합니다.

A **Hello**, **Jin Ho** speaking.
헐로우, 진호 스삐킹

여보세요, 진호입니다.

≫ This is **Jin Ho**. **How** are you?
디스이즈 진호. 하우 알 유

진호입니다. 안녕하세요?

≫ **Yes**, this is **he**.
예스, 디스이즈 히

예, 접니다(전화 바꾸었습니다).

≫ It's **me**.
이쯔 미

나야. [친한 사이에서 사용하는 표현]

≫ **Speaking**.
스삐킹

접니다.

 • 뒤를 올려서 발음합니다.

C I was **expecting** / your **call**.
아이 워즈 익스빽팅 유얼 콜

전화를 기다리고 있었어요.

C It's **good** to **hear** your **voice** again.
이쯔 굿 투 히얼 유얼 보이써겐

목소리 다시 들으니 반갑습니다.

A Wait a **second**. I have to **answer** the **door**.
웨이러 쎄컨드. 아이 햅터 앤썰더 도얼

잠깐 기다려. 누군가 온 모양이야.

A I'm **kind** of **busy** at the **moment**.
아임 카이너브 비지 앳더 모우먼트

내가 지금 좀 바빠.

A I'll **call** you **back** in / just a **few minutes**.   내가 바로 전화할게.

아일 콜 유 배낀 줘스떠 퓨 미닛쯔

C **OK**.   좋아.

오우케이

C Call me **anytime** / you **want**.   하고 싶을 때 언제든지 전화해.

콜 미 애니타임 유 원트

C And **if** I'm not **home**, just **leave** me a **message**.   그리고 내가 없으면 메시지 남겨.

앤 이파임 낫 호움, 줘슬리브 미 어 메시쥐

* if I'm은 이어서 빠르게 말하고, just의 [t]가 생략되고 leave와 이어서 발음합니다.

A **Hello**, I'd like to **speak** / to Mr. **Kim**.
헐로우, 아잇라익 투 스삑 투 미스터 킴

여보세요, 미스터 김과 통화하고 싶습니다.

B **Whom** would you **like** / to **speak** to?
훔 우쥴라익 투 스삑 투

어느 분과 통화를 하고 싶습니까?

A Can I **speak** / to **Jin Ho Kim**?
캐나이 스삑 투 진호 킴

김진호 씨 좀 바꾸어 주시겠습니까?

B I'm sorry. He's in a **meeting** /
so he can't **come** to the **phone** / **right now**.
아임쏘뤼. 히즈이너 미링 쏘우 히 캔 컴투더 포운 롸잇나우

죄송합니다. 그분은 회의 중이라서 전화를 받을 수 없습니다.

• He's in a는 연음 되어 [히지너]처럼 발음됩니다. phone 등의 ph는 항상 [f]로 발음됩니다.

B He's not **able** to **come** to the **phone** / **right now**.
히즈 낫 에이블 투컴 투더 포운 롸잇나우

지금 전화를 받을 수 없습니다.

• not의 [t]가 [r]로 바뀌면서 able과 연음 됩니다.

B Mr. **Kim** is in **conference** now.
미스터 킴 이즈인 칸프뤈스 나우

미스터 김은 지금 회의 중입니다.

» The **line** is **busy**.
덜 라이니즈 비지

지금 통화중입니다.

• busy 대신 engaged [인게이쥐드]를 사용할 수 있습니다.

» He has **someone** with him **right now**.
히 해즈 썸원 윗 힘 롸잇나우

지금 손님과 이야기하고 있습니다.

» He's **kind** of **busy** at the **moment**.
히즈 카이너브 비지 앳더 모우먼트

그는 지금 좀 바쁩니다.

» He's in the **middle** of **something**
quite **important**.
히즈인더 미드러브 썸씽 콰잇 임폴턴트

그는 지금 중요한 일을 하고 있습니다.

A That's all **right**, I don't **mind** **waiting**.
대쯔 오얼롸잇, 아이돈 마인드 웨이링

괜찮습니다. 기다리지요.

A **Hello**, may I **speak** to **Jin Ho**, please?   여보세요, 진호 좀 바꿔 주시겠어요?

헐로우, 메아이 스삑 투 진호, 플리즈

B I'm **sorry**, he's **not** at his **desk**.   미안합니다만, 자리에 없습니다.

아임 쏘뤼, 히즈 낫 앳 히즈 데스크

• 빠르게 말할 때 not at의 [t]는 모두 [r]로 바뀌고 his의 [h]가 생략되면서 [나래리즈]와 같이 발음합니다.

» He's **not around** / at the **moment**.   지금 여기에 안 계십니다.

히즈 나러롸운드 앳 더 모우먼트

• not의 [t]가 모음 사이에 있으므로 [r]로 바꾸고 around와 이어서 발음합니다.

B You just **missed** him.   금방 나갔습니다.

유 쥐슷 미슷 힘

• just의 [t]는 자음 사이에 있으므로 생략되고, missed의 ed는 [t]로 발음되는데 빠르게 말할 때 him의 [h]가 생략되면서 [엄] 발음이 t와 연음 되어 [미스떰]과 같이 발음 됩니다.

» He just **stepped out**.   금방 나갔습니다.

히 쥐슷 스텝타웃

• just의 st는 뒤에 같은 발음이 나오므로 생략하고 stepped의 ed는 [t]로 발음되고 out과 연음 됩니다.

B He's **not here**.   여기에 없습니다.

히즈 낫 히얼

• 빠르게 말할 때 here의 [h]가 생략되고 not의 [t]가 [r]로 바뀌면서 연음 됩니다.

» I'm **afraid** / he's **not here** / **right now**.   미안합니다, 지금 여기에 없습니다.

아임 어프뤠이드 히즈 낫 히얼 롸잇나우

B He's not **available**.   자리에 없습니다.

히즈 낫 어베일러블

» I'm **afraid** / you just **missed** him.   방금 나갔습니다.

아임 어프레이드 유 쥐슷 미슷 힘

A **Where's** he **gone**?   어디 갔습니까?

웨얼즈 히 곤

B He's **out right now**.   지금 외출 중입니다.

히즈 아웃 롸잇 나우

≫ He's **out** on **business**.
히즈 아우런 비즈니스

· out의 t가 [r]로 발음되면서 세 단어가 연음 됩니다.

그는 외근 중입니다.

≫ He's **not** in his **office**.
히즈 낫 인 히즈 오피스

사무실에 안 계십니다.

B He didn't **let** on / **where** he was **off** to.
히 디른 렛 언 웨얼 히 워즈 오프 투

· 빠르게 말할 때 let의 [t]가 [r]로 바뀌면서 on과 연음 되어 [레런]과 같이 발음됩니다. was off는 [워죠프]와 같이 발음됩니다.

어디 가신다는 말씀은 없었습니다.

B He's **out** to **lunch**.
히즈 아우 툴 런취

점심식사 하러 나갔습니다.

A **What time** will he be **back**?
왓 타임 윌히비 백

몇 시에 돌아옵니까?

≫ **When** do you **expect** him **back**?
웬 두유 익스빽 힘 백

언제 돌아올까요?

B We **expect** him **back** / after **one**.
위 익스빽 힘 백 앱털 원

1시 이후에 돌아올 것 같습니다.

≫ He'll be **back** in about **10 minutes**.
힐 비 배키너바웃 텐 미닛쯔

· in은 10분 안에 온다는 의미가 아니라 10분 후 온다는 의미입니다.

약 10분 후에 돌아올 겁니다.

B Can you **call** me **back in about 10** minutes?
캔뉴 콜미 배키너바웃 텐 미닛쯔

10분 후에 다시 전화해 주시겠어요?

B I'm **sure** / he'll be **back** around **four**.
아임 슈얼 힐비 배커라운드 폴

· back around 대신 'back about [배커바웃]'을 사용할 수 있습니다.

4시경에 틀림없이 돌아오실 겁니다.

B Would you **like** to **talk** / to **someone else**?
우쥴 라익 투톡 투 썸원 엘스

다른 사람이라도 통화하시겠습니까?

A **No**, I'll **call** you / **back later**.
노우, 아일 콜류 백 레이럴

· later의 [t]는 모음 사이에 있으므로 [r]로 바뀝니다.

아니요, 나중에 다시 걸겠습니다.

B Do you mind **calling** / **back later**?
두유 마인드 콜링 백 레이럴

나중에 다시 걸어 주시겠습니까?

A **Hello**, is there Mr. **Kim**?
헬로우, 이즈 데얼 미스터 킴

미스터 김 계십니까?

B Mr. **Kim** <u>is</u> in the **toilet** / at the **moment**.
미스터 킴 이즈 인더 토일릿 앳더 모우먼트

미스터 김은 지금 화장실에 갔습니다.

» He **won'<u>t</u>** be **back** / in the **office today**.
히윔비 백 인디 오피스 투데이

그는 오늘 회사에 들어오지 않습니다.

» I'm **afraid** / he's **left** for the **day**.
아임 어프레이드 히즐렙트 포더 데이

그분은 퇴근했습니다.

B I'll **have** him **call** you / as soon as he **comes back**.
아일 해브 힘 콜류 애즈수내즈 히 컴즈 백

그가 돌아오는 대로 전화하도록 하죠.

» Shall <u>I</u> **have** him / **call** you **back**?
쉘라이 해브 힘 콜류 백

그에게 전화 드리라고 할까요?

A Can you **contact** him?
캔뉴 컨택트 힘

그와 연락이 됩니까?

B He's **no longer** / with **this firm**.
히즈 노울롱걸 윗 디스 피음

그는 회사를 그만두었습니다.

A **Where** can I **reach** him?
웨얼 캐나이 뤼취 힘

어디로 걸면 그와 연락이 됩니까?

B I don't **know**.
아이 돈 노우

모르겠습니다.

A Did you **try** / his **cell** phone **number**?
디쥬 츄라이 히즈 쎌포운 넘벌

그의 휴대전화로 해보셨어요?

B He doesn't **answer**.
히 더즌 앤썰

전화를 안 받습니다.

A Good **morning**. This is **Jin Industry**.
굿모얼닝. 디스이즈 진 인더스츄뤼

안녕하세요? 진 산업입니다.

B **Hello**, I'd like to **speak** / to Mr. **Jin Ho Kim**.
헐로우, 아잇라익 투 스삑 투 미스터 진호 킴

안녕하세요? 김진호 씨 좀 바꿔 주시겠습니까?

» Is Mr. **Kim available**?
이즈 미스터 킴 어베일러블

김 씨 계십니까?

A May I **ask** / **who's** calling, please?
메아이 애슥 후즈 콜링, 플리즈

실례지만 누구십니까?

B This is **Tom Brown** of **DIM Enterprises**.
디스 이즈 탐 브롸운 어브 딤 엔털프라이지즈

딤 상사의 탐 브라운입니다.

• nt는 모음 사이에 있으므로 [t]는 발음이 생략됩니다.

A Mr. **Kim** is **out** of the **office** now.
미스터 킴 이즈 아우러브 디 오피스 나우

지금 미스터 김은 외출중입니다.

• out의 [t]가 [r]로 바뀌면서 is out of는 연음 됩니다.

A If it's **urgent** / I can **page** Mr. **Kim**.
이핏쯔 얼전트 아이캔 페이쥐 미스터 킴

급한 일이면 미스터 김을 호출해 드리겠습니다.

B No. I'd **like** to **speak** /
to the **department manager**, please.
노우. 아잇라익 투스삑 투더 디팔트먼트 매니절, 플리즈

아니요. 부서장님과 통화하고 싶습니다.

A He's **out now**.
히자웃 나우

지금 자리에 안 계십니다.

A Would you **like** to **speak** / to **someone** /
in the **same department**?
우쥴라익 터 스삑 터 썸원 인 더 쎄임 디팔트먼트

같은 부서의 다른 사람과 통화 하시겠습니까?

B No, **thank** you. **When** is he **expected back**?
노우, 쌩큐. 웨니즈 히 익스빽티브 백

아니요, 언제 돌아옵니까?

• [d]는 [b]에 동화되기 위해 [b]로 발음됩니다.

A He didn't **say**, but I **expect** him / **back** around / **two o'clock**.

히 디든 쎄이, 버라이 익스빽 힘 배커롸운 투 어클락

• 빠르게 말할 때 him은 [h]가 생략되고 [엄]으로 앞 단어와 연음 됩니다. around의 d가 생략되면서 back과 연음 됩니다.

말하지 않았지만 2시경에는 돌아올 것 같습니다.

A Should I **tell** him / you **called**?

슈라이 텔 힘 유 콜드

• [d]가 [r]로 바뀌면서 I와 연음 됩니다.

전화 왔었다고 전해드릴까요?

» Shall I **have** him **call** you **back** / as soon as he **returns**?

쉘라이 해브 힘 콜류 백 애즈수내즈 히 뤼터은즈

돌아오는 대로 전화하라고 할까요?

B **No**. Please don't **bother**.

노우, 플리즈 돈 바덜

• don't의 [t]는 생략합니다.

그럴 필요 없습니다.

B Please **take** this **message** / for **me**.

플리즈 테익 디스 메씨쥐 폴미

이 메모를 남겨주세요.

B Please **tell** him / **Brown called**.

플리즈 텔 힘 브롸운 콜드

브라운이 전화했었다고 전해주세요.

» Can you **ask** him / to **call** me **back later**?

캔뉴 애스킴 투 콜미 백 레이럴

나중에 저에게 전화해 달라고 전해 주시겠어요?

» Please **ask** him/to **call** me/ as soon as he **gets back**.

플리즈 애스킴 투콜미 애즈수내즈 히 게쯔 백

돌아오는 대로 저한테 전화해 달라고 전해주세요.

B Please **give** him / **this message** / as soon as you **can**.

플리즈 깁 힘 디스 메씨쥐 애즈수내즈 유 캔

가능한 한 빨리 이 메세지를 그에게 전해 주세요.

A I'll **tell** him / that you **called**.

아일 텔힘 대츄 콜드

전화하셨다고 그에게 전하겠습니다.

A I'm **sorry**. Could you **repeat** your **name** / and the **name** of your **company**?
아임쏘뤼. 쿠쥬 뤼핏 유일 네임 앤더 네이머브 유얼 캄퍼니

미안하지만 이름과 회사명을 다시 한 번 말씀해 주시겠어요?

B This is **Tom Brown** of **DIM Enterprises**.
디시즈 탐 브롸운 어브 딤 에널프라이지즈

DIM 상사의 탐 브라운입니다.

A **How** do you **spell** your **name**?
하우 두유 스뻴 유얼 네임

이름을 어떻게 쓰면 되죠?

≫ Would you **spell** your **name**?
우쥬 스뻴 유얼 내임

성함 철자를 불러 주시겠습니까.

B **Tom Brown**. It's **T-o-m B-r-o-w-n**.
탐 브롸운. 이쯔 티 오우 엠 비 알 오우 더블유 엔

탐 브라운입니다.

A May I **have** your **number**?
메아이 해브 유얼 넘벌

당신의 전화번호를 알려 주시겠습니까?

B My **number** is **3145-6789**.
마이 넘버뤼즈 쓰뤼 원 폴 파입 식스 세븐 에잇 나인

전화번호는 3145-6789입니다.

A I'll make **sure** / he **gets** your **message**.
아일 메익 슈얼 히 게쯔 유얼 메씨쥐

확실하게 전해드리겠습니다.

　• make 대신 be [비]를 사용할 수 있습니다.

A Is it **urgent**?
이즈잇 얼전트

급한 일입니까?

　• be, do, have, 조동사로 시작하는 의문문은 문장 끝을 부드럽게 올립니다.

B **Yes**, it's **rather important**.
예스, 이쯔 뤠덜 임폴턴트

예, 좀 중요한 일입니다.

A Would you **like** / to **leave** a **message**?
우쥴라익 툴 리버 메씨쥐

메모를 남기시겠습니까?

≫ May I **take** a message?
메아이 테이꺼 메씨쥐

메모를 남기시겠습니까?

B Could you **tell** him / that I'll **arrive** at **6** a.m. / **instead** of **6** p.m.?

쿠쥬 텔 힘 댓 아일 어롸이브 앳 씩스 에이엠

인스떼러브 씩스 피엠

제가 오후 6시가 아니고 오전 6시에 도착한다고 전해 주시겠습니까?

A I'll **pass** along the **message**.

아일 패스 얼롱더 메씨쥐

그렇게 전해 드리겠습니다.

B **Thank** you **so much**.

쌩큐 쏘우 머취

대단히 감사합니다.

C Did **anyone call**?

디드 애니원 콜

누가 전화했었나요?

C Any **messages** or **phone calls**?

애니 메씨쥐즈 오얼 포운 콜즈

· 의문문이라도 or 앞을 올려주고 문장 끝은 내려 줍니다.

메시지나 전화 왔었나요?

C Were there any **calls** for **me**?

월 데얼 애니 콜즈 폴미

· 대화에서 there의 th가 생략되면서 Were와 연음 됩니다.

나한테 전화 온 거 있었어요?

A Mr. **Brown sends** you his **regards**.

미스터 브롸운 쎈쥬 히즈 뤼갈즈

· sends의 [d]는 자음 사이에 있으므로 생략되고 you와 연음 됩니다.

브라운 씨가 안부전해 달라고 하십니다.

B Did you **get** my **message** across to **you**?

디쥬 겟 마이 메씨쥐 어크로스 투유

당신에게 보낸 내 메시지 받았어요?

C I'm **sorry** / I didn't **return** your **call earlier**.

아임쏘뤼 아이 디른 뤼털은 유얼 콜 얼리얼

전화가 늦어서 미안합니다.

C I was out **all day**.

아이 워자웃 올데이

· 빠르게 말할 때 was out은 연음 됩니다.

하루 종일 밖에 있었어요.

B It's **good** to **hear** your **voice**.

이쯔 굿 투 히얼 유얼 보이스

목소리 들으니 반갑습니다.

C **Nice talking** to you.
나이스 토킹 투유

얘기 정말 즐거웠습니다.

B I'm **glad** you **called**.
아임 글래쥬 콜드

전화해 줘서 기쁩니다.

≫ **Thank** you for **calling**.
쌩큐 폴 콜링

전화해 줘서 고마워요.

C I've **taken up** / **so much** of your **time**.
아이브 테이크넙 쏘우 머취 어브 유얼 타임

당신 시간을 너무 많이 빼앗은 것 같군요.

C You've been **very generous** / with your **time**.
윱 빈 베뤼 줴너뤄스 위쥬얼 타임

시간을 내주셔서 감사합니다.

C I have to **go now**.
아이 햅투 고우 나우

이제 그만 끊어야겠습니다.

≫ We'd **better finish** up.
윗 베럴 피니쉬 업

이만 통화를 끝내야겠어요.

B **Hello**, Is this **222-4411**?
헐로우, 이지스 투투투 포뤼폴일레븐

여보세요, 222-4411 번입니까?

A You've **got** the **wrong number**.
유브 갓더 륑 넘벌

잘못 걸었습니다.

≫ I **believe** / you dialed **incorrectly**.
아이빌리브 유 다이얼드 잉커뤠클리

전화 잘못 걸었어요.

· incorrectly의 inc는 n이 c[k] 발음에 동화되기 위해 [ㅇ] 발음으로 되고, ctly에서 t는 생략된다.

≫ I **think** / you've **dialed** the **wrong number**.
아이 씽크 유브 다이얼 더 륑 넘벌

전화를 잘못 거신 것 같습니다.

· 빠르게 말할 때 dialed의 [d]는 뒤에 the가 오므로 생략되고, 과거분사이지만 현재형처럼 발음되는 것을 주의하세요.

≫ **Wrong** number.
륑넘벌

잘못 걸었어요.

A **What number** <u>did you</u> **call**?

왓 넘벌 디쥬 콜

몇 번에 걸었어요?

» **What number** are you **dialing**?

왓 넘벌 알유 다이얼링

몇 번에 걸었어요?

B Isn't Mr. **Jin Ho** there?

이즌 미스터 진호 데얼

진호씨 안계십니까?

A I can't **hear** you **very well**.

아이 캔 히얼 유 베뤼 웰

잘 안 들립니다.

· can't는 강하게 [캔]으로 발음하거나, 빠르게 말할 때 hear의 [h]가 생략되면서 연음 되어 [캔티얼]로 발음됩니다.

A There is **no** one **here** by **that** name.

데어리즈 노우 원 히얼 바이 댓 네임

여기에 그런 사람 없습니다.

· one here은 빠르게 말할 때 [h]가 생략되면서 연음 되어 [워니얼]과 같이 발음됩니다.

A **This** is **224-4441**.

디스 이즈 투투폴 포뤼포포뤼원(더블투폴 츄리플포원)

여기는 224-4441번입니다.

· 빠르게 말할 때 22를 double two, 444를 triple four로 말합니다. 같은 숫자 2개가 연달아 나올 때 double을 쓰고, 3개가 연달아 나올 때 triple을 사용합니다.

B **Oh**, I'm **sorry**.

오우, 아임 쏘뤼

아, 죄송합니다.

A Mr. **Jin Ho**, there's a **call** for **you**.

미스터 진호, 데얼저 콜 폴유

진호씨 전화 왔습니다.

C **Who** is **it**?

후이짓

누구지?

A You've a **telephone call** / from a Mr. **Brown** / from **New York**.

유브어 텔레포운 콜 프로머 미스터 브롸운 프롬 뉴욕

뉴욕에서 브라운씨로부터 전화가 왔습니다.

· ph는 항상 [f]로 발음됩니다.

A There's a **call** for you / on **line 3**.

데얼저 콜 폴 유 언라인 쓰리

3번으로 전화왔습니다.

C Hello. The **line** is **bad**.
헐로우. 덜 라인 이즈 뱃

여보세요. 연결 상태가 안 좋습니다.

» The **lines** are **crossed**.
덜 라인잘 크로슷

전화가 혼선됐습니다.

C I'll **hang** up and **call** you **back**.
아일 행업 앤 콜 유 백

제가 끊고 다시 걸겠습니다.

· 빠르게 말할 때 and는 [언]으로 발음되어 앞 단어에 연음 됩니다.

» I'll **call** you / **back** in an **hour**.
아일 콜 류 배킨 언 아우얼

한 시간 후에 다시 걸겠습니다.

· 빠르게 말할 때 hour의 [h]가 생략되면서 [배키너나월]과 같이 전체가 연음 됩니다.

C Hello. This is **Kim**.
헐로우. 디씨즈 킴

저는 김입니다.

B I was **expecting** your **call**.
아이 워즈 익스빽팅 유얼 콜

전화 기다리고 있었어요.

C One of our **English** speaking / **staff members** /
will **come** / to the **phone**.
워너브 아우얼 잉글리쉬 스삐킹 스땝 멤벌즈 윌 컴 투더 포운

직원 중에 영어를 하는 사람을 바꾸겠습니다.

D I'm **calling** on behalf of / Mr. **Kim**.
아임 콜링언 비해퍼브 미스터 킴

미스터 김을 대신해서 전화를 드리는 겁니다.

B The **items ordered** were **damaged** /
on **delivery**.
디 아이럼즈 오덜드 워 대미쥐던 딜리버뤼

주문한 상품이 수송 중에 손상되었습니다.

· items의 [t]는 [r]로 바뀌고 damaged와 on은 연음 됩니다.

D How **bad** was the **damage**?
하우 뱃 워즈더 대미쥐

어떻게 손상되었습니까?

B We're **afraid** / that **half** of the **items** are **damaged**.
위얼 어프뤠이 댓 해퍼브 디 아이럼잘 대미쥐드

물건의 절반이 손상된 것 같습니다.

D We're **sorry**.
We'll be **glad** to **exchange** them.

위얼 쏘뤼. 월 비 글래투 익스췌인쥐 댐

죄송합니다.
기꺼이 교환해 드리겠습니다.

PART 3
장소·상황별 대화 나누기

생활 속에서 자주 방문하는 곳들은 어디인가요? 밥을 먹으러 가거나, 물건을 사러 가기도 하고, 대중교통도 자주 이용하게 되죠. 아플 때 병원이나 약국을 가거나, 볼일이 있어 은행과 우체국을 가기도 합니다.

Part 3에서 식당, 상점, 대중교통, 영화관, 병원/약국, 은행, 우체국 등 각각의 장소에서 상황별로 나누는 대화를 연습합니다. 실제 장소를 방문했던 경험을 바탕으로 상황에 몰입해서 연습해 보세요.

UNIT 31 식사 제안하기

A Would you **join** me / for **dinner today**?　　　오늘 저녁 식사 저와 같이 하시겠습니까?
우쥬 죠임미 폴 디널 터데이
　• would you는 [우쥬]와 같이 이어서 발음되고, join me[죠인 미]는 [죠임미]로 발음됩니다.

B **That** sounds **good**.　　　그거 좋죠.
댓 싸운즈 굿

A It's **on** me.　　　제가 살게요.
이쩐 미

B No, I'll **treat** you to **dinner**.　　　아니요, 제가 저녁 대접하겠습니다.
노우, 아일 츄뤼츄 투 디널
　• treat you는 [tr+모음]은 [tʃr]로 발음하고, you와 이어서 [츄뤼츄]로 발음합니다.

≫ Let me **take** you to **lunch**.　　　제가 점심 사겠습니다.
렛미 테이큐 툴 런취
　• Let me는 빠르게 말할 때 [렘미]로 발음됩니다.

A Do you **know** / any **good restaurant** for it?　　　어디 괜찮은 식당을 아세요?
두유 노우 애니 굿 뤠스츄뤈트 포릿

A Do you **have** a **particular place** / in **mind**?　　　특별히 생각하고 계신 식당이 있습니까?
두유 해버 팔티큘럴 플레이스 임 마인드
　• in의 [n]은 뒤의 [m] 발음과 동화되기 위해 [m]으로 바뀝니다.

B **Yes**, there's **one** in **downtown**.　　　네, 번화가에 하나 있습니다.
예스, 데얼즈 워닌 다운타운
　• one in[원 인]은 빠르게 말할 때 [워닌]과 같이 이어서 말합니다.

B **What's** your **favorite** dish?　　　어떤 음식을 좋아하세요?
와쮸얼 페이버륏 디쉬

B **What** do you want to **try**?
Korean / or **American**
왓 두유 원투 츄롸이? 커뤼언 오얼 어메뤼컨

뭘 드시고 싶으세요?
한국식이요, 미국식이요?

A I'd like **American** food.
아잇 라익 어메뤼컨 풋

미국 음식을 먹고 싶습니다.

B I **made** a **reservation** / **tonight** for **7**.
아이 메이러 뤠절베이션 투나잇 폴 쎄븐
· made의 [d]는 모음 사이에 있으므로 [r]로 발음합니다.

오늘 밤 7시에 예약했습니다.

M **What's** your **name**, please?
와쮸얼 네임, 플리즈

성함을 말씀해 주시겠습니까?

B **Brown**, **James Brown**.
브롸운, 제임스 브롸운

브라운, 제임스 브라운입니다.

M We don't **have** your **name** / on the **list**.
위돈 해브 유얼 네임 언덜 리슷

명단에 손님 성함이 없습니다.

B Please check the **list again**.
플리즈 췍 덜 리스떠겐
· list again[리스트 어겐]은 이어서 말할 때 list의 [t]가 된소리로 발음됩니다.

명단을 다시 확인해 주세요.

M **Oh**, **here** it **is**. I'm **terribly** sorry.
오우, 히얼 이리즈. 아임 테뤄블리 쏘뤼

오우, 여기 있습니다. 대단히 죄송합니다.

A I'm **hungry**.
아임 헝그뤼
· hungry 대신 starving [스딸빙], ravenous [뤠버너스]를 사용할 수 있습니다.

배가 고파요.

» My **stomach** is **growling**.
마이 스따머키즈 그로울링
· stomach의 [t]는 된소리로 발음하고, is와 이어서 말합니다.

배에서 꼬르륵 소리가 나요.

M Do you have **company**, sir?
두 유해브 컴퍼니, 써r

일행이 있습니까?

» Are you with **someone**?
알유 위드 썸원

일행이 있습니까?

B Yes, I've **company** coming.

예스, 아이브 컴퍼니 커밍

예, 올 사람이 있습니다.

• I hav[아이 해브]는 빠르게 말할 때 I've[아이브] 또는 [압]으로 발음합니다.

M How many are there / in your party?

하우 매니 알데얼 인 열 파뤼

일행이 몇 분이십니까?

• party에서 모음사이 [rt]의 [t] 발음은 생략합니다.

B Do you have a **table** / for **two**?

두유 해버 테이블 폴 투

두 사람 앉을 자리가 있어요?

M All seats are **currently** taken.

올 씨-짤 커뤈리 테이껀

지금은 자리가 모두 예약되었습니다.

• currently의 [ntl]은 자음사이 [t]를 생략하고 발음합니다.

≫ I'm **afraid** / there's **nothing available** / **right now**.

아임 어프레잇 데얼즈 나씽 어베일러블 롸잇 나우

지금 당장은 자리가 없을 것 같군요.

M Please **wait** to be **seated**.

플리즈 웨잇 투비 씨리드

자리가 날 때까지 기다려 주세요.

≫ First **come**, first **served**.

펄슷 컴 펄슷 썰브드

오는 순서대로 갖다 드립니다.

B How long do we **wait**?

하울롱 두위 웨잇

얼마나 기다려야 하죠?

• do we 대신 will we have to [윌 위 해브 투]를 넣어 문장을 만들 수 있습니다.

M I'm **afraid** / you'll have to **wait** / **another 10** minutes.

아임 어프뤠잇 율 햅투 웨잇 어나덜 텐 미닛쯔

죄송하지만 10분 더 기다리셔야 되겠습니다.

≫ The **wait** is **rather long**, sir.

더 웨이리즈 뤠덜 롱, 썰

꽤 오래 기다려야 되겠습니다.

M Please have a **seat here** / while you **wait**.

플리즈 해버 씻- 히얼 와일 유 웨잇

기다리시는 동안 여기 앉아계십시오.

• seat here[씻 히얼]을 빠르게 말할 때 here의 [h]가 생략되고 seat의 [t] 가 [r]로 발음되면서 [씨-리얼]과 같이 들립니다.

B Can I **get a table** / by the **window**?

캐나이 게러 테이블 바이더 윈도우

창 쪽 테이블에 앉을 수 있을까요?

M **Sure**. **Follow** me.

슈얼. 팔로우 미

물론입니다. 따라오십시오.

W Would you **like** to **order** now?　　　　지금 주문하시겠습니까?

우쥴라익 투 오어덜 나우

• order의 [rd]는 모음사이에 있으므로 d는 발음이 생략됩니다. order는 [아덜 /오덜/오얼덜]과 같이 발음되기도 합니다.

» Are you **ready** to **order** now?　　　　지금 주문하시겠습니까?

알유 뤠리 투 오어덜 나우

• ready의 [d]는 모음사이에 있으므로 [r]로 발음합니다.

» May I **take** your **order** now?　　　　지금 주문받아도 되겠습니까?

메아이 테익 열 오어덜 나우

B **Sure**. We are **ready** to **order**.　　　　예. 주문하겠습니다.

슈얼. 위얼 뤠리 투 오어덜

B Can I **see** the **menu**, please?　　　　메뉴 좀 볼 수 있을까요?

캐나이 씨더 메뉴, 플리즈

W **Here's** our **menu**, sir.　　　　메뉴 여기 있습니다.

히얼즈 아우얼 메뉴, 썰

• our는 [아우어] 또는 [아우얼]로 발음하고, 빠르게 말할 때 는 [아(얼)]로 발음합니다.

W **What** would you **like** to **have**?　　　　뭘 드시겠습니까?

왓 우쥴라익 투 해브

» **What** will **it** be?　　　　뭘 드시겠습니까?

왓 위릿비

A **What's** today's **special**?　　　　오늘의 특별요리가 뭐죠?

와쯔 투데이 스뻬셜

• today's [투데이즈]의 s[즈] 발음은 뒤의 [스] 발음과 비슷하므로 생략됩니다.

» **What's** good **here**?　　　　여기 뭐가 맛있죠?

와쯔 굿 히얼

• 빠르게 말할 때 here의 [h]가 생략되고 good의 [d]가 [r]로 바뀌면서 두 단어를 이어서 말합니다.

» **What's** your **specialty**?　　　　여기는 뭘 잘 해요?

와쮸얼 스뻬셜티

W Today's **special** is **steak**.　　　　　　　　　　오늘의 특별요리는 스테이크입니다.

투데이 스뻬셜 이 스떼익

 • [s] 소리가 중복될 때 앞의 [s]는 생략합니다.

» We are **famous** for / **salmon** steak.　　　저희는 연어 스테이크가 유명해요.

위얼 페이머스 폴 쌔먼 스떼익

A **That** sounds **good**. I'll have **that**.　　　　그거 좋죠. 그걸로 하겠어요.

댓 싸운즈 굿. 아일 해브 댓

 • that의 [t]와 sound의 [s]는 [ㅅ] 발음이 같으므로 이어서 발음하고, sounds의 [d]는 자음 사이에 있으므로 생략합니다.

W **What** about **you**, sir?　　　　　　　　　　손님은 무엇으로 하시겠습니까?

와러 바우츄, 썰

B I'll have the **same**.　　　　　　　　　　　저도 같은 것으로 주세요.

아일 해브더 쎄임

W **How** do you **like** your **steak**?　　　　　스테이크는 어떻게 해 드릴까요?

하우 두율라익 유얼 스떼익

» **How** would you **like** your **steak done**?　스테이크는 어떻게 해 드릴까요?

하우 우쥴라익 유얼 스떼익 던

A **Medium**, please.　　　　　　　　　　　　중간 정도 익혀주세요.

미리엄, 플리즈

 • medium의 [d]는 [r]로 발음합니다.

» **Well done**, please.　　　　　　　　　　　잘 익혀 주세요.

웰던, 플리즈

» **Rare**, please.　　　　　　　　　　　　　덜 익혀 주세요.

뤠얼, 플리즈

W What kind of soup / would you **like**?　　수프는 어떤 것으로 하시겠습니까?

왓 카이너브 쑵 우쥴라익

A I'll have the **vegetable** soup.　　　　　야채수프로 하겠습니다.

아일 해브 더 베쥐터블 쑵

 • vegetable의 [t]는 모음사이에 있으므로 [r]로 발음됩니다.

W **Anything else**?
애니씽 엘스

더 필요한 것은 없으세요?

B **No**, thanks.
노우, 쌩스

없습니다.

A Will it be **ready soon**?
위릿비 뤠리 쑨

금방 됩니까?

➤ Will it be **long**?
위릿빌 롱

오래 걸립니까?

B I didn't **get** my **order** yet.
아이 디른 겟 마이 오어덜 옛

주문한 게 아직 안 나왔어요.

• didn't는 [t]가 생략되고 [dn]에서 [d]가 빠르게 [r]처럼 발음됩니다.

➤ **What happened** to my **order**?
왓 해뻔 투 마이 오어덜

내가 주문한 것은 어떻게 됐어요?

• [d] 다음에 [t]가 올 때 [d] 발음은 생략되고, happened는 현재형처럼 들립니다.

W I'm **sorry** / it's taking **so long**.
아임 쏘뤼 이쯔 테이낑 쏘울롱

늦어서 죄송합니다.

W **Here's** your **roast beef**.
히얼즈 유얼 로우숫 비프

여기 로스트 비프 나왔습니다.

A This **isn't** / **what** we **ordered**.
디스 이즌 왓위 오어덜드

이건 우리가 주문한 게 아닌데요.

W I'm **sorry**, I'll **check** with **kitchen**.
아임 쏘뤼, 아일 첵 윗 키췬

죄송합니다. 주방에 확인해 보겠습니다.

A There's **something** / in the **soup**.
데얼 썸씽 인더 쑵

수프에 뭐가 들어있어요.

➤ There's a **piece** of hair / **in my food**.
데얼저 피써브 헤얼 임마이 풋

음식에 머리카락이 들어 있어요.

➤ I'm **afraid** / this **meat** is not **done enough**. 이 고기는 충분히 익지 않은 것 같습니다.

아임 어프뤠잇 디스 미리즈 낫 더니너프

- afraid의 [d]는 뒤에 오는 [th] 발음과 겹치므로 생략하고, meat의 [t]는 [r]로 바뀌어 is와 이어 말하고, done enough [던이너프]도 이어서 말합니다.

➤ I'm **afraid** / this **food** is **stale**. 이 음식은 상한 것 같아요.

아임 어프뤠잇 디스 푸리 스떼일

- food의 [d]가 모음사이에 있으므로 [r]로 발음되고, is의 [s] 발음은 생략합니다.

➤ There's **something strange** / in my **food**. 음식에 이상한 것이 있어요.

데얼즈 썸씽 스츄뤠인쥐 임마이 풋

➤ Could you **take** it **back**, please? 도로 가져가시겠어요?

쿠쥬 테이낍 백, 플리즈

- take의 [k]는 된소리 [ㄲ]으로 발음하고, it의 [t]는 뒤에 오는 [b]와 동화되기 위해 [p]으로 바뀝니다.

Ⓦ We are **terribly** sorry. 정말 죄송합니다.

위얼 테뤄블리 쏘뤼

Ⓦ I'll **bring** to you **another** one / **right now**. 당장 다른 것으로 가져다 드리겠습니다.

아일 브링 투유 어나덜 원 롸잇 나우

A Do you **come** here often?

두유 커미얼 오픈

- here의 [h]를 생략하고, come과 이어서 발음합니다.

여기는 자주 오십니까?

B No. **Actually**, **this** is my **second** time **here**.

노우. 액췰리, 디시즈 마이 쎄컨 타임 히얼

- second의 [d]는 생략하고, time here[타임 히얼]은 이어서 발음합니다.

아니요. 사실 여긴 두 번째입니다.

A I **like** the **atmosphere** here.

아일라익 디 앱머스피얼 히얼

저는 여기 분위기가 좋아요.

≫ The **atmosphere** is **nice** / in this **restaurant**.

디 앱머스피어뤼즈 나이스 인 디스 뤠스츄륀트

이 식당 분위기가 참 좋아요.

A But it's **really crowded**.

버리쯔 뤼얼리 크라우리드

- but의 [t]는 빠르게 말할 때 [r]로 발음하고, crowded의 [d]도 모음사이에 있으므로 [r]로 발음합니다.

하지만 사람들이 정말 많군요.

B This **restaurant** is **always** crowded.

디스 뤠스츄륀 이즈 올웨이즈 크라우리드

이 식당은 항상 붐빕니다.

A The **interior** is **fantastic** / in this **restaurant**.

디 인티어뤼얼 이즈 팬태스띡 인 디스 뤠스츄륀트

이 식당 실내가 아주 아름답군요.

B And the **waiters** are **very** kind.

앤 더 웨이절즈 알 베뤼 카인드

- waiters의 [t]는 모음사이에 있으므로 [r]로 발음되며, 빠르게 말할 때 are과 이어서 [웨이럴잘]과 같이 발음합니다.

그리고 웨이터들도 아주 친절해요.

B **How** do you **like** it?

하우 두 율 라이낏

어떻게 마음에 드세요?

≫ **How** does it **taste**?

하우 더짓 테이슷

맛이 어떠세요?

≫ Do you **like** the **dish**?

두율라익 더 디쉬

음식이 마음에 드세요?

A It just **melts** / in my **mouth**.

잇 줘슷 멜쯔 임마이 마우스

입에서 살살 녹아요.

» It's **very** delicious.

이쯔 베뤼 딜리셔스

정말 맛있네요.

» I just **can't** get **enough** of **this**.

아이 줘슷 캔 겟 이너퍼브 디스

너무 맛있어서 먹는 걸 멈출 수가 없어요.

 • just의 [t]는 뒤에 오는 can't의 [k] 발음과 동화되기 위해 [k] 발음으로 바뀝니다.

B **Help** yourself.

헬프 유얼쎌프

많이 드세요.

» Don't **hesitate** to **eat more**.

돈 헤저테잇 투 잇 모얼

주저하지 말고 더 드세요.

B Would you **like** to **taste** this?

우쥴라익 투 테이슷 디스

이것 맛 좀 보시겠어요?

A I **don't** like the **taste** of it.

아이돈 라익더 테이스떠빗

제 입맛에는 맞지 않습니다.

A It tastes **funny**.

잇 테이슷 퍼니

맛이 이상해요.

» It's **too** greasy.

이쯔 투 그뤼씨

너무 기름기가 많아요.

» It's like **eating** a **piece** of **leather**.

이쯸 라익 이리너 피써블 레덜

가죽 조각을 씹는 것 같아요.

 • 빠르게 말할 때 eating의 [t]는 [r]로 발음되며, [g] 발음이 생략되고 a와 이어서 말합니다.

B **How** about some **dessert**?

하우 어바웃 썸 디절트

디저트 좀 어떠세요?

A I have **no** more **room** / for **dessert**.

아이 해브 노우 모얼 룸 폴 디절트

디저트는 더 이상 못 먹겠습니다.

W **What** would you **like** to **drink**?

왓 우쥴라익 투 쥬륑크

음료수는 뭘 하시겠습니까?

W **Soft drinks** are / on the **house**.
쏩 쥬링스알 언더 하우스

무알코올 음료수는 서비스입니다.

B **Coke**, please.
코욱, 플리즈

콜라로 주세요.

A **What** kind of **food** / do you **like**?
왓 카이너브 풋 두율 라익

무슨 음식을 좋아하세요?

B I like **Korean** food.
아일라익 코어뤼언 풋

저는 한국음식을 좋아합니다.

A **What** is your **favorite Korean** food?
와리즈 유얼 페이버륏 코어뤼언 풋

가장 좋아하는 한국음식은 뭡니까?

B **Korean Kimchi** and **Bulgogi**.
코어뤼언 김치 앤 불고기

한국 김치와 불고기입니다.

B I'm a **picky eater**.
아이머 피끼 이럴

저는 식성이 까다롭습니다.

• eater의 [t]는 [r]로 발음됩니다. picky 대신 'fussy [퍼씨]'를 사용할 수 있습니다.

B Are you **picky** about **food**?
알 유 피끼 어바웃 풋

당신은 식성이 까다로우십니까?

A I'm not **particular** / about **food**.
아임 낫 팔티큘럴 어바웃 풋

저는 음식을 가리지 않습니다.

B Would you **care** for / **some more**?
우쥬 캐얼 폴 썸 모얼

더 드시겠습니까?

≫ Would you **like** / some **more** of it?
우쥴라익 썸 모어뤄빗

더 드시겠습니까?

≫ Would you have **some more**?
우쥬 해브 썸 모얼

더 드시겠습니까?

A I **couldn't** eat **another** bite.
아이 쿠르닛 어나덜 바잇

더는 못 먹겠습니다.

• couldn't의 [t]를 생략하고 [d]를 부드럽게 [r]로 바꾸어 eat과 이어 말합니다.

A I had **too enough**.　　　　　　　　　　　너무 많이 먹었습니다.

아이 해 투 이넙

B **OK**. We should <u>go</u>.　　　　　　　　좋아요. 우리 갈까요.

오우케이. 위 슉 고우

A **Where** shall we **go** now?　　　　　　이제 어디로 갈까요?

웨얼 쉘위 고우 나우

B Shall we <u>**go**</u> to the **movie**?　　　　영화 보러갈까요?

쉘위 고우투더 무비

A **OK**. Let's **go**.　　　　　　　　　　좋아요. 갑시다.

오우케이. 레쯔고우

B **Check**, please. 계산서 주세요.
쳌, 플리즈

➤ Can I have the **check**, please? 계산서 주시겠어요?
캐나이 해브 더 쳌, 플리즈

W Would you like **separate checks**? 두 분 따로 계산해 드릴까요?
우쥴라잌 쎄퍼뤠잇 쳌스

➤ **One check** or **separate** checks? 계산을 같이 하시겠어요. 따로 하시겠
원쳌 오얼 쎄퍼뤠잇 쳌스 어요?
• or 앞 단어의 끝소리는 약간 올려 발음합니다.

B **No**. Just **one check**, please. 아니요. 그냥 같이 계산해 주세요.
노우. 줘슷 원 쳌, 플리즈

A It's going to be **expensive**. 많이 나올 것 같은데요.
이쯔 고잉 투 비 익스펜씨브

A **Let's** go **Dutch**. 각자 부담합시다.
레쯔 고우 더취
• go Dutch는 '비용을 각자 부담하다, 더치페이 하다'를 의미합니다.

B You can **get** me **next time**. 다음 번에 사세요.
유 캔 겝미 넥스타임
• next의 [t] 발음은 생략됩니다.

A **Yes**, I **will**. 예, 그러죠.
예스, 아이 윌

B I think / there is a **mistake** / in the **bill**. 계산서가 잘못된 것 같습니다.
아이 씽크 데어뤼저 미스떼잌 인더 빌

B **What's** this **charge** here? 여기 이 요금은 뭡니까?
와쯔 디스 촬쥐 히얼

W Let me **find out** / **what happened**. 어떻게 된 건지 확인해 보겠습니다.
렛미 파이나웃 왓 해쁜드

UNIT 35 물건 구매하기

🎧 35
등장인물:A / S 점원

S **What** are you **looking** for?
와럴율 룩킨 폴

무엇을 찾고 계십니까?

» Can I **help** you / with **something**?
캐나이 헬퓨 위드 썸씽

찾으시는 것을 도와드릴까요?

A I'm just **looking around**.
아임 줘숫 루킹 어롸운드

그냥 둘러보고 있어요.

• 빠르게 말할 때 I am[아이 엠]을 I'm을 [아임] 또는 [암]으로 발음합니다. looking around 대신 'window shopping [윈
도우 샤핑]을 넣어 문장을 만들 수 있습니다.

S Are you **looking** for / any **particular brand**?
알율 룩킨 폴 애니 팔티큘럴 브랜드

특정 상표를 찾고 계십니까?

A I'm just **browsing**.
아임 줘숫 브롸우징

그냥 구경하고 있어요.

• just의 [t] 발음은 생략되거나 뒤에 오는 [b] 발음에 동화되기 위해 [p]로 발음합니다.

S **Why** don't you try to **pick out**?
와이돈츄 츄롸이 투 피까웃

골라 보시겠어요?

S Do you have **anything special** / in **mind**?
두유 해브 애니씽 스빼셜 임마인드

특별히 마음에 두고 계신 것이 있습니까?

A Do you have any **Calvin Klein jeans**?
두유 해브 애니 켈빈 클라인 진즈

켈빈 클라인 청바지 있어요?

S **Absolutely**.
앱설루틀리

물론입니다.

» The **item** is **sold out**.
디 아이럼 이즈 쏘울라웃

그 물건은 매진됐습니다.

• 모음과 모음사이 [t]는 [r]로 발음되고, [s] 발음이 중복될 때 앞의 [s]를 생략합니다. sold의 [d]는 약화 또는 생략됩니다.

A This is **not** / **what** I'm **looking** for.　　이것은 제가 찾고 있는 물건이 아닙니다.
디시즈 낫 와라임 루낑 폴

A I **think** / I'll **shop around**.　　다른 곳을 둘러봐야겠습니다.
아이 씽크 아일 샤퍼롸운드

S Yes. **Look** around and come **back**.　　예. 둘러보고 오세요.
예스. 루커롸우넌 컴백
· around와 and의 d는 생략되고 두 단어를 이어서 발음합니다.

A Can I **buy** a **pair** of **jeans**?　　청바지를 살 수 있어요?
캐나이 바이어 페어뤄브 진즈
· a pair of의 a를 아주 약하게 buy에 붙여 발음합니다.

S **Certainly**. **Take** your **pick**.　　물론이죠. 골라보세요.
썰튼리. 테이큐얼 픽

» **Why** don't you try to **pick out**?　　골라 보시지요?
와이돈츄 츄라이 투 피까웃

A I **wonder** / **which one** I should **get**.　　어떤 것을 사야 할지 모르겠어요.
아이 원덜 위취원 아이 슈 겟

S We **have** the **right thing** / **for** you.　　손님한테 적당한 것이 있습니다.
위해브더 롸잇씽 폴 유
· the는 have에 가볍게 붙여 발음합니다. right의 [t] 뒤에 비슷한 [th] 발음이 오므로 [t] 발음은 생략됩니다.

S **How** do you **like** / **this** one?　　이것은 어떠세요?
하우 두율 라익 디스 원
· 빠르게 말할 때 how do you의 [d]는 [r]로 발음합니다.

A I don't **like** / **this** one.　　이것은 마음에 안 듭니다.
아이돈 라익 디스 원

A Please **show** me / **something else**.　　다른 것으로 보여 주세요.
플리즈 쇼우미 썸씽 엘스

» Will you **show** me / **another** one?　　다른 것 좀 보여 주시겠어요?
윌류 쇼우미 어나덜 원

S **How** about **this**?
하우 어바웃 디스

이건 어떠세요?

A Is **this** your **latest** **model**?
이즈 디스 유얼 래이티습 마들

이것이 가장 최신 모델입니까?

• 빠르게 말할 때 this의 [th] 발음은 생략되고, latest의 [t]는 이어지는 [m] 발음에 동화되기 위해 [p] 발음으로 바뀝니다.

S Yes, **this** is in **style** / now.
예스, 디시진 스따일 나우

예, 이게 요즘 유행하는 겁니다.

A Let me **think** / for a while.
렛미 씽크 포뤄 와일

잠깐 생각 좀 해 보겠습니다.

S **Take** your time.
테이큐얼 타임

천천히 보세요.

A May I see the **one** / that is **hanging** on the **wall**?
메아이 씨더 원 대리즈 행잉 언더 월

저 벽에 걸려있는 것 좀 보여 주시겠어요?

• the는 다음단어 one의 발음이 반모음 [w-]로 시작되므로 [디]가 아닌 [더]로 발음해야 합니다.

A Can I **try** it **on**?
캐나이 츄롸이 이런

입어 봐도 될까요?

• it의 t는 [r] 발음으로 바꾸어 on과 이어서 발음합니다.

» Would you **mind** / if I try **this on**?
우쥬 마인드 이파이 츄롸이 디썬

이거 입어 봐도 될까요?

A **Where's** the **fitting room**?
웨얼즈 더 피링 룸

탈의실이 어디 있죠?

• 모음 사이의 tt는 [r]로 발음합니다.

S The **fitting room** is over **there**.
더 피링 루미즈 오우버 데얼

탈의실은 저쪽에 있어요.

• 빠르게 말할 때 over there은 [오우버뤠얼]과 같이 발음됩니다.

A It's a **little small** / for **me**.
이쯔 얼리를 스몰 폴미

저에게 조금 작아요.

» It doesn't **fit**.   안 맞습니다.

잇 더즌 핏

A Have you **got** / a **large size**?   큰 사이즈 있어요?

해뷰 가럴 랄쥐 사이즈

· got은 [t]가 [r]로 바뀌고, 뒤의 약하게 내는 a와 large의 [ㄹ] 발음을 이어서 [럴]로 발음합니다.

A Do you thin**k** it **suits me**?   이게 저한테 어울립니까?

두유 씽킷 수쯔 미

S **Yes**. It goes **well** with **you**.   예. 손님에게 잘 어울립니다.

예스. 잇 고우즈 웰 위쥬

· it의 [t]는 뒤의 [g] 발음에 동화되기 위해 [ㅋ] 발음으로 바뀝니다.

S It **fits** me **perfectly**.   저한테 꼭 맞네요.

잇 피쯔미 펄픽리

· perfectly의 t발음이 생략되고 c[k] 발음을 앞 모음에 받침처럼 붙여 발음합니다.

A Do you **have** / it in a **different color**?   색깔이 다른 것도 있습니까?

두유 해브 이리너 디퍼뤈 컬럴

· it in a의 [t]는 [r]로 바뀌면서 한 단어처럼 이어서 발음합니다. different의 [t]는 생략합니다.

S **Yes**, we **have**.   예, 있습니다.

예스, 위 해브

A Is the **sale price**?

이게 세일 가격입니까?

이즈 디스 쎄일 프라이스

S Yes, **all** these **pants** are / **30%** off.

예, 여기 모든 바지는 30% 할인합니다.

예스, 올 디즈 팬짤 써뤼 펄센텁

A I'll **take** this.

이걸로 하겠습니다.

아일 테익 디스

» **This** one, please.

이것 주세요.

디스 원, 플리즈

A **How** much **is it**?

얼마입니까?

하우머취 이짓

» **How** much **does it cost**?

이거 얼마입니까?

하우머취 더짓 코숫

　· it의 [t]가 이어지는 cost의 [k] 발음과 동화되기 위해 [k]로 바뀌면서 does와 이어서 [더직 코숫]으로 발음합니다.

S It's **89** dollars.

89달러입니다.

이쯔 에이리 나인 달럴즈

　· 미국 영어에서 eighty의 [t]를 [r]로 발음합니다.

A I'd like to **buy** a **shirt**, **too**.

셔츠도 사고 싶어요.

아잇 라익 투바이 어 셜, 투

A There's **no price tag on** it.

여기에는 가격표가 안 붙어 있습니다.

데얼즈 노우 프라이스 태거닛

　· 빠르게 말할 때 tag on it[태크 온 잇]은 [태거닛]으로 이어서 발음합니다.

S **Let** me see... I'm **sorry**.

어디 보자... 미안합니다.

렛미 씨... 아임 쏘뤼

A **How** much **is it**?

얼마입니까?

하우머취 이짓

S It's **45** dollars.
이쯔 포뤼파이브 달럴즈

• 미국 영어에서 forty의 [t] 발음을 생략합니다.

45달러입니다.

A It's **too expensive**.
이쯔 투 익스펜시브

너무 비쌉니다.

A Don't you **have** any **cheaper ones**?
돈츄 해브 애니 취펄 원즈

더 싼 것은 없습니까?

S **No**.
노우

예. 없습니다.

A Is there **anything cheaper**?
이즈데얼 애니씽 취펄

좀 더 싼 것 있습니까?

S **No**.
노우

아니요. (없다는 말)

S **This brand** is the **bestselling**.
디스 브래니즈더 베슷쎌링

이 상품이 가장 잘 팔립니다.

A **What** kinds of **colors** / do you **have**?
왓 카인저브 컬럴즈 두유 해브

어떤 색깔이 있어요?

S We **have** it in **white**, **black**, and **brown**.
위 해브 이린 와잇, 블랙, 앤 브라운

흰색, 검정색, 갈색이 있어요.

• it의 [t]가 [r]로 바뀌며 뒤에 나오는 in white와 한 단어처럼 이어서 발음합니다. ,(comma) 앞 단어의 끝소리는 부드럽게 올려줍니다.

A Does **this design** suit me?
더즈 디스 디자인 쑵미

이 디자인이 저에게 어울립니까?

S **That** looks **great on** you.
댓 룩스 그뤠이런 유

손님에게 정말 잘 어울립니다.

• great의 [t]를 [r]로 바꾸고 on과 이어서 발음합니다.

A **How** do you **like** this **shirt**?
하우 두율라익 디스셜트

이 셔츠는 어떠세요?

S It's **too plain**.
이쯔 투 플레인

너무 수수합니다.

A **What material** is **this**?
왓 머티뤼얼 이즈 디스

이것은 소재가 뭡니까?

• what의 [t]는 이어지는 [m]과 동화되기 위해 [p] 발음으로 바뀝니다.

S It's **100%** wool.
이쯔 헌쥬뤗 펄쎈트 울

100% 울입니다.

A May I **try** it **on**?
매아이 츄라이 이런

입어 봐도 되겠어요?

S You can **try** it **on** / in the **fitting room**.
유 캔 츄라이 이런 인더 피링룸

탈의실에서 입어 보세요.

S **How** does it **fit**?
하우 더짓 핏

잘 맞습니까?

A I'll take **this**.
아일 테익 디스

이걸로 하겠습니다.

A Is this **washable**?
이즈 디스 와셔블

이것은 물세탁을 할 수 있습니까?

S **Yes**, of **course**.
예스, 어브콜스

예, 물론입니다.

A Will it **shrink**?
윌릿 쉬륑크

줄어들까요?

S Don't worry. **This** is a **good quality**.
돈 워뤼. 디스 이저 굿 콸러리

걱정 마세요. 이것은 품질이 좋은 겁니다.

• quality의 [t]는 [r]로 발음됩니다.

A **Discount**, please.   좀 깎아주세요.

디스카운, 플리즈

» Bring it **down**, please.   좀 깎아주세요.

브뤼니 다운, 플리즈

• 빠른 대화에서 bring의 [g] 발음이 생략되고 it의 [t]도 뒤에 [d]가 오므로 생략된다.

» Can you **lower** the **price** a **little bit**?   조금 깎아줄 수 있습니까?

캔뉴 로월더 프라이스 얼 리를 빗

» Can you come **down** on the **price**?   가격 좀 깎아줄 수 있으세요?

캔뉴 컴 다운언더 프라이스

» Can you **give** me / a **discount**?   깎아줄 수 있습니까?

캔뉴 김미어 디스카운트

» Can you come **down** / a **little**?   조금 깎아줄 수 있습니까?

캔뉴 컴다운 얼리를

A If you **discount**, I'll **buy**.   깎아 주시면 사겠습니다.

이퓨 디스카운트, 아일 바이

» OK. I'll **give** you / a **10%** discount.   좋습니다. 10% 깎아 드리죠.

오우케이. 아일 기뷰어 텐 펄센 디스카운트

A **Thank** you.   감사합니다.

쌩큐

A Is **this lipstick** / on **sale**?   이 립스틱 세일합니까?

이즈 디스 립스띡 언 세일

S **No**.   안 합니다.

노우

A Can you **break up** / the **set**?   낱개로 팝니까?

캔뉴 브뤠이껍 더 셋

S **No**.   아니요.

노우

S Can I **get** you / **anything else**?　　　　더 필요한 것은 없습니까?
캐나이 게츄 애니씽 엘스

A No. That's all. How much in all?　　　　아니요. 됐습니다. 전부 얼마입니까?
노우. 대쯔 올. 하우 머취 이놀

S It's **42**dollars / and **50** cents / with **tax**.　　세금 포함해서 42달러 50센트입니다.
이쯔 포뤼 투 달러즈 앤 피프티쎈쯔 윗 택스

　• with의 th는 [ð] 발음이므로 뒤에 [t] 발음이 오기 때문에 앞의 [ð] 발음은 생략합니다.

S Cash / or charge?　　　　　　　　　　현금으로 하시겠어요, 카드로 하시겠
캐쉬 오얼 촬쥐　　　　　　　　　　　　어요?

　• or이 들어가는 문장은 or앞에서 가볍게 올려줍니다. charge 대신 'card [칼드]'를 사용할 수 있습니다.

A Charge it, please.　　　　　　　　　　카드로 계산하겠어요.
촬쥐 잇 플리즈

» **Cash**, please.　　　　　　　　　　　현금으로 하겠어요.
캐쉬, 플리즈

S **Which** do you want, **installments** /　할부로 하시겠어요, 일시불로 하시겠
or **lump sum**?　　　　　　　　　　어요?
위취 두유 원 인스똘먼쯔 오얼 럼 섬

　• want의 [t]와 lump의 [p]는 생략되고, installments의 st 뒤에 모음이 오므로 [t]는 된소리 [ㄸ]으로 발음됩니다.

A Can I **pay** in **installments**?　　　　　할부로 됩니까?
캐나이 페이인 인스똘먼쯔

S Sure. How many **installments** /　　　네. 몇 개월 할부로 하시겠어요?
do you **want** to **make**?
슈얼. 하우 매니 인스똘먼쯔 두유 원투 메익

A **Six months**, please.
6개월로 해주세요.

씩스 먼쓰, 플리즈

• months의 th[θ]와 s의 발음 유사하므로 앞의 th 발음은 생략됩니다.

» **Here** is your **change**.
거스름돈 여기 있습니다.

히어뤼즈 유얼 췌인쥐

A I want a **receipt**, please.
영수증 주세요.

아이 원트 어 뤼십, 플리즈

• 빠르게 말할 때 want의 [t]가 생략되면서 a와 연음 됩니다. receipt의 p는 묵음이고, [t]는 뒤에 오는 [p]와 동화되기 위해 [p]로 바뀝니다.

A Could you **have** them **wrapped**?
포장해 주시겠어요?

쿠쥬 해브 뎀 뤱트

» I **want** it **wrapped up** / as a **gift**.
선물용으로 포장하고 싶습니다.

아이 워닛 뤱텁 애저 깁프트

• want의 [t]는 생략되면서 it과 이어서 발음하고 wrapped의 ed는 [t]로 발음되고 up과 이어서 발음합니다. as a도 이어서 한 단어처럼 발음합니다.

» Would you **wrap** them / **separately**?
따로 포장해 주시겠어요?

우쥬 뤱 뎀 쎄퍼뤗리

• 빠르게 말할 때 wrap them은 th가 생략되면서 [뤠펌]으로 이어서 발음합니다.

A Can it be **delivered** / to my **house**?
집까지 배달됩니까?

캐닙비 딜리벌 투 마이 하우스

• delivered의 ed[d] 발음은 뒤에 [t]가 오므로 생략됩니다.

S Do you have a **specific date** / for **delivery**?
특별히 원하는 배달 날짜가 있습니까?

두유 해버 스피시픽 데잇 폴 딜리버뤼

A No, **anytime**.
아니요, 언제든지요.

노우, 애니타임

A How's it **going**? I'd **like** to **exchange** this.
안녕하세요? 이것을 교환하고 싶습니다.

하우짓 고잉? 아잇라익 투 익스췌인쥐 디스

S May I **ask** / **why** you'd **like** to **exchange** it?
왜 교환 하시려고 합니까?

메아이 애슥 와이 윳 라익 투 익스췌인쥐 잇

A It's **too** big for **me**.

이즈 투 빅 폴미

저한테 너무 커서요.

S Would you **like** to **exchange** it /
with **another brand**?

우쥴라익 투 익스췌인쥐 잇 위더나덜 브렌드

다른 브랜드로 교환하시겠어요?

A **No**, I'd **like** a **refund**.

노우, 아잇 라이꺼 뤼펀드

아니요, 환불해 주세요.

S **No** receipt, **no** refund.

노우 뤼싯, 노우 뤼펀드

영수증이 없으면 환불이 안 됩니다.

≫ **Refunds** are against the **store policy**.

뤼펀잘 어겐스 더 스또어r 팔러시

환불은 가게 규정상 안 됩니다.

• against의 [t]는 뒤에 [ð] 발음이 오므로 [t] 발음은 생략됩니다.

S I can't **give** you a **cash refund** /
but I can **exchange** it / **for** you.

아이 캔 기뷰어 캐쉬 뤼펀드 버라이 캔 익스췌인쥐 잇 폴유

현금을 환불해드릴 수 없지만 교환은
해드릴 수 있습니다.

UNIT 38 버스 이용하기

🎧 38
등장인물: A B C / D 버스 기사

A **Where** can I **find** a **bus** stop?
웨얼 캐나이 파이너 버스땁

버스 정류장이 어디 있습니까?

B It's **across** the **street** / from the **cinema**.
이쯔 어크로스더 스츄륏 프롬더 씨너머

극장 건너편에 있습니다.

A **Which bus** should I **take** to **get** to /
Times Square?
위취 버슈라이 테익 투게러 타임스퀘얼

타임스 광장으로 가려면 어떤 버스를
타야 합니까?

· bus should의 [s] 발음이 중복되므로 앞의 [s] 발음을 생략하고, should의 [d]는 부드럽게 [r]로 바뀌면서 I까지 한 단어
처럼 이어서 말합니다.

» **Which bus** should I **take** / to go **downtown**?
위취 버슈라이 테익 투고우 다운타운

시내로 가려면 어떤 버스를 타야 합니까?

A Am I **waiting** in the **right** place /
to **catch** a **bus** /for **Times Square**?
애마이 웨이링 인더 롸잇 플레이스 투 캐취어 버스 폴 타임스퀘얼

타임스 광장 행 버스를 타려면 제가 맞는
장소에서 기다리는 겁니까?

· right[롸잇]의 t는 뒤에 오는 p 발음과 이어져 [롸입]과 같이 발음합니다.

B Yeah, **exactly**.
예, 이그젝틀리

예, 그렇습니다.

A Does **this bus** go to / **Times Square**?
더즈 디스 버스 고우러 타임스퀘얼

이 버스가 타임스 광장으로 가나요?

» Is **this** for **Times Square**?
이즈 디스 폴 타임스퀘어

이 버스가 타임스 광장으로 갑니까?

B No. You can **take** the number **1244**.
노우. 유 캔 테익더 넘벌 투엘브 포뤼포

아니요. 1244번을 타시면 됩니다.

» **Yes**, it **is**.
예스, 이리즈

예, 그렇습니다.

🄰 **Where** can I **get** the number **1244**?
웨얼 캐나이 겟더 넘벌 투엘브 포뤼포

1244번 버스는 어디서 탑니까?

🄱 **Take** a **bus** the number **1244** /
on the **opposite side** of the **road**.
테이꺼 버스더 넘벌 투엘브 포뤼포
언디 아퍼짓 싸이더브더 로드

길 건너편에서 1244번 버스를 타세요.

🄰 Do you go to / **Times Square**?
두유 고우 투 타임스퀘얼

이 버스가 타임스 광장으로 갑니까?

🄳 **Yes**, I **do**.
예스, 아이 두

예, 그렇습니다.

🄰 **How much** is it?
하우머취 이짓

얼마입니까?

🄳 A **dollar sixty**.
어달러 씩스띠

1달러 60센터입니다.

🄰 **How** many **stops** away is / **Times Square**?
하우매니 스땁서웨이 이즈 타임스퀘얼

타임스 광장까지 몇 정거장 남았어요?

» **How** many **stops** are **there** /
before **Times Square**?
하우매니 스땁스 알 데얼 비폴 타임스퀘얼

타임스 광장까지 몇 정거장 남았어요?

• stops are[스땁스 알]는 빠르게 말할 때 [스땁쌀]과 같이 이어서 말합니다.

🄳 **Three** more **stops** to **go**.
쓰뤼 모얼 스땁스 투 고우

세 정거장 남았습니다.

🄳 That's the **second stop** / from **here**.
대쯔 더 쎅컨스땁 프롬 히얼

여기서 두 번째 정거장입니다.

A Please **tell** me / **where** to **get off**.
플리즈 텔미 웨얼 투 게럽

제가 어디서 내려야 하는지 말씀해
주세요.

• get off[겟 오프]의 [t]는 모음사이에 있으므로 [r]로 바뀌며 off와 이어서 발음합니다.

A **Tell** me / **when** we **get** there.
텔미 웬위 겟 데얼

도착하면 알려주세요.

D **Certainly**. I'll **call** it out for **you**.
썰튼리. 아일 코리라웃 폴유

물론입니다. 그곳에서 알려 드릴 게요.

• call it out[콜 잇 아웃]에서 it의 [t]는 [r]로 발음되며 세 단어를 한 단어처럼 이어서 발음합니다.

D **Sir**. **This** is / **where** you **wanted** to **get off**.
썰. 디시즈 웨얼 유 워닛 투 게럽

선생님. 내리시려고 했던 곳이 여기입
니다.

• wanted에서 [t]가 생략되고, [d] 뒤에 오는 [t] 발음의 영향으로 생략되어 [워니 투]로 들립니다.

A No. I **passed** my **stop**.
노우. 아이 패습 마이 스땁

아니요. 정류장을 지나쳤어요.

• passed의 ed는 [t]로 발음되는데 [t]가 뒤의 [m]과 동화되기 위해 [p]로 발음됩니다.

A **Drop** me **off** / in **front** of the **station**, please.
쥬랍 미업 인 프론너브더 스떼이션, 플리즈

역 앞에서 내려주세요.

• front의 t는 생략되면서 of와 연음되고 the가 바로 따라 붙어 발음됩니다.

A Can you **let** me **off here**?
캔뉴 렛미 오피얼

여기서 좀 내려주시겠어요?

• off here[오프 히얼]을 빠르게 말할 때 here의 [h]가 생략되면서 off와 이어서 발음합니다.

D You'll have to **wait** / until the **next** stop.
율 햅 투 웨잇 언틸 더 넥 스땁

다음 정류장까지 기다려야합니다.

• next[넥스트]에서 [t] 발음이 생략되고, [s] 발음은 stop의 첫 소리와 중복되어 생략하여 [넥]만 소리 내고 [스땁]을 이어
서 말합니다.

A **Excuse** me.
익스큐즈 미.

실례합니다.

A **What bus** should I **take** / to **get** to **City Hall**?
왑버스 슈라이 테익 투게러 씨리 홀

시청으로 가려 하는데 몇 번 버스를 타야
하나요?

• what의 [t]는 [p]로 발음됩니다.

C **Take** the number **1325**.　　　　　　　　　1325번을 타세요.

테익더 넘벌 썰틴 투에니파이브

A It's going to **City Hall**, **right**?　　　　　시청으로 가는 거 맞지요?

이쯔 고너 씨리 홀, 롸잇

D It goes about **half way** there.　　　　　　중간 정도까지 갑니다.

잇 고우저바웃 하프웨이 데얼

・goes about[고우즈 어바웃]은 이어서 [고우저바웃]과 같이 한 단어처럼 발음합니다.

» You **took** the **wrong** bus.　　　　　　　버스를 잘 못 탔습니다.

유 툭더 륑버스

» You'll have to **transfer** / to **another** bus.　다른 버스로 갈아타야 합니다.

율 햅터 츄렌스펄 투 어나덜 버스

A **Where** do I have to **transfer**?　　　　　어디서 갈아타야 합니까?

웨얼 두 아이 햅투 츄렌스펄

D You have to **transfer** / at **this** stop.　　이 정류장에서 갈아타야 합니다.

유 햅투 츄렌스펄 앳 디스 스땁

A **Really**? **What's** the **number**?　　　　　그래요? 몇 번입니까?

뤼얼리? 와쯔더 넘벌

D You need to **get** off **here** /　　　　　　여기에 내려서 1352번을 타세요.
and **take** the number **1352**.

유 니러 게러피얼 앤 테익더 넘벌 썰틴 피프티투

・need to[니드 투]는 비격식영어로 [니러]로 발음됩니다. get의 [t]가 [r]로 발음되고 here의 [h]가 생략되면서 get off
here 세 단어를 이어서 발음합니다.

A **Thanks** a **lot**.　　　　　　　　　　　　감사합니다.

쌩설랏

A **Hello**. Mr. **Kim**. **This** is **Brown**.
헐로우. 미스터 킴. 디시즈 브롸운

여보세요. 미스터 김. 브라운입니다.

A I **haven't** been to your **office** / **before**.
아이 해븐 빈 투 유얼 오피스 버폴

저는 당신 사무실을 방문한 적이 없습니다.

A Could you **give** me **directions** / from **here** / to your **office**?
쿠쥬 김미 디뤡션즈 프롬 히얼 투 유얼 오피스

여기서 당신 사무실까지 어떻게 가는지 가르쳐 주시겠어요?

B Take a **subway** / from **Goo Po** station / to **City Hall**.
테이꺼 썹웨이 프롬 구포 스떼이션 투 씨리 홀

구포역에서 시청까지 지하철을 타세요.

A **Where** is the **closest subway** station?
웨어뤼즈더 클로우씻 썹웨이 스떼이션

가장 가까운 지하철역이 어디 있습니까?

» **Where** is the **subway** station?
웨어뤼즈더 썹웨이 스떼이션

지하철역이 어디 있습니까?

C There's **an** **entrance** / if you **turn right** / at **that corner**.
데얼전 엔츄뤈스 이퓨 터은 롸잇 앳 댓 코널

저 모퉁이에서 오른쪽으로 돌면 입구가 있어요.

• 빠른 대화에서 that의 th가 생략되고 at의 t가 r로 발음되면서 연음되고 that의 t는 다음 c[k] 발음에 동화되기 위해 [k]로 발음됩니다.

A **Where** can I **buy** a **ticket**?
웨얼 캐나이 바이어 티낏

어디서 표를 살 수 있습니까?

» **Where** can I **get tickets**?
웨얼 캐나이 겟 티끼쯔

어디서 표를 살 수 있습니까?

» **Where** is the **ticket office**?
웨어뤼즈더 티낏오피스

매표소가 어디 있습니까?

C You can **buy** a **ticket**/at the **vending machine** / over **there**.

유캔 바이어 티낏 앳더 벤딩 머쉰 오우버 데얼

저 쪽에 있는 자동판매기에서 표를 살 수 있습니다.

A **Which track** should I **take** / for the **Busan City Hall**?

위츄렉 슈라이 테익 포r더 부싼 씨리 홀

· Which ch발음이 뒤의 track에서 연달아 나오므로 생략된다.

부산시청으로 가려면 몇 호선을 타야 합니까?

C Take the **number 2** line.

테익더 넘벌 툴라인

· line의 l발음을 정확히 내려면 2(two)에 [ㄹ] 발음을 붙여주어야 합니다.

2호선을 타세요.

» Take the **first** line.

테익더 펄슬 라인

1호선을 타세요.

A **Where** should I **transfer**?

웨얼 슈라이 츄렌스펄

어디서 갈아타야 합니까?

C You have to **transfer**/at **Seo-Myon** station.

유 햅투 츄렌스펄 앳 써면 스떼이션

서면역에서 갈아타야 합니다.

A Excuse me, is this **seat taken**?

익스큐즈 미, 이지 씻-테이껀

실례지만, 이 자리에 앉아도 될까요?

C You can **seat here**.

유컨 씻-히얼

앉으셔도 됩니다.

» **Someone**'s sitting **here**.

썸원 씨링 히얼

누군가 앉아있습니다.

A Is this the **station** / for the **Busan City Hall**?

이지스더 스떼이션 폴더 부싼 씨리 홀

부산시청에 가려면 이 역에 내려야 합니까?

A **Which station** should I **get off** at?

위취 스떼이션 슈라이 게럽 앳

· get off에서 get의 [t]는 [r]로 바뀌면서 두 단어가 연음 됩니다.

어느 역에서 내려야 합니까?

C **Get off**/at the **next** station.
게럽 앳더 넥숫 스떼이션

다음 역에서 내리세요.

A **What's** the **name** of the **next** station?
와쯔더 내이머브더 넥숫 스떼이션

다음 역은 이름이 뭡니까?

C It's **Seo-Myon**. **This** is **a transfer** station.
잇쯔 써면. 디시저 츄뤤스펄 스떼이션

서면입니다. 거기가 환승역입니다.

· this is a는 연음 됩니다.

A You **need** to **get off** / at the **Seo-Myon** station.
유 니투 게럽 앳 더 써면 스떼이션

서면역에서 내려야 합니다.

C Take the **number one** line /
at the **Seo-Myon** station.
테익 더 넘벌 원 라인 앳더 써면 스떼이션

서면역에서 1호선을 타세요.

A **Hello**. Mr. **Kim**.
헐로우 미스터 킴

여보세요? 미스터 김

A **Which exit** should I **take** / for **City Hall**?
위취 엑싯 슈라이 테익 폴 씨리 홀

시청으로 가려면 몇 번 출구로 나가야
합니까?

A Take the **third exit**, then **make** a **right** turn /
and go about **fifty** meters.
테익 더 썰드 엑짓 덴 메이꺼 롸이털은 앤 고우 어바웃 피프티 미럴즈

3번 출구로 나가서 오른쪽으로 50미터
정도 걸어가세요.

· right의 [t]는 생략되고, meters의 [t]는 모음 사이에 있으므로 [r]로 발음됩니다.

B You'll **see** a **high rise** / in **front** of you.
율 씨 어 하이롸이즈 인프러너뷰

정면에 고층빌딩이 보일 겁니다.

· in front you는 front의 [t]는 생략되면서 세 단어가 연음 됩니다.

B Our **office** is on the **tenth** floor of / **that** building.
아우얼 오피시즈 언더 텐쓰 플로뤄브 댓 빌딩

저희 사무실은 그 건물의 10층에 있습
니다.

A **Thank** you. I'll be **there** soon.
쌩큐. 아일 비 데얼 쑨

감사합니다. 곧 가겠습니다.

B I'm **looking forward** to **seeing** you.

기다리고 있겠습니다.

아임 루킨 포월드 투 씬유

A Would you **call** a taxi / for **me**, please?

택시 좀 불러 주시겠어요?

우쥬 코러 택시 폴 미, 플리즈

≫ Can you **send** a **taxi** here / **immediately**?

즉시 여기로 택시 한 대 보내주시겠어요?

캔뉴 쎄너 택시히얼 이미디어틀리

• send는 [d]가 생략되어 a와 이어 말하고, here는 [h]가 생략되며 taxi와 이어서 말합니다.

≫ I **need** a **cab**.

택시 한 대 보내주세요.

아이 니러 캡

• need의 d는 모음사이에 있으므로 [r]로 바뀌어 a와 이어서 말합니다.

≫ Could you **send** me a **cab** / to the **Trade Center**?

무역센터로 택시 한 대 보내주시겠어요?

쿠쥬 쎈미어 캡 투더 츄뤠이드 쎄널

• send의 d는 생략되고, n은 뒤의 m 발음에 동화되기 위해 같은 [m]으로 발음됩니다. center의 t는 모음사이 nt에 해당되므로 미국 영어에서는 생략합니다.

B We'll **send** one over / **right away**.

즉시 보내 드리겠습니다.

윌 쎈원 오우버 롸이러웨이

• send는 d를 생략하고 뒤의 발음과 이어서 말하고, right는 t는 [r]로 바꾸어 away와 이어서 발음합니다.

T **Where** to?

어디까지 가십니까?

웨얼 투

≫ **Where** are you **going**?

어디로 가십니까?

웨어뤄유 고잉

≫ **Where** would you **like** to **go**?

어디로 가시겠습니까?

웨얼 우쥴라익 투고우

A Could you **open** the **trunk**?

트렁크 좀 열어주시겠어요?

쿠쥬 오펀더 츄륑크

A **Airport**, please.

공항으로 가주세요.

에얼폴트, 플리즈

≫ Take me to **this address**, please.

이 주소로 가주세요.

테익미 투 디스 애쥬뤠스, 플리즈

» Will you **take** me to **this address**?　　이 주소로 가주시겠어요?
윌류 테익미 투 디스 애쥬뤠스

D Ok. Thanks.　　예. 감사합니다.
오우케이. 쌩스

A <u>Step on it</u>, please.　　빨리 좀 가주세요.
스떼퍼닛, 플리즈

• step의 t가 된소리 [떼]로 발음되며 세 단어를 이어서 발음합니다. 이때 it의 t는 다음에 오는 p 발음과 동화되기 위해 [p]로 바뀝니다.

» **Step** on the **gas**, please.　　빨리 좀 가주세요.
스떼펀더 개스, 플리즈

T The **traffic** is **heavy** during the **rush hour**.　　출퇴근 시간에는 교통이 복잡합니다.
더 츄뤠픽 이즈 헤비 듀링 더 뤄쉬아월

• should의 d는 가볍게 [r]로 발음하며 l와 이어서 말합니다

A <u>Stop here</u> and **wait** for a **while**, please.　　여기 세우고, 잠깐만 기다려주십시오.
스따피어뤤 웨잇 포뤄 와일, 플리즈

• stop here and은 빠르게 말할 때 here의 [h]가 생략되고 세 단어가 연음 됩니다.

A I'll be **back** in a **minute**.　　곧 돌아오겠습니다.
아일 비 배키너 미닛

• 빠르게 말할 때 back in a는 연음 됩니다.

A Please **take** the **fastest** way.　　가장 빠른 길로 가주세요.
플리즈 테익 더 패스띠숫 웨이

T Don't **worry**. I'll **get** <u>you</u> **there** in **time**.　　걱정 마세요. 제시간에 모셔다 드리겠습니다.
돈워뤼. 아일 게츄 데어뤼 타임

T We are **nearly** there.　　거의 다 왔습니다.
위알 니얼리 데얼

T Are you going to <u>the **domestic** /</u> or **international** terminal?　　국내선으로 가시겠어요, 국제선으로 가시겠어요?
알 유 고잉 투 더메스띡 오얼 이너내셔널 털머널

• international의 [t]는 미국 영어에서는 생략되나 영국 영어에서는 발음됩니다.

A **International** terminal, please.
이널내셔널 털머널, 플리즈

국제선으로 가주세요.

A **How much** is the **fare**?
하우머취 이즈 더 페얼

요금이 얼마입니까?

D That'll be **$27.50**, please.
댓을비 투에니쎄븐 달러즈 피프티 센쯔, 플리즈

27달러 50센트입니다.

A Here is **30** dollars.
히어뤼즈 써리 달러즈

여기 30달러입니다.

D Do you have a **smaller bill**?
두유 해버 스몰러 빌

잔돈 없으세요?

A **Thank** you. **Keep** the **change**.
쌩큐, 킵더 췌인쥐

감사합니다. 잔돈은 그냥 두세요.

A Could you **take out** my **bag**?
쿠쥬 테이카웃 마이 백

제 가방 좀 꺼내주시겠습니까?

UNIT 41 병원에서 진료받기

🎧 41
등장인물: A 환자 / N 간호사 / Dr 의사

N May I **help** you?
무엇을 도와 드릴까요?

메아이 헬퓨

A I'm **here** to **see** the **doctor**.
진찰을 받으러 왔습니다.

아임 히얼 투씨더 닥떨

• 빠르게 말할 때 I'm here[아임 히얼]은 [아이미얼] 또는 [아미얼]로 발음합니다. doctor의 [t] 앞에 강모음이 오므로 된소리로 발음합니다.

» I **need** to **see** a **doctor**.
진찰을 받고 싶습니다.

아이 니투 씨어 닥떨

• need to[니드 투]는 d가 생략되고 t가 [r]로 바뀌며 이어서 [니투] 발음합니다.

N Do you have an **appointment**?
예약은 하셨어요?

두유 해번 어포인트먼트

A **No**, I **didn't**.
아니요, 안 했습니다.

노우, 아이 디든.

N **What's bothering** you?
어디가 아프세요?

와쯔 바더링 유

» **What seems** to be the **problem**?
어디가 아프세요?

왓 씸즈 투비더 프롸블럼

A I have **terrible stomachache**.
복통이 심해요.

아이 해브 테뤄블 스따머케익

• st 뒤에 강모음이 오므로 [t]는 된소리로 발음합니다.

N Have you been **here before**?
전에 여기 오신 적이 있습니까?

해뷰 비니얼 버폴

• 빠르게 말할 때 I'm here[아임 히얼]은 [아이미얼] 또는 [아미얼]로 발음합니다. doctor의 [t] 앞에 강모음이 오므로 된소리로 발음합니다.

A **No.**
노우

없습니다.

A It is my **first visit**.
이리즈 마이 펄숫 비짓

처음입니다.

» It'll be my **first visit**.
잇을 비 마이 펄숫 비짓

처음입니다.

N May I have your **insurance card**?
메아이 해브 유얼 인슈어뤈스 칼드

보험증 좀 주시겠습니까?

A I'm only **here** a few **days** / **on vacation**.
아임 오운리 히어뤄 퓨데이전 베이케이션

저는 휴가 차 며칠간 여기에 왔습니다.

N **So**, / do you have **traveler's insurance**?
쏘우, 두유 해브 츄뤠벌러즈 인슈어뤈스

그럼 여행자 보험에 들었겠군요?

N Let me **take** / your **blood pressure**.
렛미 테익 유얼 블러드 프뤠셜

혈압을 재겠습니다.

N Let me **take** / your **temperature**.
렛미 테익 유얼 템프뤄

체온을 재겠습니다.

N I'll **get** a **doctor**.
아일 게러 닥떨

의사를 불러드리겠습니다.

• get의 [t]는 [r]로 발음되면서 a와 연음, doctor의 [t]는 된소리로 발음됩니다.

A **How long** do I have to **wait**?
하울롱 두 아이 햅투 웨잇

얼마나 오래 기다려야 합니까?

A **When** can you **squeeze** me **in**?
웬 캔뉴 스퀴즈 미인

언제 진료를 받을 수 있습니까?

N The **doctor** will be **here soon**.
더 닥떨 윌비 히얼 쑨

의사 선생님이 곧 오실 겁니다.

N **When** it's your **turn**, I'll **call out** your **name**.
웨니쥬얼 터은, 아일 코라웃 유얼 네임

당신 차례가 되면 이름을 부르겠습니다.

D **Where** does it **hurt**?
웨얼 더짓 헐트

어디가 아프세요?

≫ **What** brought you **in**?
왓 브로츄 인

어떻게 오셨죠?

A My **stomach** hurts a **lot** / **these days**.
마이 스따먹 헐쩔랏 디즈 데이즈

요즈음 배가 많이 아픕니다.

D Do you **have** any **other symptoms** / with **it**?
두유 해브 애니 아덜 씸텀즈 위딧

또 다른 증상이 있습니까?

A I **feel** like **throwing up**.
아이필 라익 쓰로우위넙

토할 것 같습니다.

≫ I've a **headache**.
아이브 헤데익

두통이 있습니다.

≫ I feel **nauseous**.
아이 필 노쉬스

메스껍습니다.

≫ I've **got** the **runs**.
아입 갓더 뤈즈

설사를 합니다.

≫ I've **got** a **dia rhea**.
아입 가뤄 다이어뤼어

설사를 합니다.

· migraine [마이그뤠인] 편두통 / cough [콥] 기침

≫ I feel **dizzy** and **faint**.
아이 필 디지언 페인트

어지러워 쓰러질 것 같습니다.

≫ I have an insomnia.
아이 해번 인쌈니어

불면증이 있습니다.

≫ I have **hemo rhoids**.
아이 해브 헤머로이쯔

치질에 걸렸어요.

≫ I keep **throwing up**.
아이킵 쓰로우위납

계속 구토를 합니다.

≫ I have **no appetite**.
아이 해브 노우 애퍼타잇

식욕이 없습니다.

≫ I have a **heaviness** in my **chest**. 가슴이 답답합니다.
   아이 해버 헤비니스 임마이 췌슷

≫ I'm **short** of **breath**. 숨이 찹니다.
   아임 쇼뤄브 브뤠쓰

≫ I have a **sore throat**. 목이 아픕니다.
   아이 해버 쏘얼 쓰로웃

≫ I ache **all over**. 온 몸이 쑤십니다.
   아이 에익 올 오우벌

≫ I have a **high fever**. 열이 많이 납니다.
   아이 해버 하이 피벌

≫ I **broke** my **leg skiing**. 스키를 타다가 다리가 부러졌습니다.
   아이 브로욱 마일렉 스킹

≫ I **slipped** and **fell**. 미끄러져 넘어졌습니다.
   아이 슬립턴 펠

≫ My **legs** are **swollen**. 제 다리가 부었어요.
   마일렉짤 쑤오울런

≫ I **sprained**(**strained**) my **ankle**. 발목을 삐었어요.
   아이 스프뤠인드(스츄뤠인드) 마이 앵클

≫ My **right shoulder** is **heavy**. 오른쪽 어깨가 뻐근합니다.
   마이 롸잇 쇼울덜 이즈 헤비

≫ I'm **bleeding** / from the **head**. 머리에서 계속 피가 납니다.
   아임 블리링 프롬 더 헤드

≫ I cut my **finger** / on a **knife**. 칼에 손을 베었어요.
   아이 컷 마이 핑걸 어너 나잎

≫ I **burned** my **leg** / with **boiling water**. 끓는 물에 다리를 데었어요.
   아이 벌은 마일렉 윕 보일링 워뤌

≫ I got **black** and **blue eyes**. 눈에 멍이 들었어요.
   아이 갑 블래껀 블루 아이즈

» My **foot sometimes** gets **numb**.
마이 풋 썸타임즈 게쯔 넘

발이 가끔 마비가 됩니다.

» I feel **itchy all** over my **body**.
아이 필 이취 올 오우벌 마이 바리

온 몸이 가렵습니다.

» I have a **bad constipation**.
아이 해버 뱃 칸스터페이션

변비가 심합니다.

» I have **blood** in my **stools**.
아이 해브 블러드 임마이 스뚤즈

대변 볼 때 피가 묻어나옵니다.

» I have to **urinate** a **lot**.
아이 햅투 유뤄네잇 얼랏

소변을 자주 봐야 합니다.

D **When** does it **hurt**?
웬 더짓 헐트

어떨 때 아픕니까?

A **When** I move.
웨나이 무브

움직이면 아파요.

A I feel **tired all** the **time**.
아이 필 타이얼드 올 더 타임

항상 피곤함을 느낍니다.

· all the time은 빠르게 말할 때 [오러타임]처럼 발음합니다.

D Did you eat **something unusual**?
디쥬 잇 썸씽 언뉴쥘

뭔가 특별한 걸 먹었습니까?

A I had **slices** of **raw fish** / **a few days ago**.
아이 해드 슬라이씨저브 로 피쉬 어퓨데이저고우

며칠 전에 생선회를 좀 먹었습니다.

D **How long** has it been **hurting**?
하울롱 해짓 빈 헐팅

아픈 지 얼마나 되었습니까?

» **When** did it **begin** to **hurt**?
웬 디립 비긴 투 헐트

언제 부터 아팠습니까?

A It's been **hurting** / **for a couple** of **days**.
이쯔 빈 허륑 포뤄 커플러브 데이즈

아픈지가 2~3일 정도 됐습니다.

D Do you have a **pain** / **anywhere else**?　　그 밖에 또 아픈 데가 있습니까?
　　두유 해버 페인 에니웨얼 엘스

A My **skin** is **breaking out**.　　피부에 두드러기가 납니다.
　　마이 스키니즈 브레이키나웃

» I've **got a lump** / **in my throat**.　　목에 뭔가 걸린 것 같습니다.
　　아입 가럴 럼프 임마이 쓰로

D **Open** your **mouth wiue**, please.　　입을 크게 벌여보세요.
　　오편 유얼 마우스 와입, 플리즈

D **Take** a **deep breath**.　　숨을 깊이 들이쉬세요.
　　테이꺼 딥 브뤠쓰

D **Hold** your **breath**.　　숨을 멈추세요.
　　호울쥬얼 브뤠쓰

D **Well** done.　　잘 했습니다.
　　웰던

D Let me **check** your **stomach**.　　배를 진단해 보겠습니다.
　　렛미 췌큐얼 스따먹

D **Lie** on your **back here**, please.　　여기 누워 보세요.
　　라이언 유얼 백 히얼, 플리즈

» **Lie** down **here**.　　여기 누우세요.
　　라이 다운 히얼

D **Pull** up your **shirt**, please.　　셔츠를 올려보세요.
　　푸럽 유얼 셜트, 플리즈

» **Lift** up your **shirt**, please.　　셔츠를 올려보세요.
　　립탑 유얼 셜트, 플리즈

D Does it **hurt** / **when** I **press here**?　　여기 누르면 아프세요?
　　더짓 헐트 웨나이 프레스 히얼

A **Yes**, it **does**.
예스, 잇 더즈

예, 아픕니다.

A **What's wrong** with me?
와쯔 륑 윕미

어디가 안 좋습니까?

» Is it **serious**?
이짓 씨뤼어스

심각합니까?

D Are you **taking** any **medication regularly**?
알 유 테이낑 애니 메더케이션 뤠귤럴리

상용하는 약이 있습니까?

A **No**.
노우

없습니다.

A Do I **need** an **operation**?
두아이 니런 아퍼뤠이션

수술을 받아야 합니까?

D Don't **worry**.
돈 워뤼

걱정하지 마십시오.

D It **looks like** you are **poisoned** / by **food**.
잇 룩슬라익 유얼 포이즌 바이 풋

식중독 인 것 같습니다.

» You **seem** to have **food poisoning**.
유 씸 투 해 풋 포이즈닝

식중독에 걸린 것 같습니다.

D Just **relax** for a **few days** / and you will **get better**.
쥐슷 륄렉스 포뤄 퓨데이즈 앤 율 겟 베럴

며칠 푹 쉬면 나아질 겁니다.

A **How long** do I have to **stay** / in **bed**?
하울롱 두아이 햅투 스떼이 임베드

며칠 정도 안정을 취해야 합니까?

D You should **stay** in **bed** / for **two days**.
유 슛 스떼이 임베드 폴 투 데이즈

이틀 동안 안정을 취하시면 되겠습니다.

A **OK**, **thank** you.
오우케이, 쌩큐

알겠습니다, 감사합니다.

🅿 **How** can I **help** you?
하우 캐나이 헬퓨

무얼 도와 드릴까요?

🅰 Could you **fill** this **prescription**, please?
쿠쥬 필 디스 프뤼스크립션, 플리즈

이 처방전대로 약을 지어 주시겠습니까?

· - tion으로 끝나는 단어는 항상 바로 앞 음절에 강세가 옵니다.

≫ Can I **get** this **prescription filled**?
캐나이 겟 디스 프뤼스크립션 필드

이 처방전대로 약을 지어 주시겠습니까?

🅿 **Alright**, it'll **take** about / **three** minutes.
오어롸잇, 잇을 테이꺼바웃 쓰뤼 미니쯔

알겠습니다. 약 3분 걸립니다.

· take about은 연음으로 한 단어처럼 들리는 것에 주의하세요.

🅿 Just a **moment**, please.
줘슷떠 모우먼트, 플리즈

잠시만 기다려 주십시오.

🅿 **Here** you **are**.
히얼 유알

여기 있습니다.

🅰 **How** do I **take** this **medicine**?
하우 두아이 테익 디스 메러슨

이 약은 어떻게 먹습니까?

🅿 Take **one** pill **half** an **hour** / after **eating**.
테익 원필 하퍼나월 앱털 이링

식 후 30분에 한 알씩 복용하세요.

🅰 **How** many **tablets** / should I **take a day**?
하우 매니 테블리쯔 슈라이 테이꺼 데이

하루에 몇 알씩 먹어야 합니까?

🅿 Take **one pill** / **three times** a day.
테익 원필 쓰뤼타임저 데이

한 알씩 하루에 세 번 드세요.

🅿 Take **before eating**.
테익 비폴 이링

식전에 드십시오.

≫ Take **after eating**.
테익 앱털 이링

식후에 드십시오.

P This **medicine** will **relieve** / your **pain**.
디스 메러슨 윌 륄리브 유얼 페인
이 약을 먹으면 괜찮아질 겁니다.

A Will I get **drowsy** / after **taking** this **medicine**?
위라이 겟 쥬롸우지 앺털 테이낑 디스 메러슨
이약을 먹으면 졸립니까?

P I don't **think** / it'll **make** you **drowsy**.
아이돈 씽크 잇을 메이큐 쥬롸우지
졸리지 않을 겁니다.

A **Thank** you.
쌩큐
감사합니다.

P **Not** at **all**.
나래럴
천만에요.

P **Next**, please.
넥숫, 플리즈
다음 손님

B I'd **like** to have **something** / for a **cold**.
아잇라익 투 해브 썸씽 포뤄 코울드
감기약을 사고 싶습니다.

» I **want** to buy some **drugs** / for a **cold**.
아이 원투 바이 썸 쥬뤅스 포뤄 코울드
감기약을 사고 싶습니다.

P Do you have the **prescription** / with **you**?
두유 해브더 프뤼스크륍션 위쥬
처방전을 가지고 계십니까?

B I don't have **prescription**.
아이 돈해브 프뤼스크륍션
처방전이 없습니다.

P We can't **sell** this / **without** a **prescription**.
위 캔 쎌 디스 위다우러 프뤼스크륍션
처방전 없이는 이 약을 팔 수 없습니다.

B I have a **prescription** / from my **doctor**.
아이 해버 프뤼스크륍션 프롬 마이 닥떨
의사 선생님이 주신 처방전이 있습니다.

B I've **got** a **cough**. And I've a **sore throat**.
아입 가러 콮. 앤드 아이버 쏘얼 쓰로웃
기침을 합니다. 그리고 목이 아픕니다.

P It **looks like** / you have a **cold**.
잇 룩슬라익 유 해버 코울드

감기에 걸리신 것 같습니다.

B Yes, I had **bad cold**.
예스, 아이 햅 백 코울드

예, 심한 감기에 걸렸어요.

B I have not **slept** a **wink** / **last night**.
아이 해브 낫 슬렙터 윙클 라슷 나잇

지난밤에 한숨도 못 잤습니다.

P I'll **give** you / a **cold remedy** /
and a **painkiller** / for your **throat**.
아일 기뷰어 코울드 뤠머리 애너 페인킬럴 폴 유얼쓰로웃

감기약과 목 아픈데 먹는 진통제를드리
겠습니다.

P This **might make** you **drowsy**.
디스 마잇 메이큐 쥬롸우지

이 약을 먹으면 졸릴지도 모릅니다.

P The **best thing** for a **cold** / is to **sleep**.
더 베씽 포뤄 코울드 이즈 투 슬립

· best의 st는 뒤의 th발음과 겹치므로 발음이 생략됩니다.

감기에 가장 좋은 것은 잠자는 겁니다.

C Do you have **anything** / for a **headache**?
두유 해브 애니씽 포뤄 헤데익

두통약 있습니까?

P Do you have any **other symptoms**?
두유 해브 애니 아덜 씸텀즈

다른 증상은 없습니까?

C I feel a **little dizzy** / and have a **fever**.
아이필 얼리를 디지 앤 해버 피벌

약간 어지럽고 열이 있습니다.

P OK. Then **take this**.
오우케이, 덴 테익 디스

알겠습니다. 그럼 이 약을 드십시오.

C Will this **make** me **sleepy**?
윌 디스 메익 미 슬리피

이 약 먹으면 졸음이 옵니까?

P Yes, it **will**.
예스, 잇윌

예, 그렇습니다.

P I **recommend** you not **take this** /
if you're **going** to **drive**.
아이 뤠커멘쥬 낫 테익 디스 이퓨얼 고잉 투 쥬롸이브

운전을 하려면 이 약을 복용하지 않아야 합니다.

C Are there any **other side effects**?
알데얼 애니 아덜 싸이리펙쯔

다른 부작용이 있습니까?

» Are there any **side effects** / to this **medicine**?
알데얼 애니 싸이리펙쯔 투 디스 메러슨

이 약에 부작용이 있습니까?

P **No alcohol** / **while** you're **taking this**.
노우 앨커올 와일 유얼 테이킹 디스

이 약을 먹는 동안 술은 안됩니다.

C I **have** to go **party tonight**.
아이 햅투 고우 파뤼 투나잇

오늘 저녁에 파티에 가야 합니다.

P **Take care** of **yourself**.
테이 캐어러브 유얼쎌프

몸조심하세요.

CHAPTER 15 은행

UNIT 43 환전하기

🎧 43
등장인물:A 고객 / Bc 은행원

A Do you **handle** / **foreign exchange** here?
두유 핸들 포륀 익스췌인쥐 히얼

여기서 환전할 수 있습니까?

» I'd **like** to **change**/some **Korean won** / into **US dollars**.
아잇라익 투 췌인쥐 썸 코어뤼언 원 인투 유에스 달러즈

한국 돈을 달러로 바꾸고 싶습니다.

» **Where** can I **exchange** / some **foreign currency**?
웨얼 캐나이 익스췌인쥐 썸 포륀 커륀시

외국 돈을 어디서 환전할 수 있습니까?

S I'm **sorry**, sir.
아임 쏘뤼, 썰

죄송합니다. 선생님.

S I don't **change foreign bills** / into **US dollars** here.
아이돈 췌인쥐 포륀 빌즈 인투 유에스 달러즈 히얼

여기서는 외국 돈을 달러로 바꾸지 않습니다.

S Go to the **counter 4**.
고우 투더 카우널 폴

4번 창구로 가십시오.

A I'd **like** to **change** / some **Korean won** / into **US dollars**.
아잇 라익 투 췌인쥐 썸 코어뤼언 원 인투 유에스 달러즈

한국 돈을 달러로 바꾸고 싶습니다.

A I'd **like** to **cash** a **check**.
아잇 라익 투 캐쉬어

수표를 현금으로 바꾸고 싶습니다.

» I **want** to **cash** this **check**.
아이워너 캐쉬 디스

이 수표를 현금으로 바꾸고 싶어요.

A I'd **like** to **cash** / this **traveler's check**.
아잇 라익 투 캐쉬 디스 츄뤠벌러즈

이 여행자 수표를 현금으로 바꾸고 싶습니다.

S **How much** / would you **like** to **cash**?   얼마를 바꾸려고 하십니까?
하우마취 우쥴 라익 투 캐쉬

» **How much** / do you **want** to **cash**?   얼마를 바꾸려고 하십니까?
하우머취 두유 워너 캐쉬

A **Five** hundred **US** dollars.   500달러요.
파이브 헌쥬렛 유에스 달러즈

S May I **see** some **identification**?   신분증을 좀 보여 주시겠어요?
메아이 씨 썸 아이데너피캐이션

     • identification의 nt는 모음 사이에 있으므로 t는 발음이 생략된다.

S Can I have a **look** at your **passport**?   여권 좀 보여주시겠어요?
캔 아이 해벌 루깻 유얼 패스폴트

A **Here** you **go**.   여기 있습니다.
히얼류 고우

S Please **sign** here.   여기에 사인해 주십시오.
플리즈 싸인 히얼

S Please **endorse** the **check** on the **bottom** line.   수표 아래쪽에 이서를 해 주십시오.
플리즈 인돌스더 췌컨더 바럼 라인

     • - 는 연음되고 bottom의 tt는 r로 발음됩니다.

A **What's** the **exchange rate**?   환율이 어떻게 됩니까?
와쯔 디 익스췌인쥐 뤠잇

     • the는 모음 앞에서 [디]로 발음됩니다.

» **What's** the **fee** / for **exchange**?   환전 수수료가 얼마입니까?
와쯔 더 피 폴 익스췌인쥐

S There's a **2% service charge**.   수수료는 2%입니다.
데얼저 투 펄쎈트 썰비스 촬쥐

A Could you **change** / a **hundred-dollar bill** / for **me**?   100달러짜리 지폐를 좀 바꿔주시겠어요?
쿠쥬 췌인쥐어 헌쥬렛 달러 빌 폴미

A **Change** this **ten-dollar bill**, please.
췌인쥐 디스 텐 달러 빌, 플리즈

이 10달러짜리 지폐를 좀 바꿔주십시오.

A Can I **get** some **change** / for **this bill**?
캐나이 게썸 췌인쥐 폴 디스 빌

이 지폐를 잔돈으로 바꿔주시겠습니까?

S **What** would you **like** it / **broken** into?
왓 우쥴라이낏 브로우껀 인투

어떻게 바꿔 드릴까요?

» **How** would you **like** / to **change** it?
하우 우쥴라익 투 췌인쥐 잇

어떻게 바꿔 드릴까요?

» How do you **like** / your **money**?
하우 두유 라익 유얼 머니

돈을 어떻게 바꿔 드릴까요?

A **Give** me **nine ten-dollar bills** /
and **ten one-dollar bills**, please.
김미 나인 텐달러 빌즈 앤 텐 원달러 빌즈, 플리즈

10달러짜리 9장과 1달러짜리 10장으로
주세요.

A **Nine tens** / and **ten ones**, please.
나인 텐즈 앤 텐 원즈, 플리즈

10달러짜리 9장과 1달러짜리 10장으로
주세요.

A Can I have some **small bills**?
캐나이 해브 썸 스빌즈

소액권으로 주시겠어요?

A Please **break** a **dollar**/into **two quarters** /
and **five dimes**.
플리즈 브뤠이꺼 달러 인투 투 쿼뤌즈 앤 파입 다임즈

1달러를 25센트짜리 두 개와 10센터짜리
다섯 개로 바꿔주세요.

🎧 44

S **How's** it **going**?
하우짓 고잉

안녕하세요?

S May I **help** you?
메아이 헬퓨

무엇을 도와드릴까요?

A I'd **like** to open an **account**, please
아잇라익 투 오기아넌 어카운트, 플리즈

계좌를 개설하고 싶습니다.

» I'd **like** to **open** a **new** **bank** account.
아잇라익 투 오우퍼너 뉴 뱅커카운트

새 계좌를 개설하고 싶습니다.

S **What** kind of **account** / do you **want**?
왓 카이너버카운트 두유 원트

어떤 계좌를 원하십니까?

» **What** type of **account** /do you **want**?
와 타이퍼버카운 두유 원트

어떤 계좌를 원하십니까?

» **What** kind of **account** /
would you **like** to **open**?
와 카이너버카운트 우쥴라익 투 오우펀

어떤 계좌를 개설하고 싶으세요?

A I'd **like** to **open** a / **regular** **savings** account.
아잇라익 투 오우퍼너 레귤럴 쎄이빈저카운트

보통 예금계좌를 개설하고 싶습니다.

» I **want** to **open** a / **checking** account
아이 원투 오우퍼너 췌키너카운트

당좌 예금계좌를 개설하고 싶습니다.

» I need an **account** / to **keep** my **savings** /
and **also** receive **money** / from **Korea**.
아이 니던 어카운 투 킵 마이 쎄이빙즈 앤 올쏘우 리시브 머니 프롬 코우리어

저금을 하고 한국으로부터 송금 받을
통장이 필요합니다.

S Then, I **recommend** / our **savings** account.
덴, 아이 레커멘드 아우얼 쎄이빙저카운트

그러면, 저축 예금계좌가 좋겠습니다.

A **Yes**, I **will**.
예스, 아이 윌

예, 그렇게 하겠습니다.

A Is it **possible** / to **open** an **account** /
with **ten dollars**?
이짓 파써블 투 오우퍼넌 어카운트 윗 텐 달러즈

10달러로 계좌를 개설할 수 있습니까?

S **Yes**, of **course**.
예스, 어브콜스

예, 물론입니다.

S Please **fill out** this **application** /
for a **new account**.
플리즈 피라웃 디스 애플러케이션 포뤄 뉴 어카운트

새 계좌를 개설하려면 이 신청서를 작성
해주세요.

S Would you **show** me / your **ID card**?
우쥬 쇼우 미 유얼 아이디 칼드

신분증을 보여주시겠습니까?

≫ May I **see** / your **identification**(**identity**) **card**?
메아이 씨 유얼 아이데너피케이쉰(아이데너리) 칼드

신분증을 보여주시겠습니까?

A **Here** you **are**.
히얼 유알

여기 있습니다.

S **Enter**(**Press**) your **PIN number**, please
엔털(프레스) 유얼 핀넘벌, 플리즈

비밀번호를 눌러주세요.

A I'd **like** to **deposit money**, please.
아잇 라익 투 디파집 머니, 플리즈

예금을 하려고 합니다.

≫ I would **like** to **make** a **deposit**.
아잇라익 투 메이꺼 디파짓

입금을 하고 싶습니다.

≫ I **want** to **make** a **deposit**.
아이 원투 메이꺼 디파짓

입금을 하고 싶습니다.

A I'm **going** to **deposit** / **50** dollars.
아임 고잉 투 디파짓 피프티 달러즈

50달러를 입금하려고 합니다.

≫ I'd **like** to **deposit $300** / into my **account**.
아잇 라익 투 디파짓 쓰뤼헌쥬뤳 달러즈 인투 마이어카운트

제 계좌에 300달러를 입금하고 싶습니다.

S May I see some **proof** of ID?
메아이 씨 썸 프루퍼브 아이디

신분증을 보여주시겠습니까?

S **Fill out** this **deposit slip**, please.
피라웃 디스 디파지슬립, 플리즈

이 입금전표를 작성해 주십시오.

≫ Can you **fill out** / this **form**?
캔뉴 피라웃 디스 포음

이 양식을 작성해 주시겠습니까?

A **Here** it **is**.
히얼 이리즈

여기 있습니다.

S **Thanks** a **lot**.
쌩썰랏

매우 감사합니다.

S **Next** please. Can I **help** you?
넥슷 플리즈. 캐나이 헬퓨

다음 고객님. 무얼 도와드릴까요?

A I'd **like** to **make** a **withdrawal**.
아잇 라익 투 메이꺼 위쥬로얼

돈을 인출하고 싶습니다.

A Can I **withdraw** some **money** /
from my **account**?
캐나이 위쥬로 썸 머니 프롬 마이 어카운트

제 통장에서 돈을 좀 찾을 수 있을까요?

S **How much** / do you **want** to **withdraw**?
하우머취 두유 원투 위쥬로

얼마를 출금하고 싶습니까?

A I'd **like** to **withdraw** / **100** dollars.
아잇라익 투 위쥬로 헌쥬뤳 달러즈

100달러를 인출하고 싶습니다.

S **How** would you **like** / your **money**?
하우 우쥴라익 유얼 머니

돈을 어떻게 드릴까요?

A Can I **have** it in **cash**, please?
캐나이 해브 잇 인 캐쉬, 플리즈

현금으로 주시겠어요?

A And I'd **like** to **remit 300** dollars / to **Korea**.
앤 아잇라익 투 뤼밋 쓰뤼헌쥬뤳 달러즈 투 코어뤼어

그리고 300달러를 한국으로 송금하고
싶습니다.

S Oh! **Really**?
오우! 뤼얼리

오우! 그러세요?

A What's the **remittance charge**?

와쯔 더 뤼미런스 촬쥐

송금 수수료가 얼마죠?

S It's **2%**.

이쯔 투 펄쎈트

2%입니다.

A I'd **like** to **close** / my **savings account**.

아잇라익 투 클로우즈 마이 쎄이빙저카운트

저의 예금계좌를 해지하고 싶습니다.

≫ I'd **like** to **cancel** my **account**.

아잇라익 투 캔썰 마이 어카운트

저의 계좌를 해지하고 싶습니다.

UNIT 45 우표 구입 및 편지 보내기

🎧 45
등장인물: A B / S 직원

A Is there a **post office** / near **here**?
이즈 데어뤄 포우숫오피스 니얼 히얼

이 근처에 우체국이 있습니까?

B If you go **this way**, you'll see a **post office**.
이퓨 고우 디스웨이, 율씨어 포우숫 오피스

이 길로 가면 우체국이 보일 겁니다.

A I'd like to **send** this **letter** / to **Korea**.
아잇라익 투쎈 디슬레럴 투 코어뤼어

이 편지를 한국으로 보내고 싶습니다.

A **Where** can I **buy** / some **stamps**?
웨얼 캐나이 바이 썸 스땜스

어디서 우표를 살 수 있습니까?

S Go to **counter 5**, please.
고우투 카우널 파이브, 플리즈

5번 창구로 가십시오.

A I'd like to **buy** / some **stamps**.
아잇라익 투 바이 썸 스땜스

우표를 좀 사고 싶은데요.

S **Which kind** of stamp / would you **like**?
위취 카이너브 스땜프 우쥴라익

어떤 우표로 드릴까요?

A I need a **stamp**, please.
아이 니러 스땜, 플리즈

우표 한 장 주십시오.

» **Two ten** cent **stamps**, please.
투 텐쎈 스땜스, 플리즈

10센트짜리 우표 두 장 주세요.

A **Where** can I **buy** envelopes?
웨얼 캐나이 바이 엔벌로웁스

봉투는 어디서 삽니까?

S You'll need **some stamp**s / for your **letter**.
율 니드 썸 스땜스 폴 유얼 레럴

편지를 붙이려면 우표가 필요할겁니다.

» You can **buy envelopes** / from **me**.
유캔 바이 엔벌로웁스 프롬 미

봉투는 저에게 사시면 됩니다.

A I'd like to **send** this **letter** / to **Busan**, **Korea**.
아잇라익 투 쎈 디슬레럴 투 부싼, 코어뤼어

이 편지를 한국, 부산에 보내려고 합니다.

» **Air** mail, please.
에얼 메일, 플리즈

항공우편으로 하겠습니다.

» Could I have **two air**mail **stamps** / to **Korea**?
쿠라이 해브 투 에얼메일 스탬스 투 코어뤼어

한국으로 보낼 항공우편 우표 두 장 주시 겠어요?

S **Here** it **is**.
히얼 이리즈

여기 있습니다.

A I'm **sending** it / **by snail** mail.
아임 쎄닝 잇 바이 스네일 메일

보통우편으로 보내낼겁니다.

» Please **send** it / by **regular** mail.
플리즈 쎄닙 바이 뤠귤럴 메일

이것을 보통우편으로 보내 주세요.

» Please **register** this **letter**.
플리즈 뤠쥐스털 디슬레럴

이 편지를 등기로 보내 주세요.

» I'd like to **send** this **letter** / by **registered** mail.
아잇라익 투쎈 디슬레럴 바이 뤠쥐스털드 메일

이 편지를 등기우편으로 보내고 싶어요.

» I'd like to **send** it / by **express**.
아잇라익 투 쎄닙 바이 익스프뤠스

속달로 보내고 싶습니다.

» I want to **send** it / **by express** mail **service**.
아이 워너 쎄닙 바이 익스프뤠스 메일 썰비스

속달우편으로 보내고 싶어요.

» I want to **mail** this / by **express** mail / or **priority** mail.
아이 워너 메일 디스 바이 익스프뤠스오얼 프라이오뤼리 메일

속달우편이나 빠른우편으로 메일보내고 싶어요.

A Do you **handle** / **parcel post**?
두유 핸들 팔썰 포우슷

여기서 소포 우편물 취급합니까?

S **Certainly**.
썰튼리

물론입니다.

A I'd like to **send** this **parcel** / to **Korea**.
아잇라익 투 쎈 디스 팔썰 투 코어뤄어

이 소포를 한국으로 보내고 싶습니다.

S Will you **wrap** this / <u>as a</u> **parcel**?
윌류 뤱 디스 애저 팔썰

소포용으로 포장해 주시겠습니까?

A Are you **selling packaging materials** here?
알 유 쎌링 패키칭 머티어뤼얼즈 히얼

여기서 포장용 재료를 팝니까?

S **Yes**, <u>there's on</u> the **table** / over **there**.
예스, 데얼전더 테이블 오우버데얼

예, 저기 테이블위에 있습니다.

A **Where** do I **write** the /
sender's name and **address**?
웨얼 두 아이 롸이더 쎄널즈 내이먼 애쥬뤠스

발신인의 이름과 주소는 어디에 씁니까?

S **Write** the **recipient's address** here /
and **sender's** address here.
롸이더 뤼시피언쯔 애쥬뤠스 히얼 앤 쎄널즈 애쥬뤠스 히얼

수신인 주소는 여기 발신인 주소는 여기에 쓰십시오.

S You **have** to **write** the **zip code**.
유 햅투 롸이더 집 코우드

우편번호는 반드시 써야 합니다.

S Is this **fragile**?
이즈디스 프뤠즐

이것은 깨지기 쉬운 물건입니까?

» Are the **contents fragile**?
알 더 칸텐쯔 프뤠즐

깨지기 쉬운 물건입니까?

» Are there any **fragile contents**?
알데얼 애니 프뤠즐 칸텐쯔

깨지기 쉬운 물건이 있습니까?

S **What's** inside?
와쯔 인싸이드

안에 뭐가 들었습니까?

A There are **books** in **there**.
데어뤄 북씬 데얼

안에 있는 것은 책입니다.

S **What's** in this **package**?
와쯔인 디스 패키쥐

이 소포안에 뭐가 들었습니까?

A The **content** is **clothing**.
더 칸테니즈 클로우딩

내용물은 옷입니다.

S **What's contained** in the **parcel**?
와쯔 컨테인드 인더 팔썰

소포안에 뭐가 들어있습니까?

A I'm sending **documents**.
아임 쎄닝 다큐먼쯔

서류를 보냅니다.

S Are there any **explosive materials** / in **there**?
알데얼 애니 익스플로우씨브 머티어뤼얼즈 인 데얼

폭발위험이 있는 물건이 들어있습니까?

A **No**. There **aren't**.
노우. 데어뢴트

아니요. 없습니다.

S **Write** down the **contents** here, please.
롸잇 다운더 칸텐쯔 히얼, 플리즈

여기 내용물을 적어주십시오.

S Could you **put** it **on** the scale /
so that I can **weigh** the **package**?
쿠쥬 푸리런 더 스케일 쏘 대라이 컨 웨이더 패키쥐

무게를 달 수 있도록 저울 위에 올려주시
겠습니까?

A **Sure**.
슈얼

그러지요.

S Let me **weigh** it.
렛미 웨이 잇

무게를 달아 보겠습니다.

S The **weight** of this **package** is **2.5kg**.
더 웨이러브 디스 패키쥐즈 투 포인트 파입 킬로그램

이짐 무게가 2.5킬로그램입니다.

S **How** would you **like** it **delivered**?
하우 우쥴 라이끼 딜리벌드

어떻게 보내시겠습니까?

≫ By **airmail** /
or **surface** mail?
바이 에얼메일 오얼 썰피스 메일

항공우편입니까, 아니면 선박우편입니까?

A **How long** will it **take** / if I **send** it /
by **surface** mail?
하울롱 위릿 테익 이파이 쎄닙 바이 썰피스 메일

선박우편으로 보내면 얼마나 걸리죠?

S It'll **take** about / **three weeks**.
잇을 테이꺼바웃 쓰뤼 윅스

약 3주 걸립니다.

A **How** about **airmail**?
하우 아바웃 에얼메일

항공우편은 어떠세요?

S It's **much** faster **actually**.
이쯔 머취 패스떨 액츄리

사실은 훨씬 더 빠릅니다.

S It'll **take 4** or **5** days.
잇을 테익 폴 오얼 파이브 데이즈

4, 5일 걸립니다.

» It'll **take** about a **week**.
잇을 테이꺼바우러 윅

1주일 정도 걸립니다.

A I'd like to **send** it / by **airmail**.
아잇 라익 투 쎄닙 바이 에얼메일

항공우편으로 보내고 싶습니다.

» I want to **send** it / by **surface** mail.
아이 원투 쎄닛 바이 썰피스 메일

선박우편으로 보내고 싶습니다.

A **How much** is **it**?
하우머취 이짓

얼마입니까?

S It'll be **$16.75**.
잇을 비 씩스틴 달러즈 쎄브니파이브 쎈쯔

16달러 75센트입니다.

• sixteen의 강세가 [틴]에 있으나 바로 뒤에 강세음절인 75가 따라오므로 강세가 앞쪽 [씩]으로 이동하여 발음해야 한다.

A **This** is **breakable**. Please **handle** it **with care**.
디스이즈 브뤠이꺼블. 플리즈 핸드릿 윅케얼

이것은 깨지기 쉽습니다. 조심해서 다뤄 주세요.

S Is it **valuable**?
이짓 밸류어블

고가의 물건입니까?

A **Yes**. I paid **500 dollars** / for **it**.
예스. 아이 페이드 파입헌쥬렛 달러즈 포릿

예. 500달러 주고 샀습니다.

S Then I would **suggest** /
that you **insure** the **contents** / just in **case**.
덴 아이 웃 써줴숫 대츄 인슈얼 더 칸텐쯔 줘스띤 케이스

그러면 만약을 대비해 보험을드는 게 좋겠습니다.

A **Really**? I **think** / I'd better **insure** it.
뤼얼리? 아이 씽크 아입 베럴 인슈어릿

그래요? 보험에 드는 게 좋겠어요.

A **How much** will it be / with **insurance**?
하우머취 위립 비 위드 인슈어륀스

보험에 들면 얼마입니까?

S The cost for the **insurance is** $6.40 /
so the **total** amount / will be $23.15.
더 코숫 폴디 인슈어륀시즈 씩스 달러즈 포뤼 쎈쯔
쏘 더 토럴 어마운트 윌비 투에니쓰뤼 달러즈 피프틴 쎈쯔

보험료가 6달러 40센터니까 합계 23달러 15센터입니다.

A **When** will it **reach** the **destination**?
웬 위릿 뤼취 더 데스터네이션

언제 도착합니까?

S It'll **get there** / by **4** o'clock /
the **day** after **tomo row afternoon**.
잇을 겟 데얼 바이 폴 어클락 더 데이 앱털 터모로우 앱털눈

모래 오후 4시까지는 도착할 겁니다.

PART 4
여행하기

여행은 실제 여행지에서도 좋지만 계획할 때부터 설레는 것 같습니다. 비행기나 호텔을 예약하는 것부터 공항에서 수속할 때 유용한 표현, 관광지에서 쓸 수 있는 표현을 알아보세요.

Part 4에서는 여행 준비부터 공항, 호텔, 관광지에서 유용한 표현들과 렌터카를 이용할 때, 위급 상황에서 사용할 수 있는 표현을 알아봅니다. Part 4의 대화문을 충분히 연습했다면, 미국 뿐만 아니라 세계 어느 나라를 가서도 즐겁게 여행을 할 수 있습니다.

UNIT 48 비행기 티켓 예약하기

🎧 48
등장인물: A 고객 / S 직원

A I'd like to **book** a **flight** / to **New York**.
아잇라익 투 부꺼 플라잇 투 뉴욕

뉴욕 행 항공권을 예약하고 싶습니다.

> • book [k]는 앞 음절에 강모음이 오므로 된소리 [ㄲ]로 발음되면서 a와 연음 됩니다. flight의 t는 뒤에 [t] 발음이 오므로 생략됩니다.

» I'd like to **make** a **reservation** /
for a plane **ticket** / to **New York**.
아잇라익 투 메이꺼 뤠절베이션 포뤄 플레인 티낏 투 뉴욕

뉴욕 행 항공권을 예약하고 싶습니다.

S **When** are you **planning** to **leave**?
웬얼유 플래닝 툴 리브

언제 떠날 예정입니까?

» **When** would you **like** to **leave**?
웬 우쥴라익 툴 리브

언제 떠나시겠습니까?

A I'm **planning** to **leave** on / **September 20th**.
아임 플래닝 툴리번 쎕템벌 투에니쓰

9월 20일에 떠날 예정입니다.

» I'd like to **leave** on the / **18th** of **June**.
아잇라익 툴리번디 에이틴써브 준

6월 18일에 떠나려고 합니다.

A I need to **leave** / next **Wednesday**.
아이 니툴 리브 넥숫 웬즈데이

다음 수요일 떠나야 합니다.

A Do you have any **nonstop flights**?
두유 해브 애니 난스땁 플라이쯔

직항 편 있습니까?

S I'm **sorry**, that **flight** is / **fully booked** up.
아임 쏘뤼, 댓 플라이리즈 풀리 북떱

죄송합니다, 그 편은 다 찼습니다.

> • booked의 k는 앞 모음에 받침처럼 붙고 ed는 [t]로 발음되나 앞 음절에 강세가 오므로 된소리 [ㄸ]로 발음되면서 up과 연음 됩니다.

» The **direct flight** is / **all booked** up.
더 디뤡트 플라이리즈 올 북떱

직항 편은 다 찼습니다.

A **What's** the **next flight**?
와쯔 더 넥스 플라잇

다음 비행기는 언제 있습니까?

S There's a **flight** to **leave** on **Wednesday**.
데얼저 플라잇 툴리번 웬즈데이

수요일에 떠나는 항공편이 있어요.

A Is it **nonstop**?
이짓 난스땁

직항입니까?

A Is that a **stopover**?
이즈 대러 스땁오우벌

경유합니까?

• 빠르게 말할 때 that의 th는 생략되고 t는 모음사이에 있으므로 [r]로 발음되면서 세 단어가 연음 됩니다.

S We have **one** / that **goes** through **Tokyo**.
위 해브원 댓 고우쓰루 토우쿄우

동경을 경유하는 항공편이 있습니다.

A Are there any **seats available**?
알 데얼 애니 씨-쩌베일러블

좌석이 있습니까?

• seats available은 연음이 되어 한 단어처럼 들립니다.

S **Yes**, we have **some seats available**.
예스, 위 해브 썸 씨-쩌베일러블

네, 좌석이 몇 개 남아있습니다.

A **How long** is the **layover**?
하울롱 이즈 덜 레이오우벌

대기시간이 얼마나 걸립니까?

S There is a **three** hours **layover** / in **Tokyo**.
데어뤼저 쓰뤼 아우얼즈 레이오우벌 인 토우쿄우

동경에서 갈아타는데 세 시간 대기해야 합니다.

A **That'd** be **nice**. I'll buy **that** one.
댑비 나이스. 아일 바이 대뤈

그게 좋겠습니다. 그걸로 하겠어요.

• That'd의 [d]는 생략되고 [t]는 [p]로 발음됩니다.

S **When** will you **return**?
웬 윌류 뤼턴

언제 돌아오실 겁니까?

A I'll be **back** on **October 20th**.
아일 비 배껀 옥토우벌 투에니쓰

10월 20일에 돌아올 겁니다.

S Would you **like** a **one way** /
or a **round trip ticket**?
우쥴 라이꺼 원웨이 오어뤄 롸운 츄륍 티낏

편도표를 원하세요, 왕복표를 원하세요?

A Please **make** it a **round trip ticket**.
플리즈 메이끼러 롸운 츄륍 티낏

왕복표로 해 주세요.

A **First** class, please.
펄슷 클래스, 플리즈

일등석으로 주세요.

• 'business class 비즈니스 클래스' 또는 '일반석'을 의미하는 'economy class 이카너미 클래스, tourist class 투어뤼
슷 클래스'를 넣어 문장을 만들 수 있습니다.

A **How much** is the **fare**?
하우 머취 이즈더 페얼

요금이 얼마입니까?

S It'll be **926 dollars**.
잇을 비 나인헌쥬뤄런 투에니씩스 달러즈

926달러입니다.

• nine hundred and twenty six에서 hundred의 [d]가 [r]로 발음되고, and의 [d]가 생략되면서 연음, twenty의 [t]는
생략됩니다.

A I want to **confirm** my **reservation** /
on **Flight 234** to **New York**/on **Wednesday**.
아이 원투 컨퍼음 마이 뤠절베이션 언 플라이 투쓰뤼폴 투 뉴욕 언 웬즈데이

수요일에 출발하는 뉴욕 행 234편의
예약을 확인하고 싶습니다.

» I'd like to **reconfirm** / my **flight**.
아잇라익 투 뤼컨퍼음 마이 플라잇

저의 비행편을 재확인하고 싶습니다.

S Your **name** and / **flight number**, please.
유얼 네이먼 플라잇 넘벌, 플리즈

성함과 편명을 말씀해주세요.

• 빠르게 말할 때 and는 [언]으로 발음되며 name과 연음 됩니다.

A My **name** is **Jin Su Kim**, **Korean** Air flight **234**.
마이 네이미즈 진수 김, 코어뤼언 에얼 플라잇 투쓰뤼폴

제 이름은 김진수, 대한항공 234편
입니다.

S Your **reservation** is **confirmed**.
유얼 뤠절베이셔니즈 컨퍼음드

예약이 확인되었습니다.

A I'd like to **cancel** my **reservation**.
아잇라익 투 캔썰 마이 뤠절베이션

예약을 취소하고 싶습니다.

S **Why**, sir?
와이, 썰

왜 그러세요? 선생님

A I <u>have a</u> **terrible stomachache**.
아이 해버 테뤄블 스따머케익

복통이 심해서요.

A <u>Is **this**</u> ticket **refundable**?
이즈 디스 티낏 뤼펀더블

이 항공권을 환불할 수 있습니까?

S **Yes**, of **course**.
예스, 어브콜스

예, 물론입니다.

A I'd like to **book** a **flight** / **next Wednesday**.
아잇 라익 투 부꺼 플라잇 넥숫 웬즈데이

다음 주 수요일 항공편을 예약하고 싶습니다.

S Your **reservation** is **confirmed**.
유얼 뤠절베이셔니즈 컨퍼음드

예약이 확인되었습니다.

A **Thank** you **so** much.
쌩큐 쏘우 머취

정말 고맙습니다.

A **Where's** the **American Airline** counter?
미국항공 카운터가 어디 있습니까?
웨얼즈 디 어메뤼컨 에얼라인 카우널

S **That's** over **there** / **on your** **right**.
저기 오른쪽에 있습니다.
대쯔 오우벌 데얼 언 유얼 롸잇

A I'm on **flight 234** / to **New York**.
뉴욕 행 234편에 예약되어 있습니다.
아이먼 플라잇 투쓰뤼폴 투 뉴욕

S May I **see** your **ticket** / and **passport**, please?
표와 여권을 보여주시겠습니까?
메아이 씨 유얼 티낏 앤 패스폴트, 플리즈

A **Here** you **are**.
여기 있습니다.
히얼 유알

S Would you **like** an **aisle** seat / **or a** **window** seat?
통로와 창가 중 어느 좌석을 드릴까요?
우쥴라익 어나일 씻- 오어뤄 윈도우 씻-

A A **window** seat, please.
창 쪽 좌석으로 주세요.
어 윈도우 씻-, 플리즈

A **How long** does the **flight** take?
비행시간이 얼마나 걸리죠?
하울롱 더즈더 플라잇 테익

S It'll **take** about **thirteen** hours.
약 13시간 걸릴 겁니다.
잇을 테이꺼바웃 썰틴 아우얼즈

» It **takes** over **thirteen** hours.
13시간 넘게 걸립니다.
잇 테익스 오우벌 썰틴 아우얼즈

• It의 t는 뒤에 [t] 발음이 오므로 생략됩니다. thirteen은 강세가 [틴]에 있으나 뒤따르는 단어에 강모음이 오므로 thirteen은
강세가 [써]로 이동하여 발음합니다.

S Are you **going** to **check** / that **bag**?
그 가방은 맡기실 겁니까?
알 유 고너 첵 댓 백

• 빠르게 말할 때 that의 [t]는 [b]에 동화되기 위해 [p]로 발음됩니다.

A **No**, this is a **carry** on **bag**.
아니요, 이 가방은 들고 탈겁니다.
노우, 디스 이저 캐뤼언 백

» I'll **carry** it on **board** / with **me**.
아일 캐뤼 이럼 보얼드 윕미

이건 직접 들고 탈겁니다.

• it의 [t]가 [r]로 바뀌고 on의 [n]은 다음 [b]와 동화되기 위해 [m]으로 발음되며 연음 됩니다.

S Do you **have** any **baggage** / to **check in**?
두유 해브 애니 배기쥐 투 췌낀

맡길 짐이 있습니까?

• baggage 미국에서 자주 사용하고, luggage [러기쥐]는 영국에서 자주 사용합니다.

A **Yes**, I **have**.
예스, 아이 해브

예, 있습니다.

A I'd like to **check in** this **trunk**.
아잇 라익 투 췌낀 디스 츄렁크

이 트렁크는 맡기겠습니다.

S Please **put** it **on** this **scale**.
플리즈 푸리런 디스께일

짐을 이 저울위에 올려주세요.

• put의 [t]와 it의 [t]는 [r]로 바뀌며 세 단어가 연음 됩니다.

S Your **baggage** is over **weight**.
유얼 배기쥐이즈 오우벌 웨잇

짐은 중량이 초과되었어요.

A **How much** is the **excess baggage** charge?
하우 머취 이즈 디 익쎄스 배기쥐 촬쥐

초과 수하물 비는 얼마입니까?

A **Where** can I **get an embarkation** card?
웨얼 캐나이 게런 엠발케이션 칼드

출국 카드는 어디서 받습니까?

A **When** is the **boarding time**?
웨니즈 더 보어링 타임

탑승 시간은 언제입니까?

S **Boarding** begins **thirty minutes** /
before the **take off**.
보어링 비긴즈 써뤼 미닛쯔 버폴 더 테이껍

탑승은 이륙 30분 전부터 시작합니다.

S Usually **20 minutes** before the take off.
유쥘리 투에니 미닛쯔 버폴 더 테이껍

보통 이륙하기 20분 전입니다.

A **What's** the **boarding gate**?
와쯔더 보어링 게잇

탑승구는 몇 번입니까?

S Your **flight** will **depart** / from **gate 9**.

유얼 플라잇 윌 디팔트 프롬 게잇 나인

당신의 비행기는 9번 탑승구에서 출발합니다.

» You'll **depart** / from **gate 9**.

유일 디팔트 프롬 게잇 나인

9번 탑승구에서 출발합니다.

A Is this the **boarding gate** / for **flight 234**?

이즈 디스 보어링 게잇 폴 플라잇 투써뤼폴

234편 탑승구가 여기입니까?

A **Where's** the **seat** number **39A**?　　　　39A 좌석이 어디 있습니까?
웨얼즈더 씻-넘벌 써뤼나인 A

» I'm **looking** for the **seat** number **39A**.　　좌석번호 39A를 찾고 있습니다.
아임 루킨 폴더 씻-넘벌 써뤼나인 A

» Could you **help** me / to **find** my **seat**, please?　이 좌석을 찾는데 좀 도와주시겠어요?
쿠쥬 헬(프)미 투 파인 마이 씻-, 플리즈

　• find의 [d]는 생략되고 [n]은 다음 [m]에 동화되기 위해 [m]으로 발음됩니다. seat의 [t] 뒤에 [p]가 올 때 [t]는 [p]로
　발음됩니다.

» **Help** me to **find** my **seat**, please.　　　좌석을 찾는데 좀 도와주세요.
헬(프)미 투 파인 마이 씻-, 플리즈

F **What's** the **seat** number?　　　　　　　좌석이 몇 번입니까?
와쯔더 씻- 넘벌

F May I **see** your **boarding pass**?　　　　탑승권 좀 보여 주시겠어요?
메아이 씨 유얼 보어륑 패스

A **Here** you **are**.　　　　　　　　　　여기 있어요.
히얼 유알

F It's over **there** / **next** to the **window**.　저쪽 창가에 있습니다.
이쯔 오우벌 데얼 넥슛 투더 윈도우

A **Thanks**.　　　　　　　　　　　감사합니다.
쌩스

A May I **get through**?　　　　　　　　좀 지나가도 될까요?
메아이 겟 쓰루

B **Oh**, I'm **sorry**.　　　　　　　　　미안합니다.
오우, 아임 쏘뤼

A **Excuse** me / but **this** is my **seat**.　　실례지만 여긴 제 자리입니다.
익스큐즈 미 벗 디스 이즈 마이 씻-

A **Excuse** me, I **think** / you're **sitting** in my **seat**.　　실례지만 제 자리에 앉으신 것 같습니다.

익스큐즈 미, 아이 씽크 유얼 씨링 임 마이 씻-

C Oh, **really**? Let me **check** my **ticket**.　　오, 그래요? 제 표를 확인해보겠습니다.

오우, 뤼얼리 렛미 첵 마이 티킷

C **Sorry**, I couldn't **agree more**.　　미안합니다. 당신 말이 맞습니다.

쏘뤼, 아이 쿠른 어그뤼 모얼

　• couldn't의 [t]는 생략되고, [d]는 부드러운 [r]로 바뀌어 [쿠른]으로 발음됩니다.

A That's **OK**. It's **happen**ed to **me** /　　괜찮습니다. 저도 지난 번에 그런 일이
before as **well**.　　있었어요.

대쯔 오우케이. 이쯔 해쁜 투미 비포뤠즈 웰

D Do you mind **changing** your **seat** / with **me**?　　저와 자리를 바꿔주시겠어요?

두유 마인드 췌인징 유얼 씻- 윕미

D Could you change seats / with **me** /　　제 일행과 같이 앉을 수 있게 좌석을
so that I can **sit** / with my companion?　　좀 바꿔주시겠습니까?

쿠쥬 췌인쥐 씨-쯔 윕미 쏘우 대라이캔 씻- 윕마이 컴패년

» I'd **like** to **sit together** / with my **companion**.　　제 동료와 함께 앉고 싶습니다.

아잇 라익 투 씻- 투게덜 윕마이 컴패년

C No **problem**.　　좋습니다.

노우 프뢰블럼

» It looks **all right** to me.　　저는 좋은 것 같습니다.

잇 룩스 올롸잇 투미

» **No way**.　　안됩니다.

노우 웨이

　• No deal [노우 딜]이라고 말할 수 있습니다.

D **Thank** you **very** much.　　정말 고맙습니다.

쌩큐 베뤼 머취

A Could I **put** my **seat back**?　　의자를 뒤로 젖혀도 되겠습니까?

쿠라이 풉 마이 씻- 백

F We are **taking** off **shortly**.
위얼 테이킹 어프 쇼를리

곧 이륙하겠습니다.

F **Fasten** your **seat belt**, please.
패슨 유얼 씻-벨트, 플리즈
• belt의 [t]는 생략된다.

안전벨트를 매 주십시오.

F The **emergency exits** are /
on **either** side / of the **plane**.
디 이멀전씨 엑씨짤 어니덜 싸이러브더 플레인
• side의 [d]는 뒤에 of가 오기 때문에 모음 사이에 있으므로 [r]로 바뀌면서 of와 연음 됩니다.

비상구는 비행기 양쪽에 있습니다.

F Have a **nice trip**.
해버 나이스 츄립

즐거운 여행 되십시오.

F Would you **like** / **something** to **drink**?
우쥴라익 썸씽 투 쥬륑크

마실 것 좀 드릴까요?

A **What** do you **have**?
왓 두유 해브

뭐가 있습니까?

F We have **coffee** / and **orange juice**.
위 해브 커피 앤 어륀쥐 쥬스

커피와 오렌지주스가 있습니다.

A **Coffee**, please.
커피, 플리즈

커피 주세요.

B **Another** juice, please.
어나덜 쥬스, 플리즈

주스 한 잔 더 주세요.

F We will soon **provide** you / with **meals**.
위 윌 쑨 프뤄바이쥬 윕밀즈

곧 식사를 제공해 드리겠습니다.

F **What** would you **like**? **Fish** / or **Beef**?
왓 우쥴라익 피쉬 오얼 비프

생선과 고기 중 어떤 걸로 하시겠습니까?

» **Which** would you **like**, **seafood** / or **meat**?
위취 우쥴라익, 씨풋 오얼 밋

해산물과 육류 중 어느 걸로 하시겠습니까?

A **Seafood**, please.
씨풉, 플리즈

해산물로 주세요.

B **What** **kind** of **drinks** / do you **have**?
왓 카이너브 쥬륑스 두유 해브

마실 것은 어떤 것이 있습니까?

F We have **wine**, **juice**, **mineral water**,
and a few **other beverages**.
위 해브 와인, 쥬스, 미너뤌워럴 애너 퓨 아덜 베버뤼쥐즈

와인, 주스, 물, 그리고 여러 가지가 더 있습니다.

A I'd like a **glass** of **wine**, please.
아잇라이꺼 글래써브 와인, 플리즈

와인 한 잔 주세요.

• glass of wine은 연음으로 한 단어처럼 말합니다.

B **Mineral water**, please.
미너뤌워럴, 플리즈

물 좀 주세요.

» May I have a **glass** of **water**, please?
메아이 해버 글래써브 워럴, 플리즈

물 한 잔 주시겠어요?

F Can I **get** you / **anything else**?
캐나이 게츄 애니씽 엘스

뭐 필요한 거 더 드릴까요?

F Are you **through** with your **meal**?
알유 쓰루 위쥬얼 밀

식사가 끝났습니까?

B **Yes**, please **take** this **tray**.
예스, 플리즈 테익 디스 츄뤠이

네, 이 트레이를 치워주세요.

A I'm **tired** of **watching** TV.
아임 타이어더브 와칭 티비

TV 보는 것도 지겹습니다.

A Do you have **anything** / to **read**?
두유 해브 애니씽 투 뤼드

읽을 것이 있나요?

F Would you like a **newspaper** / or **magazine**?
우쥴라이꺼 뉴즈페이펄 오얼 매거진

신문이나 잡지를 드릴까요?

A Do you have any **Korean magazines**?
두유 해브 애니 코어뤼언 매거진즈

한국어 잡지가 있어요?

F **Yes**, We **have**.
예스, 위 해브

예, 있습니다.

F We'll have **duty free** sales / after **meals**.
위일 해브 듀리 프뤼 쎄일즈 앱터 밀즈

식사 후 면세품 판매를 하겠습니다.

A I **feel** a bit **nauseous**.
아이 피러 빗 노셔스

속이 울렁거립니다.

» I don't **feel well**.
아이 돈 필 웰

몸이 안 좋습니다.

A I feel like **throwing up**.

아이 필 라익 쓰로위넙

토할 것 같습니다.

F Should I **get** you / an **airsickness bag**?

슈라이 게츄 어네얼씩니스 백

멀미용 봉지를 드릴까요?

A Do you have **pills** / for **airsickness**?

두유 해브 필즈 폴 에얼씩니스

멀미약이 있습니까?

F I'll **bring** you / some **medicine**.

아일 브링 유 썸 메러슨

약을 가져다 드리겠습니다.

• medicine의 [d]는 모음 사이에 있으므로 [r]로 발음됩니다.

B Could you **get** me a **blanket**?

쿠쥬 겝미어 블랭킷

담요 하나 가져다주겠어요?

B I **think** I'm **coming down** with **cold**.

아이씽크 아임 커밍다운 윅 코울드

감기가 오는 것 같습니다.

• with의 th는 뒤의 [k] 발음에 동화되기 위해 [ㄱ]으로 발음됩니다.

A May I **have** a **disembarkation card**?

메아이 해버 디쎔발케이션 칼드

입국 카드 한 장 주시겠어요?

F **Sure**, I'll **bring** it to **you** / **right away**.

슈얼, 아일 브뤼닛 투유 롸이러웨이

바로 가져다 드리겠습니다.

• right의 [t]가 [r]로 바뀌면서 away와 연음 되어 한 단어처럼 말합니다.

B **How long** do we have to **go**?

하울롱 두위 햅투 고우

얼마나 가야 합니까?

F About **three** hours **left**.

어바우 쓰뤼 아우얼즐 렙트

3시간 정도 남았습니다.

F **Return** to your **seat**, please.

뤼터은 투 유얼 씻-, 플리즈

좌석으로 돌아가십시오.

S May I **see** your **passport**, please?　　　여권을 보여주시겠습니까?
메아이 씨 유얼 패스폴트, 플리즈

A **Here** you **are**.　　　여기 있습니다.
히얼 유알

S **What's** the **purpose** of your **visit**?　　　방문 목적이 무엇입니까?
왓쯔 더 펄퍼서브 유얼 비짓

　• what's the는 빠르게 말할 때 the의 th가 생략되고 [어]로 's에 붙여 [왓서]와 같이 발음합니다.

A I'm **here** / for **business**.　　　사업차 왔습니다.
아임 히얼 폴 비즈니스

» For **sightseeing**.　　　관광입니다.
폴 싸잇씨잉

» I'm **here** / to **enjoy** my **vacation**.　　　휴가를 즐기려고 왔습니다.
아임 히얼 투 인죠이 마이 베이케이션

» I'm **here** on / **vacation**.　　　휴가를 보내려고 왔어요.
아임 히어뤈 베이케이션

» I **came** to **visit** / my **friend**.　　　제 친구를 만나러 왔어요.
아이 케임 터 비집 마이 프렌드

S Are you **traveling** / **alone**?　　　혼자 여행하십니까?
알 유 츄뤠벌링 얼로운

A **Yes**, I **am**.　　　예, 그렇습니다.
예스, 아이앰

S How long will you be / **staying** here?　　　이곳에 얼마나 머물 예정입니까?
하울롱 윌류비 스떼잉 히얼

A I'll be **here** a **week**.　　　일주일 있을 겁니다.
아일비 히어뤄 윅

S **What's** your **final destination**?
와쮜얼 파이널 데스티네이션

당신의 최종 목적지가 어디입니까?

A It's **New York**.
이쯔 뉴욕

뉴욕입니다.

S **How long** do you **expect** to **stay** /
in the **United States**?
하울롱 두유 익스빽 투 스떼이 인디 유나이리드 스떼이쯔

미국에서 얼마나 머물 예정입니까?

A I'll be **here** / for about a **month**.
아일 비 히얼 포뤄바우러 먼쓰

한 달 정도 있을 겁니다.

• about의 [t]가 [r]로 바뀌면서 세 단어가 연음 됩니다.

🎧 53
등장인물: A 고객 / S 직원

S Do you have **anything** / to **declare**?
두유 해브 애니씽 투 디클레얼

신고할 것이 있습니까?

S <u>Here is the</u> **customs declaration form**.
히어뤼즈더 커스떰즈 데클러뤠이션 포음

여기 세관 신고서가 있습니다.

S Please **fill out** / this **declaration form**.
플리즈 피라웃 디스 데클러뤠이션 포음

이 신고서를 작성해 주세요.

A <u>I have a</u> **few gifts**.
아이 해버 퓨 깁쯔

몇 가지 선물이 있습니다.

» I have **nothing** / to **declare**.
아이 해브 나씽 투 디클레얼

신고할 게 아무것도 없습니다.

S **Put** your **suitcase** / on the **belt**, please.
풋츄얼 쑷케이스 언더 벨트, 플리즈

가방을 벨트위에 올려주세요.

S **Walk through** the **metal detector**, please.
웍 쓰루더 메털 디텍떨, 플리즈

금속 탐지기를 통과해주세요.

S **What** do you **have** in your **bag**?
왓 두유 해빈 유얼 백

가방에 무엇이 들어 있습니까?

• in은 have와 연음 되어 아주 약하게 발음됩니다.

A **Nothing**.
나씽

아무것도 없습니다.

S **Open** the **bag**, please.
오픈더 백, 플리즈

가방을 열어 보십시오.

• the bag 대신 your bag을 사용할 수 있습니다.

S **What's** this?
와쯔 디스

이것은 무엇입니까?

A It's just a **personal item**.
이쯔 줘스떠 펄서널 아이럼

그건 제 개인 소지품입니다.

S Could you **take everything** /
out of your **pockets**?

호주머니에 있는 모든 물건을 꺼내
주시겠어요?

쿠쥬 테익 에브뤼씽 아우러브 유얼 파키쯔

A These are the **gifts** / for my **friend**.

이건 친구에게 줄 선물입니다.

디즈알더 깁쯔 폴 마이 프렌드

A It's a **clock** / for my **friend**.

친구에게 줄 시계입니다.

이쯔어 클락 폴 마이 프렌드

A I'm **at your disposal**.

당신 처분대로 하겠습니다.

아임 애츄얼 디스포우절

A **Where** is the **baggage claim area**?

수하물 찾는 곳이 어디 있습니까?

웨어뤼즈더 배기쥐 클레임 에어뤼어

S It's **downstairs**.

아래층입니다.

이쯔 다운스떼얼즈

A I can't **find my baggage**.

제 짐이 보이지 않습니다.

아이 캔 파임 마이 배기쥐

• find의 [d]는 생략 되고 [n]은 [m]과 동화되기 위해 [m] 발음으로 바뀝니다.

S **What** does your **bag look like**?

가방이 어떻게 생겼습니까?

왓 더즈 유얼 백 루클라익

A It's a **large black suitcase**.

검정색 큰 가방입니다.

이쩔 랄쥐 블랙 쑷케이스

S Can I **see** your **claim tag**?

수화물 표를 보여주시겠어요?

캐나이 씨 유얼 클레임 택

A **Here** it **is**.

여기 있습니다.

히얼 이리즈

S I'm **terribly** sorry.

대단히 죄송합니다.

아임 테뤄블리 쏘뤼

S I **think** / your **suitcase** is /
on the **next plane**.

아이 씽크 유얼 쑷케이스 이즈 언더 넥슷 플레인

당신 가방은 다음 비행기로 올 것
같습니다.

A **Call** this **number** / **when** you <u>find</u> my **suitcase**,
please.

콜 디스 넘벌 웬유 파임 마이 쑷케이스, 플리즈

제 가방을 찾으면 여기로 연락 주세요.

S We'll **let** you **know** as soon as /
we **find** your **bag**.

위일 렛츄 노우 애즈쑤내즈 위 파인드 유얼 백

당신 가방을 찾는 즉시 연락드리겠
습니다.

» We'll **contact** you as soon as /
we **find** your **bag**.

위일 컨텍츄 애즈쑤내즈 위 파인드 유얼 백

당신 가방을 찾는 즉시 연락 드리겠
습니다.

A **Which bus** <u>should I</u> **take** /
to go to **Manhattan**?
위취 버스 슈라이 테익 투 고우 투 맨해튼

맨해튼으로 가려면 어느 버스를 타야
합니까?

» Is there a **bus** going **downtown**?
이즈 데어뤄 버스 고잉 다운타운

번화가로 가는 버스가 있습니까?

B Just out **exit six** / and **take** number **1456**.
쥐스따웃 엑싯 씩스 앤 테익 넘벌 폴틴 피프티씩스

6번 출구로 나가서 1456번을 타세요.

A Does **this** bus **take me** / to **Manhattan**?
더즈 디스 버스 테익미 투 맨해튼

이 버스가 맨해튼으로 갑니까?

C **No**. **Take** a **bus** /
on the **opposite si<u>de</u>** of the **road**.
노우. 테이꺼 버스 언디 아퍼짓 싸이러브더 로우드

아니요. 길 건너서 버스를 타세요.

A **Where** can I **catch** a **taxi**?
웨얼 캐나이 캐취어 택씨

택시는 어디서 잡을 수 있습니까?

C There is a **taxi stand** / over **there**.
데어뤼저 택씨 스땐드 오우버뤠얼

저쪽에 택시 승차장이 있습니다.

C But, It's **hard** to **catch** an **available taxi** /
at this **hour**.
벗 이쯔 할드 투 캐취언 어베일러블 택씨 앳 디스 아월

하지만 이 시간에 빈 택시를 잡기가
힘들어요.

A **Hey**! **Taxi**.
헤이! 택씨

이봐요! 택시

T **Where** would you like to **go**?
웨얼 우쥴라익 투 고우

어디로 가십니까?

A Can you **take** me / to **Manhattan**, please?
캔뉴 테익미 투 맨해튼, 플리즈

맨해튼으로 데려다 주시겠어요?

» Can you **take** me / to **this address**, please?
캔뉴 테익미 투 디스 애쥬뤠스, 플리즈

이 주소로 데려다 주시겠어요?

A Is it **far** / from **here**?
이즈잇 팔 프롬히얼

여기서 멉니까?

T **Yes**, It's **far** / from **here**.
예스, 이쯔 팔 프롬히얼

예, 여기서 멉니다.

A **How long** do you **think** / it will **take**?
하울롱 두유 씽크 잇 윌 테익

얼마나 걸리겠습니까?

T About an **hour**.
어바우러 나우얼

한 시간쯤 걸립니다.

• about an hour는 세 단어를 한 단어처럼 발음합니다.

A It's **pretty far** from **here**.
이쯔 프뤼리 팔 프롬히얼

여기서 꽤 먼 거리군요.

A Hurry **up**, please.
허뤼 업, 플리즈

빨리 좀 가주세요?

T **Here** we **are**. **This** is the **Manhattan**.
히얼 위알. 디스 이즈 더 맨해튼

다 왔습니다. 여기가 맨해튼입니다.

A **How much** is the **fare**?
하우머취 이즈더 페얼

요금이 얼마입니까?

T That'll be **$20.50**, please.
댓을비 투에니달러즈 피프티센쯔, 플리즈

20달러 50센터입니다.

A Here is **30** dollars.
히얼 이즈 써뤼 달러즈

여기 30달러입니다.

• 빠르게 말할 때 Here is는 Here's[히얼즈]로 발음됩니다.

A **Keep** the **change**.
킵더 췌인쥐

거스름돈은 가지세요.

T Have a **good day**.
해버 굿데이

좋은 하루 되세요.

UNIT 55 예약하기

🎧 55
등장인물: A / B

A **Excuse** me, But I'm **looking** for a **hotel**.
익스큐즈 미, 버라임 루낑 포러 호텔

실례합니다만, 호텔을 찾고 있습니다.

B **What kind** of **hotel** / are you **looking** for?
왓 카이너브 호텔 알 율 루낑 폴

어떤 호텔을 찾고 있습니까?

A **One** near **downtown**.
원 니얼 다운타운

번화가와 가까운 호텔이요.

A **How** can I **get** to the / **Hilton Hotel**?
하우 캐나이 겟 투 더 힐튼호텔

힐튼 호텔까지 어떻게 가야 합니까?

*빠르게 말할 때 get to는 [게러]로 발음됩니다.

B My **advice** would be / to **take** a **taxi**.
마이 어드바이스 웃비 투 테이꺼 택씨

택시를 타는 게 좋을 겁니다.

A Can I **get** a **room**?
캐나이 게러 룸

방 있습니까?

A I'd like to **make** a **reservation** /
for a **room**, please.
아잇 라익 투 메이꺼 뤠절베이션 포뤄 룸, 플리즈

방을 하나 예약하고 싶습니다.

A Do you have any **rooms available**?
두유 해브 애니 룸즈 어베일러블

빈방 있습니까?

≫ Do you have a **vacancy**?
두유 해버 베이컨씨

빈방 있습니까?

B I'm **sorry**, there is **no vacancy**.
아임 쏘뤼, 데얼즈 노우 베이컨씨

죄송하지만, 빈방이 없습니다.

» I'm **sorry**, we have **no vacancies**.   죄송하지만, 방이 없습니다.

아임쏘뤼, 위 해브 노우 베이컨씨즈

B Sorry, we are all **booked up**.   죄송하지만, 예약이 끝났습니다.

쏘뤼, 위 알 올 북떱

A Could you **recommend** / **another hotel** near **by**? 근처에 다른 호텔을 추천해 주시겠어요?
쿠쥬 뤠커멘드 어나덜 호텔 니얼바이

A I'd **like** to **check** in, please. 체크인 하고 싶은데요.
아잇라익 투 췌낀, 플리즈

S Have you **made** a **reservation**? 예약하셨습니까?
해뷰 메이러 뤠절베이션

A **No**. I don't have a **reservation**. 아니요, 예약을 안 했습니다.
노우. 아이 돈 해버 뤠저베이션

S **What name** is it **under**? 어느 분 성함으로 예약되어 있습니까?
왓 네임 이짓 언덜

A I made a **reservation** / **under** the **name** of / 김진호 이름으로 예약 했습니다.
Jin Ho Kim.
아이 메이러 뤠절베이션 언덜더 네이머브 진호 킴

A Could I **see** the **room** / **first**? 먼저 방을 볼 수 있을까요?
쿠라이 씨 더룸 펄숫

S **How long** are you **staying**? 얼마동안 머무실 건가요?
하울롱 알 유 스떼잉

≫ For **how** many **nights**? 며칠 동안 묵으실 겁니까?
폴 하우 매니 나이쯔

A I'll be **staying** / for **three days**. 3일 동안 머물 겁니다.
아일 비 스떼잉 폴 쓰뤼 데이즈

A I'll **stay** for **3 nights**, from **May 9th** to **11th**. 5월 9일부터 11일까지 3일간 묵을
아일 스떼이 폴 쓰뤼 나이쯔, 프롬 메이 나인쓰 투 일레븐쓰 겁니다.

S **What type** of **room** / would you **like**? 어떤 방을 원하세요?
와타이퍼브 룸 우쥴라익

• What kind of room would you like? [왓 카인더브 룸 우쥴라익]
What kind of room do you want? [왓 카이너브 룸 두유 원트]

A A **double room**, please. 더블 룸으로 부탁합니다.

어 더블 룸, 플리즈

- single room [씽글 룸] 1인실
  twin room with a bath [트윈룸 위더 배쓰] 욕실이 딸린 트윈 룸

A I'd <u>like</u> <u>a</u> **room** / wit<u>h</u> <u>a</u> **view**. 전망이 좋은 방으로 주세요.

아잇 라이꺼 룸 위더 뷰

- a room with an ocean view [어 씽글 룸 위던 오우션 뷰] 바다 전망 1인실
  a quiet room [어 콰이엇 룸] 조용한 방

A How much / <u>for a</u> **night**? 하룻밤에 얼마입니까?

하우머취 포뤄 나잇

» **What's** the **room rate**? 방 값은 얼마입니까?

왓쯔 더 룸 뤠잇

- 빠르게 말할 때 the의 th는 생략되고 [어]가 앞의 s와 연음 되어 [왓써]와 같이 발음됩니다.

» **What's** the **charge** / <u>for an</u> **ocean view**? 바다가 보이는 방은 얼마입니까?

와쯔 더 촬쥐 포뤈 오우션 뷰

» **How much** is the **room** / per **night**? 숙박료는 하루에 얼마입니까?

하우머취 이즈더 룸 펄나잇

» **What's** the **rate** / for the **room** / per **night**? 방값은 하루에 얼마입니까?

와쯔 더 뤠잇 폴더 룸 펄나잇

S It's **100 dollars** / per **night**. 하루에 100달러입니다.

이쯔 원헌쥬럿 달러즈 펄나잇

A Do you have / **anything cheaper**? 좀 더 싼 방 있습니까?

두유 해브 애니씽 취펄

S It's **80 dollars** / per **night**. 하루에 80달러입니다.

이쯔 에이리 달러즈 펄나잇

- eighty의 [t]는 모음 사이에 있으므로 [r]로 발음 됩니다.

A <u>Is that</u> **room** the **cheapest**? 그게 제일 싼 방입니까?

이즈댓 룸더 취피슷

S Yes, It is.
예스, 이리즈

예, 그렇습니다.

A Does **this rate** include **breakfast**?
더즈 디스 뤠잇 인클루드 브렉퍼슛

이 요금에 아침식사가 포함되어 있습니까?

S It includes **continental breakfast**.
잇 인클루쯔 칸터넨틀 브뤡퍼스트

간단한 아침식사가 포함되어 있어요.

A I need **someone** / to **bring** my **baggage up**.
아이 니드 썸원 투 브링 마이 배기쥐 업

제 짐을 올려줄 사람이 필요합니다.

» Please **get** me a **porter**.
플리즈 겟미어 포

짐 옮길 사람 좀 불러주세요.

· get의 [t]는 뒤의 [m] 발음에 동화되기 위해 [p]로 바뀝니다.

A Can I **check** my **valuables** / with **you**?
캐나이 첵 마이 벨류어블즈 위쥬

저의 귀중품을 맡길 수 있습니까?

» I'd **like** to **deposit** / my **valuables**.
아잇라익 투 디파집 마이 밸류어블즈

제 귀중품을 보관하고 싶습니다.

S **Fill out** this **form**, please.
피라웃 디스 포음, 플리즈

이 양식을 작성해 주십시오.

S **Here's** the **key**.
히얼즈 더 키

열쇠 여기 있습니다.

A **Thanks**.
쌩스

감사합니다.

A **This** is room **606**.

여기 606호인데요.

디시즈 룸 씩스오우씩스.

» Could I **order** / **room service**?

룸서비스를 이용 할 수 있습니까?

쿠라이 오어덜 룸써비스

B **Yes**, of **course**, sir

예, 물론입니다. 손님

예스. 어브콜스, 썰

A Could you **give** me a / **wake** up call / at **6** a.m?

아침 6시에 모닝콜을 해 주시겠어요?

쿠쥬 김미어 웨이껍 콜 앳 씩스 에이엠

» **Wake** me **up** / at **6** in the **morning**, please.

아침 6시에 좀 깨워 주세요.

웨익미업 앳씩스 인더모닝, 플리즈

» I'd like a **wake** up **call**, please

모닝콜 좀 해 주세요.

아잇라이꺼 웨이껍 콜, 플리즈

S No **problem**, **sir**.

알겠습니다. 손님.

노우 프라블럼, 썰

A May I **ask** you / **one** more **thing**?

한 가지 더 물어봐도 될까요?

메아이 애스큐 원 모얼 씽

S **Sure**.

물론입니다.

슈얼

A **How** do I **get** / my **dirty laundry** cleaned?

세탁할 빨랫감은 어떻게 하면 됩니까?

하우 두아이 겝 마이 더뤼 런쥬뤼 클린드

» I have some **laundry** / I need **done**.

세탁물을 맡길 게 있습니다.

아이 해브 썸 런쥬뤼 아이 니던

• need의 [d]는 생략됩니다.

» I want to **have** / my **pants laundered**, please.

제 바지를 세탁하고 싶습니다.

아이 원투 해브 마이 팬쯔 론덜드, 플리즈

S Just **place** your **laundry** / in the **bag provided** / and **set** it **outside** your **door**.
줘숫 플레이스 유얼 런쥬뤼 인더백 프뤄바이리드
앤 쎄릿 아우싸잇 유얼 도얼

준비되어 있는 주머니에 빨랫감을 담아 문밖에 내 놓으세요.

» **Put** your **laundry** / in the **bag** and **write down** the **items** / on it.
푸츄얼 런쥬뤼 인더 백 앤 롸잇다운 디 아이럼즈 어닛

세탁물을 봉투에 넣으시고, 내용물을 써 주십시오.

A **When** will my **laundry** be **ready**?
웬 윌 마이 런쥬뤼 비 뤠리

세탁물은 언제 다 됩니까?

» **How long** does it **take**?
하울롱 더짓 테익

시간이 얼마나 걸립니까?

S It'll **take** about an **hour**.
잇을 테이꺼바우런 아우얼

한 시간 정도 걸립니다.

S It'll be **done** / before **supper**.
잇을 비 던 버풀 써펄

저녁식사 전에는 됩니다.

S Do you need **ironing too**?
두유 니드 아이얼닝 투

다리미질도 필요하십니까?

A **Yes**, please.
예스, 플리즈.

네, 해주세요.

A **Thank** you / for your **kindness**.
쌩큐 폴 유얼 카이니스

친절히 해 주셔서 감사합니다.

A Do I **pay** you **directly**?
두아이 페이 유 디렉 틀리

요금은 직접 지불해야 합니까?

S You can **pay** / when you **check out**.
유 캔 페이 웬뉴 췌카웃

체크아웃 하실 때 계산하시면 됩니다.

S **What** can I **do** for you, sir?
왓 캐나이 두 폴 유, 썰

무엇을 도와 드릴까요? 고객님.

A Could you send **someone up** / to my **room**?
쿠쥬 쎈드 썸워넙 투 마이 룸

누굴 좀 보내주시겠어요?

A The **light bulb** burned **out** / in my **room**.
덜 라잇 벌브 버은다웃 임마이 룸

방의 전구가 나갔습니다.

*빠르게 말할 때 bulb의 [b]는 뒤에 같은 발음이 오므로 생략합니다.

S We'll **fix** it / **right away**.
위일 픽씻 롸이러웨이

바로 고쳐드리겠습니다.

A The **TV** in my **room** / doesn't **work**.
더 티비 임마이 룸 더즌 월크

방의 TV가 안 켜져요.

S Did you **try** the **remote control**?
디쥬 츄롸이더 뤼모욱 컨츄로울

리모컨으로 해 보셨습니까?

A Can I **order breakfast**?
캐나이 오덜 브렉퍼슷

아침식사를 주문할 수 있을까요?

S **Yes**, of **course**, sir
예스, 어브 콜스 썰

네, 물론입니다, 고객님.

A I'd like to **order breakfast**, please.
아잇라익 투 오덜 브렉퍼슷, 플리즈

아침 식사를 부탁합니다.

S **What time** / shall we **bring** it?
왓타임 쉘위 브륑 잇

몇 시에 가져다 드릴까요?

A I'm still **waiting** for **breakfast** / I **ordered**.
아임 스띨 웨이링 폴 브렉퍼슷 아이 오덜드

주문한 아침 식사가 아직 오지 않았어요.

S We're **very** sorry. I'll **bring** it to you **myself**.
위얼 베뤼 쏘뤼. 아일 브링잇 투유 마이쎌프

죄송합니다. 제가 직접 가지고 가겠습니다.

• 빠르게 말할 때 bring it는 it의 [t]와 bring의 [g] 발음이 생략되면서 연음 됩니다.

A I'm **locked** out of my room.
아임 락트 아우러브 마이 룸

방문이 잠겨버렸습니다.

• 빠르게 말할 때 out의 [t]는 모음 사이에 오므로 [r]로 소리 나며 세 단어가 연음 됩니다.

>> I **locked** myself **out**.
아일 락트 마이쎌파웃

문이 잠겨버렸습니다.

A Could you **open** my **room** / for **me**?
쿠쥬 오픈 마이 룸 폴미

방문 좀 열어 주시겠어요?

S **Which room** / are you **staying** in?
위취 룸 알유 스떼이닌

몇 호실에 계십니까?

A Room **606**.
룸 씩스오우씩스

606호실입니다.

A **Hello**, **This** is room **606**.
헐로우, 디시즈 룸 씩스오우씩스

여보세요? 여기 606호실인데요.

A Will you **make** my **room warmer**?
윌류 메익 마이 룸 워멀

방을 좀 더 따뜻하게 해 주시겠어요?

S **Yes**, I **will**.
예스, 아이 윌

네, 그렇게 하겠습니다.

• will은 [위을]을 빠르게 [윌]로 발음합니다.

A The **air conditioner** / doesn't **work**.
디에얼 컨디셔널 더즌 월크

에어컨이 작동하지 않습니다.

• doesn't work 대신 is not working [이즈 낫 월킹]을 사용할 수 있습니다.

>> The **heater** in my **room** / doesn't **work**.
더 히럴 임 마이 룸 더즌 월크

제 방에 히터가 작동하지 않습니다.

>> I don't **have** any **hot water**.
아이 돈 해브 에니 핫 워럴

뜨거운 물이 나오지 않습니다.

>> The **toilet** isn't **flushing**.
더 토일릿 이즌 플러슁

화장실 물이 내려가지 않습니다.

• The toilet won't flush.[더 토일릿 원 플러쉬]

S We'll send **someone** / to **take care** of it / **right away**.
위일 쎈 썸원 투 테이케어뤄빗 롸이러웨이

당장 그것을 처리할 사람을 보내겠습니다.

• send의 [d]는 자음 사이에 오므로 발음이 생략됩니다.

Ⓐ We need **extra blankets** up **here**.
위 니드 엑스츄뤄 블랭키쩝 히얼

여분의 담요를 좀 더 올려주세요.

≫ I don't have **enough towels** / <u>in my</u> **room**.
아이돈 해브 이넙 타월즈 임마이 룸

방에 수건이 충분하지 않아요.

Ⓢ **Sure**, It'll be **right up**.
슈얼, 잇을 비 롸이럽

알겠습니다. 곧바로 올려드리겠습니다.

Ⓐ **Operator**, I'd like to **make** a **call** / to **Korea**.
아퍼뤠이럴, 아잇 라익 투 메이꺼 콜 투 코어뤼어

교환원 님, 한국으로 전화를 걸고
싶습니다.

Ⓢ **What's** the **number** / you'd **like** to **call**?
와쯔 더 넘벌 윷 라익 투 콜

몇 번으로 거시겠습니까?

Ⓐ It's in **Busan** / and the **number** is / **816-1739**.
이쯔 인 부싼 앤더 넘버뤼즈 에잇원씩스 원쎄븐쓰뤼나인

부산이고, 번호는 816-1739 입니다.

Ⓢ Just a **moment**. I can **make** / that **call** for you.
줘스떠 모우먼트. 아이 캔 메익 댓콜 풀유

잠깐만 기다리세요. 대신 걸어 드리겠
습니다.

Ⓢ The **line** is **connected**. Go **ahead**.
덜라이니즈 커넥띠드. 고우어헤드

전화 연결되었습니다. 말씀하세요.

Ⓐ I <u>want to</u> **leave** / a **day early**.
아이 원투 리브어 데이 얼리

하루 일찍 나가고 싶습니다.

Ⓐ I'd like to **stay** / <u>one more</u> **night**.
아잇 라익 투 스떼이 웜 모얼 나잇

하루 더 묵고 싶습니다.

* one의 [n] 발음은 뒤의 [m] 발음에 동화되기 위해 [m]이 됩니다.

Ⓢ **All** right, we'll **a range** / that **for** you.
오어롸잇, 위일 어뤠인쥐 댓 풀유

좋습니다. 그렇게 조정해 드리겠습니다.

A **What's** the **check** out **time**?
와쯔더 췌까웃 타임

몇 시에 체크아웃을 합니까?

A I'd like to **check out** / now.
아잇 라익 투 췌까웃 나우

지금 체크아웃을 부탁합니다.

» **Check out**, please.
췌까웃, 플리즈

체크아웃 하겠습니다.

S **Sign here** please, sir.
싸인 히얼, 썰

여기에 사인해 주십시오. 고객님.

* 빠르게 말할 때 here의 [h]가 생략되고 sign과 연음 됩니다.

S Did you **drink anything** / from the **minibar**?
디쥬 쥬륑크 애니씽 프롬더 미니바

미니바에서 꺼내 마신 것 있으세요?

A I had a **can** of **beer**/last **night**.
아이 해러 캐너브비얼 라슷나잇

어젯밤 맥주 한 캔을 먹었어요.

» I had **nothing** / from the **minibar**.
아이 해드 나씽 프롬더 미니바

미니바에서 아무것도 먹지 않았어요.

A May I **have** my **bill**, please?
메아이 해브 마이빌, 플리즈

계산서 주시겠어요?

» I'd **like** my **bill**.
아잇 라익 마이 빌

계산서 부탁합니다.

S Here is **final bill**.
히어리즈 파이널 빌

여기 최종 계산서가 있습니다.

B **Here** you **go**, sir.
히얼 유고우, 썰

여기 있습니다. 고객님.

A I **think** / this **bill** is **mistake**. **What's** it **for**?
아이씽크 디스 빌 이즈 미스떼익. 와쯔 잇 폴

이 계산서가 틀린 것 같아요. 이것은 무엇입니까?

B It's **from** your **breakfast** / **yesterday** morning.
이쯔 프롬 유얼 브렉퍼슷 예스떨데이 모닝

이건 고객님의 어제 아침 식사 계산입니다.

A **Oh**, I'm **sorry**.
오우, 아임 쏘뤼

오, 미안합니다.

A **How much** is the **total charge**?
하우 머취 이즈더 토럴 촬쥐

합계가 얼마입니까?

S It comes to **$726.40** including **taxes**.
잇 컴즈투 쎄븐헌쥬렛앤 투에니씩스달러즈 포리센쯔 인클루링 텍씨즈

세금을 포함해서 726달러 40센트입니다.

S **Cash** / or **card**?
캐쉬 오얼 칼드

현금으로 하시겠습니까,
카드로 하시겠습니까?

A Do you accept **Visa**?
두유 억쎕트 비저

비자카드도 받습니까?

» Can I **pay** by **credit card**?
캐나이 페이 바이 크뤠릭 칼드

신용카드로 계산해도 됩니까?

· credit의 [d]는 [r]로 발음되고, [t]는 뒤의 [k] 발음에 동화되기 위해 [k] 발음으로 바뀝니다.

» **Put** it on the **cash**, please.
푸리런더 캐쉬, 플리즈

현금으로 해주세요.

» Is a **traveler's** check **OK**?
이저 츄래블러즈 첵 오우케이

여행자수표도 됩니까?

S **Yes**, you **can**.
예스, 유캔

예, 됩니다.

A I'd **like** to **put** this / on **my Visa card**.
아잇 라익 투 풋 디스 언마이 비저칼드

비자카드로 계산하겠습니다.

B I **hope** / you've **enjoyed** your **stay**.
아이홉 유브 인조이드 유얼 스떼이

머무시는 동안 즐거우셨기를 바랍니다.

» **Thank** you / for **staying** with us.
쌩큐 폴 스떼잉 위더스

이용해 주셔서 감사합니다.

A Can you **call a taxi** for **me**, please?

캔뉴 코러 택씨 폴 미, 플리즈

택시 한 대 불러주시겠어요?

B Certainly, sir.

썰튼리, 썰

물론입니다. 손님.

UNIT 59 관광 문의하기

A I'd like to **do** some **sightseeing** / in the **city**.
아잇라익 투두 썸 싸잇씨잉 인더 씨리

시내 관광을 하고 싶습니다.

S **What** would you **like** to **see**, sir?
왓 우쥴라익 투씨, 썰

어떤 것을 보고 싶습니까?

A **What** are the **best sights** to **see** / in this **city**?
와러 더 베슷 싸이쯔 투씨 인디스 씨리

이 도시에서 가장 볼만한 게 뭐가 있습니까?

S There are **so** many **places** / worth **visiting**.
데어뤌 쏘우 매니 플레이씨즈 월쓰 비지링

가볼 만한 곳들이 많이 있습니다.

S Don't **miss** the **Statue** of **Liberty**.
돈 미스더 스때츄 어브 리벌티

자유의 여신상은 꼭 보세요.

• Don't의 [t]는 생략되고 [n]은 [m]에 동화되기 위해 [m]으로 발음됩니다.

A **Where's Washington Square**?
웨얼즈 워싱턴 스퀘얼

워싱턴 광장이 어디죠?

S Make a **right** / at **second** street.
메이꺼 롸잇 앳 쎄컨 스츄륏

두 번째 도로에서 오른쪽으로 도세요.

A Will you **tell** me / **which** tour is **popular**?
윌류 텔미 위취 투어뤼즈 퍼퓰럴

어떤 관광이 인기가 있습니까?

S The **best** tourist's **attraction** is / **Niagara Falls**.
더 베슷 투어리스쯔 어츄뤡션 이즈 나이애거뤄 폴즈

최고의 관광 명소는 나이아가라 폭포죠.

A Is there a **tourist information** center / near **here**?
이즈 데어뤄 투어리숫 인포메이션 쎄널 니얼 히얼?

이 근처에 관광안내소가 있습니까?

S There is **one** in **downtown**.
데어뤼즈 워닌 다운타운

중심가에 하나 있습니다.

A **Excuse** me, do you have a **tour guide book**? 실례합니다. 관광안내서 있습니까?

익스큐즈 미, 두유 해버 투얼 가잇 북

· guide의 [d] 발음은 뒤에 [b]가 오므로 생략되거나, [b] 발음에 동화되기 위해 [b]로 발음됩니다.

» Is it **possible** / to <u>get a</u> **guide** **map** <u>of</u> / this **city**? 이 도시의 안내 지도를 구할 수 있습니까?

이즈잇 파써블 투 게러 가잇 매퍼브 디스 씨리

S **Sure**. 물론입니다.

슈얼

A <u>What</u> is a **cheap way** / to **travel**? 값싸게 여행하는 방법은 무엇입니까?

와리저 칩 웨이 투 츄뤠벌

S There are **many city** tour **buses**. 시내관광버스가 많이 있습니다.

데어뤨 매니 씨리 투얼 버씨즈

» There is a **tourist bus**. 관광버스가 있습니다.

데어뤼저 투어뤼슷 버스

A **How** many **times** / does it **run** a **day**? 하루에 몇 번 운행합니까?

하우매니 타임즈 더즈잇 뤄너 데이

S It **runs** / **three** <u>times</u> a **day**. 하루에 세 번 운행합니다.

잇 뤈즈 쓰뤼 타임저 데이

A Can I **have** a **city map**? 시내 지도를 하나 가져가도 됩니까?

캐나이 해버 씨리맵

» Can I **have** a **sightseer**'s **pamphlet**? 관광 안내 책자 하나 가져가도 되겠습

캐나이 해버 싸이씨얼즈 팸플릿 니까?

A Can I **book** a tour?
캐나이 부꺼 투얼

관광 예약할 수 있습니까?

S **Absolutely**.
앱썰룻리

물론입니다.

A Is a **meal included** / in the **tour price**?
이저 밀 인클루리드 인더 투얼 프라이스

관광요금에 식사가 포함되어 있습니까?

S **Yes**, it **is**.
예스, 이리즈

네, 그렇습니다.

A **How much** is the **tour**?
하우머취 이즈더 투얼

그 관광은 얼마입니까?

A **How much** does it **cost** / per **person**?
하우머취 더즈잇 코슷 펄 펄슨

한 사람당 비용은 얼마입니까?

» **What's** the **rate** / per **person**?
와쯔 더 뤠잇 펄 펄슨

한 사람당 비용은 얼마입니까?

S It's **$7** for an **adult**.
이쯔 쎄븐 달러즈 포뤈 얼덜트

어른은 7달러입니다.

A Is there a **group discount**?
이즈 데어뤄 그룹 디스카운트

단체는 할인이 됩니까?

S You can **get** a **discount** / for a **group** of **10** / or **more**.
유캔 게러 디스카운 포뤄 그루퍼브 텐 오얼 모얼

10명 이상 일 때 할인 받을 수 있어요.

A Is there a **Korean** speaking **guide**?
이즈 데어뤄 코어뤼언 스삐킹 가이드

한국어 하는 가이드가 있습니까?

» Do you **have** a **Korean** speaking **guide**?
두유 해버 코어뤼언 스삐킹 가이드

한국어 하는 가이드가 있습니까?

S Hold on, please.
호울던, 플리즈

잠깐만 기다리세요.

S I'm afraid not.
아임 어프뤠이드 낫

유감스럽지만 없어요.

S Only English speaking guides are available.
오운리 잉글리쉬 스삐킹 가이즈알 어베일러블

영어를 하는 가이드만 있어요.

A When does this bus depart?
웬더즈 디스 버스 디팔트

이 버스는 언제 출발합니까?

≫ What time does the bus leave?
왓 타임 더즈더 버슬 리브

버스가 몇 시에 출발합니까?

S It departs / in ten minutes.
잇 디팔쯔 인 텐 미닛쯔

10분 후에 출발합니다.

A Could you tell me / what this tour covers?
쿠쥬 텔미 와디스 투얼 커벌즈

이 관광내용에 대해 알려주시겠어요?

S You'll see all the places / on the brochure.
율씨 올 더 플레이씨즈 언더 브로우슈얼

안내책자에 나와 있는 곳은 모두 가볼 겁니다.

A When are we coming back?
웬알위 커밍 백

언제 돌아옵니까?

≫ What time are we coming back?
왓타임 알 위 커밍 백

몇 시에 돌아옵니까?

S We'll be back at six.
위일 비 백 앳 씩스

6시에 돌아올 겁니다.

S How did you enjoy your tour?
하우디쥬 인죠이 유얼 투얼

관광은 즐거우셨습니까?

A That's great.
대쯔 그뤠잇

아주 좋았습니다.

Ⓐ I'm **very** much **interested** in **scenery**.
아임 베뤼 머취 인츄뤼스티드 인 씨너뤼

저는 자연경관 즐기기를 아주 좋아합니다.

Ⓐ Do you **have** any **package tours** / to **Niagara Falls**?
두유 해브 애니 패키쥐 투얼즈 투 나이애거뤄 폴즈

나이아가라 폭포로 가는 패키지투어가 있습니까?

》 Are there any **package tours** / to **Niagara Falls**?
알 데얼 에니 패끼쥐 투얼 투 나이애거뤄 폴즈

나이아가라 폭포로 가는 패키지투어가 있습니까?

Ⓢ **Yes**. There are **quite a lot**.
예스. 데어뤄 콰이럴 랏

예. 많이 있습니다.

Ⓢ **When** do you **want** to **leave**?
웬 두유 원툴 리브

언제 떠나실 겁니까?

Ⓐ I'm **planning** to **leave** on **Tuesday**.
아임 플래닝 툴리번 튜즈데이

화요일에 떠날 예정입니다.

Ⓢ There is a **group** / that **leaves** on / **Tuesday morning**.
데어뤼저 그룹 댓 리브전 튜즈데이 모닝

화요일 아침에 떠나는 그룹이 하나 있습니다.

Ⓐ **How much** does the **tour cost**?
하우머취 더즈더 투얼 코숫

관광경비는 얼마입니까?

Ⓢ Are you **going** / **alone**?
알유 고잉 얼로운

혼자 가세요?

Ⓐ **Yes**, I **am**.
예스, 아이 앰

예, 그렇습니다.

Ⓢ Then, It'll be **468dollars**.
덴, 잇을 비 포헌쥬뤳 앤 씩스티에잇 달러즈

그렇다면, 468달러입니다.

Ⓐ **That's** including **meals**, **right**?
대쯔 인클루링 밀즈, 롸잇

식사는 포함 되는 거지요?

S Sure.
슈얼.

물론입니다.

A What **time and where** / does it **leave**?
와 타이먼웨얼 더즈잇 리브

몇 시에 어디서 출발합니까?

· time and where은 빠르게 말할 때 연음 됩니다.

A **How large** is the **group**?
하우 랄쥐 이즈더 그룹

일행은 몇 명입니까?

S This **tour group** has **9** people / and **everyone**
will **get together** / at **6** a.m. / **in here**.
디스 투얼 그룹 해즈 나인 피플 앤 에브뤼원 윌 겟투게더 앳 씩스 에이엠 인 히얼

그룹은 9명이고 여기에서 모두 아침 6시에 모입니다.

A Please **call** me **first thing** / in the **morning**.
플리즈 콜미 펄슷씽 인더 모닝

내일 아침 일찍 전화해 주세요.

A Do I need to **bring** / some **extra clothes**?
두 아이 니투 브륑 썸 엑스츄뤄 클로우즈

여분의 옷을 가져가야 합니까?

S Yes. You **need to bring** / some **extra clothes**.
예스. 유 니투 브륑 썸 엑스츄뤄 클로우즈

네, 여분의 옷을 가져가야 합니다.

A **How** many **days** / does **this** tour **take**?
하우 매니 데이즈 더즈 디스 투얼 테익

이 관광은 며칠 걸립니까?

» **How long** is **this tour**?
하울롱 이즈 디스 투어?

이 관광은 얼마나 깁니까?

S It **takes** / one **night** two **days**.
잇 테익스 원나잇 투데이즈

1박 2일입니다.

S We'll be **back on** / **Wednesday night**.
위일 비 배컨 웬즈데이 나잇

수요일 밤에 돌아 올 겁니다.

A **What** a **beautiful** sight!
와러 뷰리펄 싸잇

경치가 정말 아름답군요!

A I **feel** / **as if** I'm in **another world**.
아이 필 애즈이프 아이민 어나덜 워얼드

마치 별천지에 온 것 같습니다.

A Can you **take** a **picture** of me?

캔뉴 테이꺼 픽철 어브 미

사진 한 장 찍어 주시겠어요?

· Would you please take a picture of me? [우쥬 플리즈 테이꺼 픽철 어브미]
  Would you mind taking my picture? [우쥬 마인 테이낑 마이 픽철]

B Yes.

예스

네.

· Would you mind~?로 물었을 때 대답이 긍정이면 No, 부정이면 Yes로 말해야 합니다.

B Okay. Smile.

오우케이. 스마일

좋아요. 웃으세요.

A What a nice view!

와러 나이스뷰

정말 경치 좋군요!

B What a beautiful sight!

와러 뷰리펄 싸이트

정말 경치 좋군요!

A It's a really good thing / that I came here.

이쩌 뤼얼리 굿씽 대라이 캐임 히얼

내가 여기 오길 참 잘했어요.

B I think so, too.

아이씽 쏘우, 투

저도 그렇게 생각해요.

A Would you mind taking a picture / with me?

우쥬 마인 테이끼너 픽철 윕미

저와 같이 사진 찍으시겠어요?

B Of course not.

어브콜스, 낫

물론입니다.

A Where shall we take?

웨얼 쉘위 테익

어디서 찍을까요?

A Shall we take a picture / in front of the lake?

쉘위 테이꺼 픽철 인프러너브 덜 레익

저 호수 앞에서 찍을까요?

· front의 [nt]는 뒤에 of가 오므로 [t]가 생략되면서 of와 연음 됩니다.

B Will you **take** a **picture** of **us**?　　　　우리 사진 한 장 찍어 주겠어요?

윌류 테이꺼 픽춰뤄브 어스

　• take의 [k]는 앞 모음에 강세가 있으므로 된소리로 변하면서 a와 연음 됩니다.

C Look **straight ahead** / and **stand still**.　　앞을 보고 움직이지 마세요.

룩 스츄뤠잇 어헤드 앤 스땐 스띨

B Should I **stand** like **this**?　　　　이렇게 서 있을까요?

슈라이 스땐 라익 디스

C Stand a **little** to the **right**.　　　　조금 오른쪽으로 서세요.

스땐 얼 리를 투더 롸잇

C **Look** at the **camera**, please.　　　　카메라를 보세요.

루껫더 캐머뤄, 플리즈

C **All right**. Smile.　　　　　　좋아요. 웃으세요.

오을롸잇. 스마일

B Is this **okay**?　　　　　　이렇게 하면 되겠어요?

이즈 디스 오우케이

C Will you **take one** for **me**, **too**?　　저도 한 장 찍어 주시겠어요?

윌류 테익 원 폴미, 투

B **OK**!　　　　　　좋아요.

오우케이

A Would you **like** to **have** your **picture** taken /　저와 사진 한 장 찍으시겠습니까?
with **me**?

우쥴라익 투 해브 유얼 픽춸 테이껀 윔미

A May I **have** a **photo** taken / with **you**?　저와 함께 사진 찍으시겠어요?

메아이 해버 포우토우 테이껀 위쥬

　• photo의 [t]는 모음 사이에 있으므로 [r]로 발음 됩니다.

A Am I **allowed** to **take picture** here?　여기서 사진을 찍어도 됩니까?

애마이 얼라우 투 테익 픽춸 히얼

　• allowed의 [d]는 뒤에 [t]가 오므로 생략됩니다.

B You can't **take pictures** / in **this area**.
유캔 테익 픽쳘즈 인 디스 에뤼어

이 지역에서는 사진촬영을 할 수 없습니다.

A **Really**? I'm **sorry**.
뤼얼리? 아임 쏘뤼

정말요? 미안합니다.

B Shall we ta**ke** a **picture**?
쉘위 테이꺼 픽

우리 사진 찍을까요?

» Let's **take** a **picture together**.
렛쯔 테이꺼 픽쳘 투게덜

함께 사진 찍어요.

B Would you **take** a **picture** / for **us**?
우쥬 테이꺼 픽쳘 포뤄스

저희 사진 좀 찍어주시겠어요?

C **How** does this **camera work**?
하우 더즈 디스 캐머뤄 월크

이 카메라를 어떻게 작동하면 되죠?

» I don't **know** / **how** to **work** it.
아이돈 노우 하우투 월킷

저는 작동 방법을 모릅니다.

B You just **press** the **shutter**.
유 줘습 프뤠스더 셔럴

그냥 셔터만 누르시면 됩니다.

B Just **press** the **button**.
줘슷 프뤠스더 버른

그냥 버튼만 누르세요.

C Would you please **pose** / for **me**?
우쥬 플리즈 포우즈 폴미

포즈 좀 취해 주시겠어요?

C **Oh** my **God**! There is **no film** / in the **camera**.
오우 마이갓! 데어뤼즈 노우 피음 인더 캐머뤄

오 이런! 카메라에 필름이 없어요.

A **Whoops**! I **forgot** to buy a / **roll** of **film**.
웁스! 아이 폴갓투 바이어 로울럽 피음

앗차! 필름 산다는 걸 깜빡했어요.

A I'll **go** and get it **now**.
아일 고우언 게릿 나우

지금 가서 사올 게요.

A Are there any **other places** / to **get** it?
알데얼 애니 아덜 플레이씨즈 투 게릿

필름을 살 수 있는 곳이 어디 있습니까?

B Try the **souvenir shop** / over **there**.
츄라이더 쑤버니얼 샵 오우버데얼

저쪽에 기념품 가게로 가보세요.

A Can I have a **roll** of **film**, please?
캐나이 해버 로울러브 피음, 플리즈

필름 하나 주시겠어요?

S We're **out** of **stock** / **right now**.
위얼 아우러브 스딱 롸잇나우

지금 물건이 다 팔리고 없습니다.

S Try **next door**, please.
츄라이 넥슷 도얼, 플리즈

옆 가게에 가보세요.

A Put a **roll** of **film** / in the **camera**.
푸러 로울러브 피음 인더 캐머뤄

카메라에 필름 하나 넣어주세요.

A **Thank** you **so** much.
쌩큐 쏘우 머취

대단히 감사합니다.

B **Where** are you **from**?
웨어뤄유 프롬

어디서 오셨어요?

A I'm from **Busan**, **Korea**.
아임 프롬 부싼, 코어뤼어

한국, 부산에서 왔어요.

B Are you **traveling** / alone?
알 유 츄뤠벌링 얼로운

혼자 여행하세요?

A **Yes**, I **like** to travel / **alone**.
예스, 아일라익 투 츄뤠벌 얼로운

네, 저는 혼자 여행하는 걸 좋아합니다.

B Is **this** your **first visit** / to our **country**?
이즈 디스 유얼 펄슷 비짓 투 아우얼 칸츄뤼

우리나라는 처음입니까?

A I've been **here once** before.
아이브 빈히얼 원스 비폴

전에 한 번 온 적이 있습니다.

B Are you **here** on **vacation**?

알 유 히어륀 베이케이션

휴가를 보내려 왔습니까?

A No, I'm **here** on **business**.

노우, 아임 히어륀 비즈니스

아니요, 사업차 왔습니다.

B It was **great** fun **hanging** out / with **you**.

잇워즈 그뤠잇 펀 행이나웃 위쥬

같이 한 시간이 정말 좋았어요.

A Me **too**, I enjoyed **talking** / with **you**.

미투, 아이 인죠이 토킹 위쥬

저도요, 당신과 애기할 수 있어서 기뻤습니다.

B Have a **nice trip**.

해버 나이스 츄

즐거운 여행 되세요.

A **Thank** you **so** much. I'll **miss you**.

쌩큐 쏘우 머취. 아일 미슈

정말 감사합니다. 당신을 보고 싶을 겁니다.

UNIT 62 길 묻기

🎧 62
등장인물: A / F 외국인

A I **think** I'm **lost**. Can you **help** me?
아이 씽크 아임(을) 로슷. 캔뉴 헬프 미

제가 길을 잃은 것 같아요. 좀 도와주시겠어요?

• I'm lost의 l 발음에서 [ㄹ] 하나를 끌어와 약하게 [을] 발음을 내면서 lost를 이어서 발음합니다.

F **Where** do you want to **go**?
웨얼 두유 원투 고우

어디를 가시는데요?

» **Where** would you like to **go**?
웨얼 우쥴라익 투 고우

어디로 가시겠습니까?

» **Where** are you **going**?
웨어뤄유 고잉

어디로 가십니까?

A I'm **looking** for a **bank**.
아임 룩킹 포뤄 뱅크

은행을 찾고 있습니다.

A Could you **give** me / some **directions**?
쿠쥬 김미 썸 디뤡션즈

길 좀 가르쳐 주시겠습니까?

F **Sure**. **How** can I **help** you?
슈얼. 하우 캐나이 헬퓨

물론입니다. 어떻게 도와드릴까요?

A I'm **looking** for a **bank** / near **here**.
아임 루킹 포뤄 뱅크 니얼 히얼

이 근처 은행을 찾고 있습니다.

*빠르게 말할 때 here의 [h]가 생략되면서 near와 연음 됩니다.

F **What** kind of **bank** / are you **looking** for?
왓 카이너브뱅크 알 율 룩킹 폴

무슨 은행을 찾고 있습니까?

F There are **many banks** / around **here**.
데어뤄 매니 뱅스 어롸운 히얼

주위에 은행이 많이 있어요.

F Could you be **more specific**, please?
쿠쥬 비 모얼 스피씨픽, 플리즈

좀 더 자세히 말해 주시겠어요?

A Could you tell me / how to get to /
the **Bank** of **America**?
쿠쥬 텔미 하우 투 겟투 더 뱅커브 어메뤼커

뱅크 어브 어메뤼커에 가려면 어떻게
가는지 알려 주시겠습니까?

· 빠르게 말할 때 get to의 [t]가 [r]로 발음되면서 연음 되어 [게러]로 발음됩니다.

F It's **pretty far** from <u>h</u>ere.
이쯔 프뤼리 팔 프롬 히얼

여기서 꽤 멀리 있어요.

· here의 [h]는 빠르게 말할 때 생략되면서 from과 연음 됩니다.

F You **took** the **wrong** way.
유 툭 더 륑 웨이

길을 잘못 들으셨네요.

A Am I on the **wrong street**?
애마이 언더 륑 스츄륏

제가 길을 잘못 들었습니까?

F **Yes**, you are **going** / in the **opposite** direction.
예스, 유알 고잉 인디 아퍼짓 디뤡쉰

네, 반대 방향으로 가고 계시네요.

F If you should turn back, you'll see a **bus stop** /
on your **right**.
이퓨 슛 터은 백, 율 씨어 버스땁 언 유얼 롸잇

되돌아가시면, 오른쪽에 버스 정류장이
보일 겁니다.

· [s] 발음이 겹치기 때문에 앞의 [s]를 생략합니다.

A **Which** is **better**, to go by **bus** / or **taxi**?
위취즈 베럴, 투고우 바이 버스 오얼 택씨

버스로 가는 게 좋을까요, 택시로 가는 게
좋을까요?

F It is **possible** / to go **there** / by **bus**.
이리즈 파써블 투 고우 데얼 바이 버스

버스로 갈 수 있습니다.

A Are there any **buses** / that **stop** /
at the **Bank** of **America**?
알 데얼 애니 버씨즈 댓 스땁 앳더 뱅커브 어메뤼커

뱅크 어브 어메뤼커에 정차하는 버스가
있습니까?

F You can **take** the number / **1612** bus.
유 캔 테익더 넘벌 씩스띤 투엘브 버스

1612번 버스를 타세요.

· twelve bus의 [v] 발음은 bus의 [b] 발음과 비슷하므로 생략됩니다. sixteen의 강세가 [틴]에서 [시]음절로 이동합니다.

A **How much** is **it** / for a bus?　　　버스요금은 얼마입니까?

하우 머춰 이짓 포뤄 버스

　» **How much** is the **bus**?　　　버스요금은 얼마입니까?

하우 머춰 이즈더 버스

F It's **$1.25** for an **adult**.　　　어른은 1달러 25센터입니다.

이쯔 원달러 투에니파이브센쯔 포뤈 어덜트

　• 빠르게 말할 때 [포뤄너덜트]와 같이 한 단어처럼 발음합니다.

A **Thank** you **very** much.　　　대단히 감사합니다.

쌩큐 베뤼 머춰

F Good **morning**.　　　　　　　　　안녕하세요.
굿 모닝

A Good **morning**.　　　　　　　　　안녕하세요.
굿 모닝

F Can I **get** some **directions**?　　　길 좀 가르쳐 주시겠습니까?
캐나이 겟썸 디렉션즈
· get의 [t]는 뒤에 비슷한 발음인 [s]가 오므로 발음이 생략됩니다.

A **Sure**. **Where** are you **going**?　　　네. 어디로 가십니까?
슈얼. 웨어뤄 고잉

F How can I **get** to the **Busan City Hall** /　여기서 부산시청은 어떻게 가야 합니까?
from **here**?
하우 캐나이 겟투더 부싼 씨리홀 프롬 히얼

F **How far** is **it** / from **here**?　　　여기서 얼마나 멉니까?
하우 팔 이짓 프롬히얼

A It's **quite far** / from **here**.　　　여기서 꽤 멉니다.
이쯔 콰잇 팔 프롬히얼

F Can I **go** there / on **foot**?　　　걸어 갈 수 있습니까?
캐나이 고우 데얼 언 풋

≫ Can I **walk** there?　　　　　　　걸어 갈 수 있습니까?
캐나이 웍 데얼
· walk의 [l]은 묵음이기 때문에 발음을 하지 않아야 합니다.

F **How long** does it **take** / **if** I **go** there / on **foot**?　만약 걸어가면 얼마나 걸릴까요?
하울롱 더짓 테익 이파이 고우 데얼 언 풋

A Don't even **think** about **it**.　　　생각도 하지 마세요.
돈 이븐 씽커바우릿
· about의 [t]가 [r]로 바뀌면서 세 단어가 연음 됩니다.

A It **takes** over an **hour**.

잇 테익쏘우벌 어나우얼

• takes over는 연음 되고, hour의 [h]는 생략되면서 an과 연음 됩니다.

한 시간 넘게 걸립니다.

A It would **take hours**.

잇 우드 테이카월즈

• hours의 [h]가 생략되면서 take와 연음 됩니다.

몇 시간 걸릴 겁니다.

A So I <u>advise you</u> to go **there** / by **bus** / or **subway**.

쏘우 아이 어드바이쥬 투고우 데얼 바이 버스 오얼 썹웨이

그래서 버스나 지하철로 가는 게 좋을 겁니다.

F Is it **difficult** / to **get** a **taxi**?

이짓 디피컬 투게러 택씨

택시 잡기가 힘듭니까?

A **No**, it's **not**.

노우, 이쯔 낫

아니요, 그렇지는 않습니다.

A You can <u>take a taxi</u> / if <u>you</u> **want**, but the **subway** is **much faster** / than **that**.

유 캔 테이꺼 택씨 이퓨 원트,
벗 더 썹웨이 이즈 머취 패스떨 댄 댓

원하시면 택시를 타셔도 되지만, 지하철이 훨씬 빠릅니다.

» I would **take** a **subway** / **if** I were you.

아이 웃 테이꺼 썹웨이 이파이 월 유

제가 당신이라면 지하철을 타겠습니다.

» At **this time** of the **day** / your **best bet** / would be the **subway**.

앳 디스 타이머브 더 데이 유얼 베슷벳 웃비더 썹웨이

이 시간에는 지하철을 타는 게 제일 좋을 겁니다.

F Is there a **subway station** / near **here**?

이즈데어뤄 썹웨이 스때이션 니얼 히얼

• 빠르게 말할 때 there의 th는 생략되고 세 단어가 [이즈뤠어뤄]와 같이 연음 됩니다.

근처에 지하철역이 있습니까?

A **That's** over **there**.

대쩌 오우버 데얼

• 빠르게 말할 때 there의 th가 생략되면서 over와 연음 됩니다.

저기에 있습니다.

F **Thanks so** much / for your **help**.
쌩쓰 쏘우 머취 폴 유얼 헬프

도와주셔서 정말 감사합니다.

A Don't **mention it**.
돈 멘셔닛

천만에요.

A Have a **nice day**.
해버 나이스 데이

좋은 하루 되세요.

F **Excuse** me. Can you **show** me the **way**?
익스큐즈 미. 캔뉴 쇼우 미더 웨이

실례합니다. 길 좀 가르쳐 주시겠습니까?

A I'm **sorry**. My **English** is **poor**.
아임 쏘뤼, 마이 잉글리쉬 이즈 푸얼

미안합니다. 제 영어 실력이 짧아요.

A Ask **someone else**.
애슥 썸원 엘스

다른 사람에게 물어보세요.

A I'm not **familiar** with **this area**.
아임 낫 퍼밀리얼 윗디스 에어뤼어

저도 여기를 잘 모릅니다.

 • with는 th는 this의 th와 중복되므로 생략됩니다.

F **Excuse** me, can I **ask you** for **directions**?
익스큐즈 미, 캐나이 애스큐 폴 디뤡션즈

실례합니다. 길을 좀 물어봐도 되겠습니까?

B **Sure**. Just **say** the **word**.
슈얼. 줘슷 쎄이더 월드

물론입니다. 말씀만 하세요.

F **Where** am **I**?
웨얼 앰 아이

여기가 어디입니까?

 • 빠르게 말할 때 [웨어뤠마이]와 같이 세 단어는 연음 됩니다.

F **Where** on **this map** am **I**?
웨어륀 디스 맵 애마이

이 지도에서 제가 어디에 있습니까?

F **What's this** place **called**?
와쯔 디스 플레이스 콜드

이곳을 뭐라고 부르죠?

B **Here**! You are **in front** of the / **Bujeon Market**.
히얼! 유얼 인 프라너브더 부전 맑킷

여기요! 당신은 부전시장 앞에 있습니다.

 • front의 t가 생략되고 of와 연음 됩니다.

F Could you **tell** me / **how** to **get** to the /
Lotte Hotel?
쿠쥬 텔미 하우 투 겟투더 롯떼 호텔

롯데호텔은 어떻게 가면 됩니까?

B I'm a **beginner** of **English**,
so please speak **slowly** / **when you talk to me**.
아이머 비기널 어브 잉글리쉬, 쏘우 플리스삐크 슬로울리 웨뉴 톡 투미

- please speak [z]와 [s] 비슷한 발음이 겹치므로 앞의 [z] 발음을 생략합니다.

저는 영어가 초보라서, 말씀하실 때 조금만 천천히 해 주세요.

B I seldom have a chance / to **speak** /
with **non Korean** / **so** / speaking **English**
is **very** difficult / for **me**.
아이 쎌덤 해버 챤스 투 스삑 위드 / 넝 코어뤼언
쏘우 스삐킹 잉글리쉬 이즈 베뤼 디피컬트 폴미

- non Korean의 [n]이 [k]를 만날 때 [n]은 [k]와 동화되기 위해 [ㅇ]으로 발음됩니다.

저는 한국인 이외의 사람과 얘기할 기회가 별로 없었기 때문에 영어가 서툽니다.

F I'm **looking** for the / **Lotte Hotel**.
아임 룩킹 포폴더 롯떼 호텔

저는 롯데 호텔을 찾고 있습니다.

B **Yes**, **I see** now.
예스, 아이 씨 나우

예, 이제 알겠습니다.

A Go **straight** / **four** blocks.
고우 스츄뤠잇 포 블락스

곧장 네 블록을 가세요.

F Could you **tell** me / **in more detail**?
쿠쥬 텔미 임모얼 디테일

좀 더 자세히 말해 줄 수 있으세요.

A Turn **second** right / at the **intersection**.
터은 쎄컨 롸잇 앳디 이널섹션

교차로에서 두 번째 오른쪽으로 가세요.

F Is there a **shortcut**?
이즈 데어뤄 숄컷

- 빠르게 말할 때 there의 th는 생략되고 세 단어가 연음 됩니다.

지름길이 있습니까?

F What's the **fastest** way.
와쯔 더 패스티슷 웨이

가장 빠른 길은 무엇입니까?

B It's **quite** near / but I don't **know** / **how to explain**.
이쯔 콰잇 니얼 버라이 돈 노우 하우 투 익스플레인

가깝지만 어떻게 설명을 해야 할지 모르겠어요.

F Then I'd better **take** a **taxi**.
덴 아잇 베럴 테이꺼 택씨

그러면 택시를 타는 게 좋겠군요.

F **How long** <u>will it</u> **take** / to **walk** there?
하울롱 위릿 테익 투 웍 데얼

· it의 [t]가 생략되면서 will과 연음 됩니다.

거기까지 걸어서 얼마나 걸립니까?

B It's not **that far**. Just **10** minutes.
이쯔 낫 댓 팔. 줘슷 텐 미닛쯔

그렇게 멀지 않아요. 10분 정도 거리
입니다.

B <u>Even on</u> **foot**, it's **no more than 10** minutes.
이버넌 풋, 이쯔 노우 모얼 댄 텐 미닛쯔

걸어서 10분도 안 걸립니다.

B It's **within** walking **distance**.
이쯔 위딘 워킹 디스턴스

걸어 갈 수 있는 거리입니다.

B Just <u>go</u> **straight** along **this** street / and turn **right**.
줘슷 고우 스츄뤠잇 얼롱 디스 스츄릿 앤 터은 롸잇

이 길을 따라 곧장 가다가 오른쪽으로
도세요.

» Then **across** the **street** /
and **turn right** corner **again**.
덴 어크로스 더 스츄릿 앤 터은 롸잇코널 어겐

그런 다음 길을 건너 오른쪽 모서리를
도세요.

B You can **see** the **Lotte Hotel** / across the **street**.
유 캔 씨더 롯떼 호텔 어크로스더 스츄릿

길 건너편에 롯데호텔이 보일겁니다.

B You can't **miss** it.
유 캔 미씻

찾기 쉬울 겁니다.

F **Thank** you **very much** for your **help**.
쌩큐 베뤼 머춰 폴 유얼 헬프

도와주셔서 정말 감사합니다.

B No **problem**. Have a **good day**.
노우 프롸블럼. 해버 굿 데이

천만에요. 좋은 하루 되세요.

UNIT 65 렌터카 이용하기

🎧 65
등장인물: A / F 외국인

A Can I **rent a car**?
캐나이 뤤트 어 칼

차를 한 대 빌릴 수 있을까요?

• rent의 [t]가 생략되고 a와 연음 됩니다. car는 미국 영어에서는 [r] 발음을 분명히 내지만, 영국 영어에서는 [r] 발음을 내지 않습니다.

» I'd like to **rent a car**.
아잇 라익 투 뤠트 어 칼

차를 한 대 빌리고 싶습니다.

S Can I **see** your **driver's license**, please?
캐나이 씨 유얼 쥬롸이벌즈 라이슨스, 플리즈

면허증 좀 보여주시겠습니까?

A Here's my **international driver's** license.
히얼즈 마이 이너내셔널 쥬롸이벌즐 라이슨스

제 국제 면허증이 여기 있습니다.

• I've got an international driver's license. [아입 가런 이너내셔널 쥬롸이벌즐 라이슨스]

S What **type** of **car** / would you **like**?
와타이퍼브 칼 우쥴 라익

어떤 차를 원하십니까?

• '~ would you like?' 대신 '~ are you looking for?[알유 루킹 폴]'를 사용하여 물어볼 수 있습니다.

A I'd **like** a **compact car**.
아잇 라이꺼 캄팩트 칼

소형차를 원합니다.

• mid-sized car [밋싸이즈 카] 중형차 / full-sized car [풀 싸이즈 카] 대형차 / convertible [컨버러블] 오픈카

S Would you like an **automatic** / or **manual car**?
우쥴 라이껀 오뤄매릭 오얼 매뉴얼 칼

그런 다음 길을 건너 오른쪽 모서리를 도세요.

A I'm a **beginner**.
아이머 비기널

저는 초보입니다.

» I just **started** driving.
아이 쥐숫 스따뤗 쥬롸이빙

저는 초보 운전자입니다.

• started의 [st]는 뒤에 강모음이 오므로 [t]는 된소리 [ㄸ]로 발음되며 [rt]는 [t]를 생략하고 [d]도 뒤에 [d]가 오므로 생략하고 [i]만 남아 [스따뤼]로 발음됩니다.

» **I can't drive a stick shift.**

아이 캔 쥬롸이버 스틱 쉬프트

  • stick shift는 '수동 변속 레버'를 의미합니다.

저는 수동은 운전을 못합니다.

A **I'd like an automatic car.**

아잇 라이껀 오뤄매릭 칼

  • automatic의 t - t는 모음 사이에 있으므로 [r]로 발음됩니다.

자동 변속기 차를 하겠습니다.

» **I prefer automatic.**

아잇 프뤼펄 오뤄매릭

자동변속으로 하겠습니다.

S **How long / would you like to use it?**

하울롱 우쥴라익 투 유짓

얼마 동안 사용하실 겁니까?

» **How long / do you want to rent it?**

하울롱 두유 원투 뤤닛

얼마 동안 빌리고 싶으세요?

» **How long / do you need it?**

하울롱 두유 니릿

얼마 동안 필요 하세요?

A **I'd like to keep it / for three days.**

아잇라익 투 키뻿 폴 쓰뤼 데이즈

3일 동안 쓸 겁니다.

» **I'll need it / for 3 days.**

아일 니릿 폴 쓰뤼 데이즈

3일 동안 필요합니다.

A **I'll rent it / until the fourteenth.**

아일 뤤닛 언틸더 폴틴쓰

  • rent의 [t]는 생략되고 it와 연음 됩니다.

14일까지 빌려 쓸 겁니다.

A **What is the charge / per day?**

와리즈더 촬쥐 펄데이

하루에 요금이 얼마입니까?

» **How much will it cost / per day?**

하우 머취 위릿 코숫 펄데이

  • it의 [t]는 [k] 발음에, cost의 [t]는 [p] 발음에 동화되기 위해 각각 [k]와 [p] 발음으로 바뀝니다.

하루에 요금이 얼마입니까?

S **Mid-size is $35.**

밋싸이지즈 써뤼 파이브 달러즈

중형은 하루에 35달러입니다.

A Are there **fuel costs included**?
아데얼 퓨얼 코숫 인클루리드

연료비가 포함된 겁니까?

S **Certainly**.
썰튼리

물론입니다.

S For our **compact cars**, the **price** is **$25.50** / per **day**.
포롸우얼 캄팩트 칼즈, 더 프라이씨즈 투에니파이브 달러즈 피프티 쎈쯔 펄데이

소형차는 하루에 25달러 50센트입니다.

S **Full sized car** is **$50** / for a **day**.
풀 싸이즉 카뤼즈 핍티달러즈 포뤄 데이

대형차는 하루에 50달러입니다.

A Can you **discount** a **little**?
캔뉴 디스카운 얼리를

좀 깎아 줄 수 없습니까?

S It's a **fixed price**.
이쩌 픽스드 프라이스

정찰제입니다.

A **How much** is the **insurance**?
하우 머취 이즈 디 인슈어뤈스

보험료는 얼마입니까?

S **Liability insurance** is **mandatory**.
라이어빌러티 인슈어뤈시즈 매너토리

책임 보험은 필수입니다.

» **Full** coverage **insurance**, please.
풀 커버뤼지 인슈어뤈스, 플리즈

종합 보험으로 하겠습니다.

» I want **full coverage**.
아이 원 풀 커버뤼줘

완전 보상으로 해 주세요.

A **How** can I **return** it / after **using**?
하우 캐나이 뤼털닛 앱털 유징

사용 후에는 어떻게 돌려줍니까?

» **Where** can I **leave** the **car**?
웨얼 캐나일 리브더 칼

차를 어디에서 반납합니까?

S You must **return** the **car** / to the **airport**.
유 머슷 뤼털은더 칼 투디 에얼폴트

공항에서 반납해야합니다.

A Can I **return** the **car** / at a **different location**?

캐나이 뤼털은더 칼 애러 디퍼뤈 로우케이션

차를 다른 지점에 반납해도 됩니까?

S **Yes**. You have to **fill it up** / **when** you **return** the **car**.

예스. 유 햅투 피리럽 웬유 뤼털은 더 칼

네. 반납하실 때 연료를 가득 채우셔야 합니다.

» **Fill** the **tank** / **when** you **return** the **car**.

필더 탱크 웬유 뤼털은 더 칼

차를 반납할 때 기름을 가득 채워주십시오.

A **This car** is in **bad condition**.

디스 칼 이즈 인 뱃 컨디션

이 차는 상태가 안 좋아요.

» The **tires** look **worn out**.

더 타이얼즐 룩 월나웃

타이어가 낡았습니다.

B Can you **give** me a **ride home**?
캔뉴 김미어 롸이드 호움

저의 집까지 차 좀 태워줄 수 있으세요?

» Will you **give** me a **lift home**?
윌유 김미 얼 립트 호움

저의 집까지 차 좀 태워줄 수 있으세요?

A **Sure**. I'll ta<u>k</u>e you **home**.
슈얼. 아일 테이큐 호움

물론입니다. 댁까지 태워 드리겠습니다.

A <u>Get in</u>, please.
게린, 플리즈

타세요.

B **Thanks**.
쌩스

고마워요.

A **Buckle up**, please.
버크럽, 플리즈

안전벨트를 매세요.

» Please **fasten** your **seat belt**.
플리즈 패슨 유얼 씻-벨트

안전벨트를 매세요.

B **Speed** it **up**!
스삐리럽

빨리 가요!

• speed의 [d]와 it의 [t]가 [r]로 발음되면서 세 단어가 연음 됩니다.

A **No way**! **Danger**!
노우 웨이! 데인

안 돼! 위험해!

B Don't **drive too** fast.
돈 쥬롸이브 투 패슷

과속하지 마세요.

B You're **going** to get a / **speeding ticket**.
유얼 고잉 투 게러 스삐딩 티낏

속도위반 딱지 떼이겠어요.

• speeding의 [d]는 [r]로 발음되고 빠르게 말할 때 ing의 g는 발음이 생략됩니다.

B **Slow** down.
슬로우 다운

속도를 줄이세요.

A **Stop bossing** me **around**.
스땁 보싱미 어롸운드

이래라 저래라 하지 마세요.

A **Roll up** the **window**. It's **raining**.
로울럽 더 윈도우. 이쯔 뤠이닝

창문을 올려요. 비가 와요.

A Let's **ask somebody** / for **directions**.
레쯔 애슥 썸바리 폴 디뤡션즈

누구에게 길을 물어봅시다.

B **Watch out**.
와취 아웃

조심해요.

» You may **get** in a **car accident**.
유 메이 게린어 칼 엑씨던트

교통사고 나겠어요.

B You didn't **stop** / at the **stop sign**.
유 디른 스땁 앳더 스땁싸인

당신 정지 신호에서 멈추지 않았어요.

A Oh! **Really**?
오우! 뤼얼리

오우! 정말요?

A **What's holding up** the **traffic**?
와쯔 호울디넙 더 츄뤠픽

왜 이렇게 막힙니까?

· hold up은 '막다, 방해하다'라는 의미입니다.

B The **traffic is heavy** / during the **rush hour**.
더 츄뤠픽 이즈 헤비 듀링더 뤄쉬아월

출퇴근 시간에는 교통량이 많습니다.

A **Why** did you **stop** me?
와이 디쥬 스땁 미

왜 저를 세우는 겁니까?

» **What's** the **problem**?
와쯔더 프롸블럼

무슨 일이세요?

P You are in **signal violation**.
유 알 인 씨그널 바이얼레이션

선생님은 신호를 위반했습니다.

» You **exceed<u>ed</u>** the **speed limit**.
유 익씨리 더 스삐들 리밋

- exceeded 첫 번째 [d]는 모음 사이에 있으므로 [r]로 발음되고, 두 번째 [d]는 뒤에 the[더] 발음이 오므로 발음이 생략됩니다.

P You **ignored**<u> a</u> **stop sign**.
유 이그노얼더 스땁싸인

정지 신호를 무시했습니다.

A I didn't **see** it **turn red** / because /
I was **facing** the **sun**.
아이디른 씨이 털은 뤠드 비코즈 아이 워즈 페이씽 더 썬

햇빛이 마주쳐서 빨간불로 바뀌는 걸
못 봤어요.

P **Blow** into this **breath analyzer**.
블로우 인투 디스 브뤠쓰 애널라이절

이 음주 측정기를 불어 보세요.

P You **drank** and **drove**.
유 쥬뢩컨 쥬로우브

당신은 음주 운전을 하셨군요.

P May I **see** your **driver's license**?
메아이 씨 유얼 쥬롸이벌즐 라이선스

면허증 좀 보여 주시겠어요?

A **Here** you **are**. Please **have**<u> a</u> **heart**.
히얼 유알 플리즈 해버 할트

여기 있습니다. 한 번만 봐주십시오.

A I'm **sorry**. I'm a **foreigner**.
암 쏘뤼 아이머 포뤼널

미안합니다. 저는 외국인입니다.

A I wasn't **aware** of that **rule**.
아이 워즌 어웨어뤄브 댓 룰

규칙을 몰랐습니다.

P Be **careful**.
비 케어펄

조심하세요.

Ⓐ Let's **ask somebody** / **where** the **gas station** is. | 주유소가 어디 있는지 누구에게 물어
레쯔 애슥 썸바리 웨얼 더 개스 스때이셔니즈 | 봅시다.

» Excuse me. Is there a **gas station** / **near by**? | 실례합니다. 이 근처에 주유소가 있습
익스큐즈 미. 이즈데어뤄 개스 스때이션 니얼 바이 | 니까?

Ⓑ It's **past** the **lights**. | 신호 지나서 있습니다.
이쯔 패슷 덜 라이쯔

Ⓐ I'm **out** of **gas**. | 기름이 다 떨어졌습니다.
아임 아우러브 개스

Ⓢ **How** are you on **gas**? | 기름이 얼마나 남았습니까?
하우얼유 언 개스

Ⓐ I'm **running low** on **gas**. | 기름이 다 떨어져가고 있어요.
아임 뤄닝 로우 언 개스

• running low on 대신 'running out of [뤄닝 아우러브]'를 사용할 수 있습니다.

» I've **got** a **little**. | 조금 남아 있습니다.
아이브 갓 얼리를

Ⓢ **How much** do you **want**? | 얼마나 넣어 드릴까요?
하우 머춰 두유 원트

Ⓐ **30 dollars**, please. | 30달러 넣어주세요.
써뤼 달러즈, 플리즈

» I'll take **$30** worth. | 30달러어치 넣어 주세요.
아일 테익 써뤼 달러즈 월쓰

Ⓢ Would you like **regular** / or **unleaded**? | 일반휘발유로 넣어드릴까요?
우쥴 라익 뤠귤럴 오얼 언레리드 | 무연휘발유로 넣어드릴까요?

Ⓐ **30** dollars **regular**, please. | 일반 휘발유로 30달러 넣어주세요.
써뤼 달러즈 뤠귤럴, 플리즈

• unleaded [언레리드] 무연 휘발유 / premium [프리미엄] 고급 휘발유

S **Pull up** to the **pump**.　　　　　　　　주유기에 차를 세우세요.

푸럽 투더 펌프

S Could you **move** up a **little**?　　　　　조금만 앞으로 빼주시겠어요?

쿠쥬 무법 얼리를

A **Fill** it **up**, please.　　　　　　　　　꽉 채워 주세요.

피리럽, 플리즈

· it 대신 her를 사용하여 'Fill her up'이라고 할 수 있습니다. 자동차를 여성으로 의인화 하여 she/her로 부릅니다.

A Could you **wipe up** the **windshield**?　　앞 유리 좀 닦아주시겠어요?

쿠쥬 와이팝 더 윈드쉴드

A My **car** needs to be **checked out**.
마이 칼 니쯔 투비 첵타웃

자동차 점검을 하러 왔습니다.

S There's a **nail** in the **back** left **tire**.
데얼저 네이린 더 백 렙타이얼

뒤 왼쪽 바퀴에 못이 박혔군요.

A I need a **new tire**, please.
아이 니러 뉴 타이얼, 플리즈

새 타이어로 교체해 주세요.

S Shall I **check** your **engine oil**?
쉐라이 첵 유얼 엔쥔 오이을

엔진 오일을 검사해 드릴까요?

• 이은 [오이을]를 빠르게 [오일]로 발음합니다.

A **Yeah**, please.
예, 플리즈

네, 해주세요.

S The **oil** is **low**.
디 오이리즐 로우

오일이 부족합니다.

S I **need** an **oil change**.
아이 니런 오이을 췌인쥐

오일을 교환해야겠습니다.

A **Whenever** I **stop** the **car**, it **stalls**.
웨네벌 아이 스땁더 칼, 잇 스똘즈

차를 멈출 때 마다 시동이 꺼집니다.

A **What's wrong** / with my **car**?
와쯔륑 윔마이 칼

제 차에 어디 이상이 있습니까?

S The **engine** is **overheated**.
디 엔쥐니즈 오우벌히리드

엔진이 과열되었습니다.

» There's **nothing wrong** / with your **car**.
데얼즈 나씽륑 위쥬얼 칼

아무 이상이 없습니다.

» You've **got** a **flat tire**.
유브 가러 플래타이얼

타이어에 펑크가 났습니다.

» There's a **slow** <u>leak</u> **in** / **one** of the **tires**.
데얼저 슬로울 리낀 워너브더 타이얼즈

타이어 하나가 바람이 조금씩 새는 것같습니다.

» My **car** won't **start**.
마이 칼 원 스딸트

차가 시동이 잘 안 걸립니다.

» Your **battery** is **dead**.
유얼 배러뤼 이즈 데드

배터리가 방전됐습니다.

» The **brake pads** are <u>not</u> in **good shape**.
더 브뤠익 패짜 나린 굿 쉐입

브레이크 패드의 상태가 좋지 않습니다.

🅐 **How soon** can you <u>**fix**</u> it?
하우 쑨 캔뉴 픽씻

어떻게 빨리 고칠 수 있습니까?

» Can you **fix** it / **right now**?
캐뉴 픽씻 롸잇나우

지금 당장 고쳐줄 수 있어요?

🆂 You **have** to **leave** / your **car**.
유 햅툴 리브 유얼 칼

차를 맡기고 가셔야겠어요.

🅐 When can I **pick up** / my car?
웬 캐나이 피껍 마이칼

차는 언제 찾아갈 수 있어요?

🆂 It'll be **done** / before **lunch**.
잇을 비 던 비폴 런취

점심 식사 전에는 됩니다.

🅐 Is my **car ready** to **go**?
이즈 마이 칼 뤠리 투고우

제 차 다 고쳤습니까?

🆂 Your **car** <u>is</u> **rea**dy to **go**.
유얼 카뤼즈 뤠리 투고우

다 됐습니다.

🎧 69
등장인물: A B / S 직원

A My **foot** went to **sleep**.
마이 풋 웬투 슬립
　• go to sleep은 '(팔, 다리가)저리다'라는 의미입니다.

다리가 저립니다.

A I need to **stretch** my **legs**.
아이 니투 스츄뤠취 마일 렉즈

다리 좀 펴야겠어요.

B There's a **parking lot** / just **around** the **corner**.
데얼저 팔킹 랏 줘스떠라운더 코널

모퉁이 돌면 바로 주차장이 있습니다.

B **Drop** me **off** / in **front** of the **station**, please.
쥬랍미 오프 인프러너브더 스떼이션, 플리즈

역 앞에 좀 내려주세요.

B **Thank** you for the **ride**.
쌩큐 폴더 롸이드

차를 태워 줘서 고마워요.

A **See** you **tomorrow**.
씨유 터모로우

내일 봐요.

A Is it **OK** / to **park here**?
이짓 오우케이 투 팔키얼

여기 주차해도 됩니까?

S **No**. It's not a **parking lot** here.
노우. 이쯔 나러 팔킹 랏 히얼

여기는 주차지역이 아닙니다.

S There's a **garage** / **underneath** the **building**.
데얼저 거롸쥐 언덜니쓰더 빌딩

건물 지하에 주차장이 있어요.

S **How long** / do you want to **park**?
하울롱 두유 원투 팔크

얼마나 오래 주차하실 겁니까?

A It won't be **long**.
잇 웜빌 롱

오래 걸리지 않을 겁니다.

S You have to **park** / your **car reversed**.
유 햅투 팔크 유얼 칼 뤼벌스드

뒤로 들어와서 주차해야 합니다.

S **When** are you **coming back**?
웨널유 커밍 백

언제 돌아오십니까?

A I'll be **back** in an **hour**.
아일비 배낀 어나우얼

한 시간 후에 올 겁니다.

A I was **here** / for about an **hour**.
아이 워즈 히얼 포뤄바웃 어나우얼

한 시간 정도 주차했는데요.

A How much is **it**?
하우 머취 이짓

얼마입니까?

S We charge **4 dollars** / for **every thirty** minutes.
위 촬쥐 포달러즈 폴 에브뤼 써뤼 미닛쯔

30분에 4달러입니다.

S So it'll be **8 dollars**, please.
쏘우 잇을 비 에잇 달러즈, 플리즈

그러니까, 8달러입니다.

UNIT 70 분실물 찾기

🎧 70
등장인물: A 고객 / S 직원

A **Excuse** me.
익스큐즈 미

실례합니다.

A Do you **know** / **where** the **lost** and **found** is?
두유 노우 웨얼 덜로스떤파우니즈

분실물보관소가 어디 있는지 아십니까?

• and의 [d]가 생략되고 lost의 [t]가 된소리로 바뀌고 found의 [d]가 생략되면서 네 단어가 연음 됩니다.

B There's the **lost** and **found** /
right around the **corner**.
데얼즈 덜로스떤파운 롸이러롸운 더 코널

모퉁이를 돌면 바로 분실물보관소가
있어요.

• around의 [d]는 뒤의 the와 발음이 중복되므로 생략합니다.

A **Thanks**.
쌩스

감사합니다.

A Excuse me. Is **this** the **lost** and **found**?
익스큐즈 미. 이지스 덜 로스떤파운드

실례합니다. 여기가 분실물보관소가
맞습니까?

S **Yes**, it **is**. **What** can I **do** for you?
예스, 이리즈. 왓 캐나이 두 풀유

예, 그렇습니다. 무엇을 도와드릴까요?

A I **left** my **bag** / on the **last train**.
아일 레풋 마이백 언덜 라스 츄뤠인

금방 떠난 지하철에 가방을 두고 내렸
어요.

• on the last train 대신에 on the subway [언더 썹웨이]를 사용할 수 있습니다.

» I **forgot** my **suitcase** / in the **taxi**.
아이 포갓 마이 쑷케이스 인더 택씨

택시에 가방을 두고 내렸어요.

A **Where** do I **need** to **go**?
웨얼 두 아이 닛투 고우

어디로 가야 합니까?

» **Who** am I **supposed** to **see** / about **this**?
후 애마이 써포우즈 투씨 어바웃 디스

어느 분이 이것을 담당하십니까?

» Would you **direct** me / to the **right section**?
우쥬 디렉 미 투 더 롸잇 쎅션

담당부서를 알려주시겠어요?

S Go to **counter six**, please.
고우투 카우널 씩스, 플리즈

6번 창구로 가십시오.

» Go to **traffic section**, please.
고우 투 츄뤠픽 쎅션, 플리즈

교통과로 가주십시오.

S **How's** it **going**? **How** can I **help** you?
하우짓 고잉?   하우 캐나이 헬퓨

안녕하세요? 무엇을 도와드릴까요.

A I'm **looking** for / my **bag**.
아임 룩킨 폴 마이 백

제 가방을 찾고 있습니다.

S **What** did your **bag** / **look like**?
와디쥬얼 백 루클라익

가방이 어떻게 생겼습니까?

A It's a **black SAMSONITE** briefcase.
이쩌 블랙 쌤써나잇 브륍케이스

검은색 쌤소나이트 서류가방입니다.

S **What** was in the **bag**?
왓 워진더 백

가방 안에 뭐가 들어있었습니까?

S Was there **anything valuable** / in the **bag**?
워즈데얼 애니씽 밸류어블 인더 백

가방에 귀중품이 들어 있었습니까?

A **All** my **ID** was in the **bag**.
올 마이 아이디 워진더 백

제 모든 신분증이 가방에 들어있었습니다.

A **Which** am I **supposed** / to **fill out**?
위취 애마이 써포우즈 투 피라웃

제가 작성해야 할 서류가 무엇입니까?

S Please **fill out** / this **application**.
플리즈 피라웃 디스 애플러케이션

이 서식을 작성해 주십시오.

A If you **find** it, **contact** the **number** / on this **memo**, please.
이퓨 파이닛, 컨택더 넘벌 언 디스 메모우, 플리즈

만약 찾으시면 여기 적힌 번호로 연락해 주십시오.

S If someone **turns** in the **bag**, we'll **get back** to you.

입 썸원 터은 진더 백 윌 겝백 투유

혹시 누가 습득해 들어오면 돌려드리겠습니다.

A **Thank** you.

쌩큐

감사합니다.

A My **room** has been **robbed**.

제 방에 도둑이 들었어요.

마이 룸 해즈 빈 롭드

S **What** was **stolen**?

무엇을 도둑맞았습니까?

왓 워즈 스또울런

» Is **anything missing**?

없어진 거 있습니까?

이즈 애니씽 미씽

• Is anything은 빠르게 말할 때 연음 됩니다.

A My **wallet** is **gone**.

지갑이 없어졌습니다.

마이 왈리리즈(왈릿 이즈) 곤

» My **purse** was **robbed**.

제 지갑을 도난당했습니다.

마이 펄스 워즈 롭드

» My **wallet** was **stolen** / from my **room**.

제 방에서 지갑을 도둑맞았어요.

마이 월릿 워즈 스똘른 프롬 마이룸

» I **lost** my **purse**.

제 지갑을 잃어버렸어요.

아일 로슷 마이 펄스

• passport [패스폴트] 여권 / credit card [크뤠릭칼드] 신용카드

» I can't **find** my **camera**.

제 카메라가 없어졌어요.

아이 캔 파임 마이 캐머뤄

• find의 [d]는 자음 사이에 있으므로 생략되고; [n]은 [m]과 동화되기 위해 [m]으로 발음됩니다.

S **When** and **where** / did you **lose** it?

언제 어디서 잃어버렸습니까?

웨넨웨얼 디쥴 루짓

• When and Where는 and의 [d]가 생략되면서 세 단어가 연음 됩니다.

S Try to **find it** / **once again**.

다시 한번 찾아보시지요?

츄롸이 투 파이닛 원써겐

• find [d]가 생략되면서 it와 연음 되고, once again도 연음 됩니다.

A I can't **find it** / **anywhere**.

아무리 찾아봐도 없어요.

아이 캔 파이닛 에니웨얼

S You **must** have been **stolen**.
유 머슷 해브빈 스똘른

도둑맞은 게 틀림없습니다.

A No, I have **just** been **robbed**.
노우, 아이 해브 줘슷빈 롭드

아니요, 강도를 당했어요.

A He had a **gun**.
히 해러 건

총을 들고 있었어요.

A He was **big** / and wore **black cap**.
히 워즈 빅 앤 월 블랙 캡

그는 덩치가 크고 검은 모자를 쓰고 있었어요.

S Did you **keep** /the **number** of the **card**?
디쥬 킵더 넘버뤄브더 칼드

카드 번호는 적어 두셨습니까?

S **Report** the lost **credit card** / to the **bank first**.
뤼폴 덜 로슥 크뤠딕칼드 투더 뱅크 펄슷

우선 은행에 신용카드 분실 신고부터 하십시오.

A I'd **like** to **report** a **theft**.
아잇 라익 투 뤼폴 어 쎕트

도난 신고를 하고 싶습니다.

A **Call** the **police**, please.
콜 더 펄리스, 플리즈

경찰을 불러 주세요.

S **How** much **money** / was in your **wallet**?
하우 머취 머니 워진 유얼 월릿

지갑에 돈은 얼마나 들어있었어요?

• was in your는 연음 됩니다.

A **800** dollars was in **there**.
에잇헌쥬렛 달러즈 워진 데얼

800달러가 들어 있었어요.

S You could **leave** your **valuables**/
in the **safety deposit** box/at the **front** desk.
유 쿠드 리브 유얼 밸류어블즈 인 더 쎄입티 디파집 박스 앳 더 프뤈 데슥

귀중품은 프런트에 있는 보관함에 맡길 수 있었을 텐데요.

• deposit의 [t]는 [p] 발음으로 바뀌고 front의 [t]는 생략됩니다.

A Your **hotel** is **responsible** / for **security**.
유얼 호텔 이즈 뤼스펀써블 폴 씨큐뤄리

호텔 측에서 경비 책임이 있지요.

• 빠르게 말할 때 security의 [t]는 [r]로 발음됩니다.

A I've **just** been **in a traffic accident**.　　　　교통사고가 났습니다.

아이브 줘슷 빈 이너 츄뤠픽 액써던트

• just been in a는 빠르게 말할 때 [줘습 비니너]와 같이 이어서 발음됩니다.

» I had a **traffic accident**.　　　　교통사고가 났습니다.

아이 해러 츄뤠픽 액써던트

» There's been a **car accident**.　　　　자동차 사고가 났습니다.

데얼즈 비너 칼 액써던트

» I got into a **car accident**.　　　　자동차 사고를 냈습니다.

아이 가린투 어 칼 액써던트

• got의 [t]가 [r]로 발음되면서 into와 이어서 발음됩니다.

A **Somebody call** the **police**, please.　　　　누가 경찰에 신고 좀 해 주세요.

썸바리 콜 더 펄리스, 플리즈

A I had a **collision**.　　　　충돌 사고를 당했습니다.

아이 해러 컬리전

B I'd like to **report** a / **traffic accident**.　　　　교통사고를 신고하고 싶습니다.

아잇 라익 투 뤼포뤄 츄뤠픽 액써던트

• report의 [t]가 생략되면서 [a]와 이어서 발음됩니다.

P **Police** please, May I **help** you?　　　　경찰입니다. 무얼 도와드릴까요?

펄리스 플리즈, 메아이 헬퓨

P There's an **injured person** here.　　　　여기 사람이 다쳤어요.

데얼즈 어닌줠드 펄써니얼

• 빠르게 말할 때 an injured는 이어서 발음하고, person here도 [h]가 생략되며 이어서 발음 합니다.

P A **really big** deal **happened**.　　　　정말 큰일 났습니다.

어 뤼얼리 빅 딜 해쁜드

P Could you **call** an **ambulance**?　　　　구급차를 불러 주겠어요?

쿠쥬 코런 앰뷸런스

• call an은 이어서 발음합니다.

» We **need** an **ambulance**.
위 니런 앰뷸런스
  • need의 [d]가 [r]로 발음되면서 an과 이어서 발음합니다.

구급차를 보내주세요.

B Could you **send** an **officer** out /
right away, please?
쿠쥬 쎄넌 오피서롸웃 롸이러웨이, 플리즈
  • send의 [d]는 생략되면서 an와 이어서 발음하고, right의 [t]는 [r]로 발음되면서 away와 이어서 발음합니다.

바로 경찰 좀 보내주시겠어요?

P **Where** did it **happen**?
웨얼 디릿 해뻔

사고가 어디서 났습니까?

B It **happened** on **Main Street** /
near the **post office**.
잇 해뻔드 언 메인 스츄륏 니얼더 포우슷 오피스

우체국 근처 매인가에서 났습니다.

P Is **anyone injured**?
이제니원 인쥘드

다친 사람이 있습니까?

P **How** many **people** are **injured**?
하우 매니 피플 알 인쥘드

부상자가 몇 명입니까?

B **Two** people.
투 피플

두 명입니다.

B A **man** has a broken **arm**/
and a **woman** fell **unconscious**.
어 맨 해저 브로우껀 암 애너 우먼 펠 언칸쉬스

남자는 팔이 부러지고 여자는 의식을
잃었어요.

P **OK**. We'll be **there** as **fast** as we **can**.
오우케이. 위일 비 데얼 애즈 패슷 애즈 위 캔
  • 빠르게 말할 때 and의 [d]가 생략되고, an과 이어서 발음됩니다.

예. 빨리 가겠습니다.

P And an **ambulance** is on the **way**.
애넌 앰뷸런스 이전더 웨이
  • 빠르게 말할 때 and의 [d]가 생략되면서 an과 연음 됩니다.

그리고 구급차는 가고 있습니다.

P The **traffic** is **bumper** to bumper.
더 츄뤠픽 이즈 범펄 투 범펄

차들이 엄청나게 밀립니다.

P May I **see** your **driver's license**, please?
메아이 씨 유얼 쥬롸이벌즐 라이슨스, 플리즈

운전면허증을 좀 보여 주시겠습니까?

A **Here** you **go**, **officer**.
히얼류 고우, 오피썰

여기 있습니다. 경관님

A Your car **ran** / into my **car**!
유얼 칼 뤤 인투 마이 칼

당신 차가 내 차를 들이받았잖아요!

» You **crashed** into **me** / from **behind**!
유 크뤠쉿 인투미 프롬 비하인드

당신이 제 차를 뒤에서 받았어요!

C You **made** a **sudden stop**!
유 메이러 써른 스땁

당신이 급제동 했잖아요!

» I wasn't **speeding**.
아이 워즌 스삐링

나는 과속을 하지 않았어요.

» I didn't **make** an **illegal U-turn**.
아이 디른 메이껀 일리걸 유턴은

나는 불법유턴을 하지 않았어요.

P That was **close**.
댓 워즈 클로우스

큰일 날 뻔했군요.

P **What** happened **exactly**?
왓 해뻔드 이그젝틀리

• exactly의 [t]는 생략됩니다.

정확히 어떻게 됐습니까?

A The **child** ran **out** / in **front** of me.
더촤일드 뤠나웃 인프러너브 미

• 빠르게 말할 때 ran out, in front of는 연음 됩니다.

아이가 갑자기 앞으로 뛰어들었어요.

P So did you **brake** / **when you saw** him?
쏘우 디쥬 브뤠익 웬뉴 쏘우 힘

그래서 그 애를 보자 브레이크를 밟았습니까?

A I didn't **have** a **chance**.
아이 디른 해버 챤스

어쩔 수가 없었어요.

P **Well** done.
웰던

잘 하셨습니다.

C I **slammed** on the **brakes**,
but the **car skidded** off / because of the **rain**.
아이 슬램드 언더 브뤠익스
벗 더 칼 스키리러프 비코저브 더 뤠인

저는 브레이크를 밟았지만 차가 비 때문에 미끄러졌습니다.

B I'm a **witness**.
아이머 윗니스

제가 목격했습니다.

B He **crossed** the **street** / against the **traffic signal**.
히 크로스더 스츄륏 어겐스더 츄뤠픽 씨그널
• crossed의 [d]와 against의 [t]는 생략됩니다.

그 애가 신호를 무시하고 길을 건넜어요.

A It's not my **fault**.
이쯔 낫 마이 폴트

제 잘못이 아닙니다.

C My **girlfriend** fell **unconscious**.
마이 걸을프렌드 펠 언칸쉬스

제 여자 친구가 의식을 잃었어요.

P **How** about **you**?
하우 어바우츄

당신은 어떻습니까?

C I have a broken **arm**.
아이 해버 브로우껀 암
• arm을 미국식으로는 [아알음]을 빠르게 혀를 안쪽으로 말면서 [암]으로 발음하고, 영국식은 그냥 [암]으로 발음합니다.

저는 팔이 부러졌습니다.

A Do you have **insurance**?
두유 해브 인슈어뤈스

보험에 들었어요?

C Let's **settle** this **ourselves**.
레쯔 쎄를 디스 아우얼쎌브즈

우리끼리 해결합시다.

A We'd **better** let the **insurance company** /
sort it **out**.
위드 베럴 렛디 인슈어뤈스 컴퍼니 쏘얼리라웃

보험회사에서 처리하도록 하는 게 좋겠어요.

C You **know better** than **that**.
유노우 베럴 댄 댓

알만 한 사람이 왜 그러세요?

A I was not **born yesterday**.
아이 워즈 낫 보은 예스떨데이

나는 어린아이가 아닙니다.

C That was **all** my **fault**.
댓 워즈 올 마이 폴트

모두가 제 잘못이었습니다.

A **OK**. **Let's** do **that**.
오우케이. 레쯔 두 댓

좋습니다. 그렇게 합시다.

P **Slow** down. Do not **tailgate**.
슬로우 다운. 두 낫 테일게잇

천천히 가십시오. 앞차에 너무 붙지 마세요.

MEMO

MEMO

MEMO

MEMO

MEMO